# 植民地支配と教育学

佐藤広美

Hiromi Sato

# 自序

## 一

かつて、小沢有作は、「『大東亜共栄圏』と教育」（一九七三年）という論文で、日中戦争から太平洋戦争にいたるこの時期を大東亜教育圏論が流行した数年間とし、「アジア教育侵略論の横行期」と特徴づけた。[1]おびただしい数のアジア侵略のための植民地教育論が現れたというのだ。

私は、この論文を三十年以上前に読んでいるのだが、この一文はひどく心に響いた記憶がある。明治・大正期の頃には植民地教育に関心を示す教育学者は少なかったが（植民地教育研究はもっぱら植民地教育行政官僚の仕事であった）、大東亜共栄圏の流行とともに、教育学者は先を競ってそれを論じ出したのだ。先を競って雪崩を打ったようにして、多くの教育学者が日本の植民地教育を肯定し、それを讃美する論を説きはじめた。この「先を競って」という事実が重要な意味をもつだろう。

本書で詳しく紹介するが、伏見猛彌、倉沢剛、海後勝雄、楢崎浅太郎を先頭に、石山修平、海後宗臣、平塚益徳など多数の教育学者がアジア支配に奉仕する教育を鼓吹したのである。これらの教育学者のほとんどは、戦後も引き続き教育学を論じ、教育学界で活躍してきた。また、城戸幡太郎、留岡清男など戦前の民間教育研究運動をリードした教育科学研究会の指導者もその肯定・讃美の列に加わった。戦後、こうした植民地主義の教育論の横行について、どのような反省と議論があったのだろうか。本書の私の問題関心の原点はここにある。

本書の目的は、十五年戦争期（一九三一年―四五年）、とくに「大東亜共栄圏期」（一九四〇年―四五年）を中心にして、このとき、教育学と教育学者がいかに植民地支配に関わったのか、を明らかにすることである。

私は、『総力戦体制と教育科学　戦前教育科学研究会における「教育改革論」の研究』（一九九七年、大月書店）を出している。教育科学研究会（一九三七年―四一年、略称教科研）は、一九三〇年代において時の教育政策の批判者として立ち現れた研究組織であり、戦前の民間教育研究運動団体の期待を集め、運動の最後の拠り所となった。その教科研が、一九四〇年前後を転機に国策（＝戦争）に協力し、それに応える教育改革を構想するにいたる。躓《つまず》きの石は何であったのか。私は、それを「総力戦体制の革新性」（昭和研究会から企画院、大政翼賛会にいたる新官僚・革新官僚に見られた改革の意思に期待する国家への幻想）に求め、その有力な根拠の一つに彼らの植民地教育認識を取り上げ、検討を試みてみた。

教科研は自らが編集する『教育』に、矢内原忠雄の「植民政策に於ける文化」（一九三九年）を載せ、日本の同化主義政策を批判する論陣の一翼を担う側面もあった。しかし、アジア植民地住民の「民生向上」を主張しながらも、結局、日本のアジアに対する政治的従属を押し進める同化教育を支持してしまう。植民地住民の生活と文化に共感を向けることのできない教科研の「科学性」、ここに戦前の教育科学の大きな限界があったと私は考えた。この「植民地住民への共感」の彼方にこそ総力戦（侵略主義）の思想を痛打する人間と民族の自立をうながす教育思想が生まれてくるのではないだろうか、と戦後教育学の課題の在処《ありか》を提示した。

本書は、『総力戦体制と教育科学』で試みた教科研の植民地教育論の検討を踏まえ、対象を教科研だけにとどめないで、それを広げ、十五年戦争期における植民地教育論の全体をできるだけ描こうとし、なぜ、教育学者の多くが植民地教育を肯定し讃美するまでにいたったのか、その教育学的な理論的根拠（弱点）を示そうとするものである。なぜ、そのような試みを行おうと思ったのか。

先にも記したように、大東亜共栄圏期に、なぜ教育学者の多くは先を争うかのようにして植民地教育を肯定し讃美する論説を主張するようになったのか。この事実は、いったい、どのように解釈されるべき事象なのだろうか。あるいは、そこにいたる原因はいったい何だったのか。私は、その点が非常に気になっていた。

たとえば、台湾や朝鮮の植民地教育支配の現状に批判的な、あるいは、多少なりとも疑問をもつことのできた教育学者（教育現場の教師たちも）は、その当時、全くいなかったのだろうか。時が経ち、周囲の社会が戦争と植民地支配に向かって動き出すと、その動きに応じて、彼ら自身が意見を変えてしまった。戦争批判や植民地支配への疑問は後退し、肯定や讃美の意見が目立つようになってきた、ということはなかったのだろうか。この場合は、疑問・批判から肯定・屈服という精神の過程が存在したことになる。そうではなく、そうした事実は見当たらず、ほとんどの教育学者は強い抵抗も見せず、抗う意識も持たず、むしろ自主的に一斉に総力戦と侵略の思想に靡《なび》いたということだったのだろうか。

前者の場合（批判から肯定へ）には、彼らが作り上げた科学性や倫理性は、時と場合に応じて放棄し得るものでしかなかったという解釈も成り立つし、ひょっとすると、人によって、学び得た欧米近代教育思想の原則を植民地主義政策に忍び込ませることをやったかもしれない。その場合には、にがさや精神の痛みが残るということにもなるだろう。

後者であれば、これは典型的な大勢順応主義であって、権力による思想の強制という自覚は薄く、思想によって現状の善悪を判断してみるという哲学を持つ矜持すらなかったということになりそうだ。国家への忠誠概念だけが甚だしく強固に堅持され、迷うことなく植民地主義に奉仕したのだろう。しかし、いかに大勢順応主義であったとしても、植民地主義を肯定する独自の理論化がその濃淡は別にして行われたことは間違いないのではないか。しかも、その理論は戦後に生き残っていったのかも知れない。

変容・屈服の過程があったとしても、大勢順応主義であったとしても、それぞれに植民地主義を肯定・讃美する理論的作業が多数行われたことは事実である。私は、大東亜共栄圏期に、アジア教育侵略論がなぜ横行したのか、その原因をその教育学者の理論と思想（生き方）においてつかまえてみたいと思い続けてきた。

## 二

私は、大東亜共栄圏期におけるアジア教育侵略論の横行を、七七頁で図示したような総力戦教育論のトライアングルが構造化されることで可能になったと考えてみた。すなわち、上に日本精神主義教育論をおき、左右にそれぞれ大東亜教育論（植民地教育論）と戦時教育改革論をすえる構図である。この構造がだんだんとでき上がり、ほとんどすべての教育学者（教育行政官僚や教育実践家）がこの構図の中に呑み込まれていった。傍観主義も、自由主義も、そして勝手な観念的な態度も許されず、ひたすら総力戦（侵略主義）の与える目標への報国理論の披瀝が求められていった。[2] その結果、特に日本精神主義教育論の大半は、扇情的で不正確な叙述を著し大言壮語を繰り返すものであった。内容は言われなくても誰でもがすでに知っているというものばかりであった。知的頽廃は覆いがたかった。

本書の主要な対象は、もちろん、大東亜教育論（植民地教育論）であり、その類型を描き出し、その基本的な特徴を明らかにすることであった。そのために、まずは大東亜教育論が、総力戦教育論の中で、どのような位置にあるのか、その見取り図を描いてみたのである。これは全くの私の仮説である。戦時の教育学はこのような三つの教育論に収斂し、それぞれが強力な連携をとって総力戦のための強固なトライアングル構造を造っていったという考えである。

日本精神主義教育論は、一九三〇年代の後半、日本諸学振興委員会の設置によって著しく膨張し、国体明徴のための露払い役を演じることになった。しかし、植民地・占領地経営を含めた一九四一年以降の大東亜戦争を勝ち抜く国家的有用性に応える理論的役割を演じることはできなかった。大東亜建設に応える教育理論があらためて必要になった。大東亜教育論と戦時教育改革論がそれであった。本書は大東亜教育論・植民地教育論を主要な分析対象とし、日本精神主義教育論と戦時教育改革論については、必要に応じて述べるにとどめている。

私は、東南アジア全域を対象にする植民地教育論の類型を描いてみようとしたが、こだわったのは植民地教育を肯定するための思想と論理の方にあった。その一人に、近藤壽治（一九四二年に文部省教学局長就任）の「教育学における近代の超克」がある。近藤壽治は、一九三四年に台北帝国大学（哲学・教育学）から文部省に移り、三五年に『日本教育学』（文部省思想局の「推薦並選定」を受け、膨大な版を重ねた）を著し、以後、教学局を中心に教学刷新の要職を果たしていく。特に、文部省著作『臣民の道』（一九四一年）を普及するために行った近藤の「解説」は重要視されなければならないと思った。そこにはまさにアジアを植民地にし、支配するための教育の論理が際立って記されていた。

『臣民の道』は、欧米文化を排し天皇に帰一する精神主義的な臣民形成を説いた『国体の本義』（一九三七年）を超えて、さらに、欧米のアジア支配を排して、世界新秩序形成というアジア侵略のための皇国民形成の課題に応えるための著作であった。近藤は、この課題の重大性を説くのにもっともふさわしい理論的な貢献を行った人物であった。

近藤の理論は「教育学における近代の超克論」と形容できよう。これは、ほぼ同じ時期、近藤と同じ京都帝国大学出身で、同世代にあたる京都学派四天王といわれた西谷啓治、高山岩雄、高坂正顕、鈴木成高が座談会で行った「近代の超克」の論旨ときわめて近似する内容であった（「世界史的立場と日本」『中央公論』一九四二年一月）。この座談会「世界史的立場と日本」の思想とイデオロギーは、日本のアジア植民地支配の意義を説き、太平洋戦争の段階で戦場に追いたてられた若い世代の知的な層に、もっとも深い思想的影響を与えた。近藤壽治の教育論は、京都学派「近代の超克論」の教育版であった。これは近藤にしかできない業（学問的作業）であったかも知れない。

私は、近藤のそれを、オリエンタリズムと反オリエンタリズムの二つの使い分けととらえ、とくに近藤の場合は、反オリエンタリズムを強調することで西欧帝国主義的植民地支配からの「アジアの解放」を説いたと特徴づけた。

オリエンタリズムとは、オリエントを支配し再構成し威圧するための西洋の思想様式のことである。[3]日本政府は、アジアの植民地支配を推進する場合に、この思想様式の一側面を採用した。オリエンタリズムに依拠して、文明の名によって自己（日本）のアジア支配を正当化したのである。物質的文明の発展過程においては、進んだ国（日本）が遅れた国々（台湾や朝鮮など）を指導することは理にかなっているという思想である。ただし、日本は全面的にオリエンタリズムに依拠せず、アジア諸国との文化的人種的親近性を強調し（同じ漢字圏で、同じ民族性を持つ「同文同種」の理屈など）、西欧諸国の植民地支配との違いを強調し、自らの植民地主義を隠す論理を巧みに使ったりもした。「日本的オリエンタリズム」と言われる所以である。

しかし、日本帝国のアジア覇権が強められるなかで、大東亜共栄圏における日本の帝国主義的支配を積極的に擁護するためには、「同文同種」という理屈よりは、大東亜を欧米帝国主義から解放するという面に力点が移り、むしろオリエンタリズムの思想に挑戦する、反オリエンタリズムの論理に移行した。これがつまり「近代の超克」の思想であった。近藤壽治は、この反オリエンタリズムに依拠する植民地教育論を組み立てた文部官僚であったのだ。

近藤の反オリエンタリズムがどのようなものであったのか。それは本論にゆずるが、論理の綾を駆使する点で京都学派四天王に類するとはいえ、具体的に世界の歴史のなかの日本の位置と教育の意義を語る場面になると、その論理は途端に荒唐無稽なものになった。

ほかに、植民地主義の論理で注目したものに、海後宗臣（東大）の「化育論」と倉沢剛（東京女高師）の「総力戦教育の理論」がある。倉沢の教育論は、侵略の権力論理をそのまま教育論理に移し替えたようなものであったのに対し、海後の化育論は、その侵略性のなかに植民地住民の生活編成に根ざす教育改革の主張が織り込まれていた。生活編成のための教育とはアジア民衆のためにではなく、日本のアジア侵略を強めるものであったろう。海後の化育論の罪はいっそう重たいのではないのかと論じた。

本書では、このほか、さまざまな植民地教育論の色合い（近代化論、天皇制思想、そして新教育運動の思想的親近性など）を描くことを試みた。

## 三

教育学者のほとんどは、日本が行ったアジアにおける植民地教育を批判することはできなかった。では、それを批判した人はいったい誰だろう。

私は、矢内原忠雄（東大経済学部）の同化主義批判を検討した。矢内原は、『教育』に、「植民政策に於ける文化」（一九三九年）を書き、日本の同化主義を鋭く批判している。『教育』には現場の教師ほかの読者がおり、少なくない人びとが植民地主義批判を知る機会を得ていただろう。矢内原の植民地教育論を検討する意義は大きい。

私が矢内原忠雄の植民地教育論を検討しようと思ったきっかけは、教育行政学者の五十嵐顕の勧めであった。

五十嵐顕は、晩年、「わだつみ」世代（戦没学生）の手記の読み込みに徹底してこだわっていた。京大生の木村久夫（一九四六年五月シンガポールのチャンギー刑務所で戦犯刑死）の手記に「日本の無理非道」「全日本国民の遠い責任」を見て取り、木村の戦争責任意識の存在と植民地主義批判に注目するようになる。五十嵐は、わだつみ世代の手記を読みながら、朝鮮植民地支配を疑問視したことのなかった自らの教養を恥じる。そして、一九一六年生まれの五十嵐とほぼ同じ世代に共通して存在する、朝鮮人に対する侮蔑的偏見のよって来る「文化と教養の根本」を問題にすべきだという考えにいたる。戦前において、侵略主義を批判した柏木義円、柳宗悦、吉野作造、石橋湛山、そして矢内原忠雄らの思想を検討し、なぜ、自らは植民地主義を批判できずにいたのか、その思想的弱点の原因を探ろうとした。[4] その五十嵐が私に個人的私信を寄せ、「ぜひ、矢内原忠雄の植民地教育批判の検討をしてほしい」と述べてきた。

私は、矢内原忠雄の植民地教育論を検討することにした。その際、私は二つの点にこだわりながら研究を進めようとした。一つ目。矢内原の植民政策学は、マルクス主義経済学の基礎の上に立って論じられた社会科学的性格の色濃いものであった。自ら足を運んで調査を行った満州、朝鮮、台湾、南洋群島と植民地研究対象は広範囲に及ぶものであった。そして、その地域ごとに文化や教育問題をおろそかにせず論じるという風であった（著作として、『植民及植民政策』一九二六年、『人口問題』一九二八年、『帝国主義下の台湾』一九二九年、『満州問題』一九三四年、『南洋群島の研究』一九三五年、『帝国主義下の印度』一九三七年、論文集として『植民政策の新基調』一九二七年、『民族と平和』一九三六年、『民族と国家』一九三七年、などがある）。私は、こうした膨大な矢内原の著述の中で注目しようとしたことは、たとえば、次のような表現にある。

「私は朝鮮普通学校の授業を参観し朝鮮人教師が朝鮮人の児童に対し日本語を以て日本歴史を教授するを見、心中落涙を禁じ得なかつた。」（『植民及植民政策』一九二六年）

朝鮮植民地住民への日本語の不当な強制を論じるこの一文。マルクス主義の社会科学的性格を多分にもち、統計的処理を随所に見せる実証主義的な論文のうちにあって、このような人間の感性的表現（「心中落涙を禁じ得なかった」！）をすくい上げて見せているのである。[5] 感性的諸力によって得た問題の本質を理論的な批判にまで高める努力が行われていると言えるのではないだろうか（理論信仰を越える試み）。同じように植民地の学校を視察した教育学者は多かったに違いない。しかし、教育学者は矢内原のような感性的な表現で現実を批判することはできなかった。それはなぜだろう。なぜ、涙を流すことができなかったのか。矢内原はなぜそれができたのだろうか。ここに、問われるべき思想のあり方の原点があるような気がして、矢内原の植民地教育論をできるだけ丁寧に検討するようにした。

二点目。矢内原は、一九三七年七月の日中戦争勃発後、キリスト教徒として講演し「日本の理想を生かすために、一先ずこの国を葬って下さい」と述べた。これによって矢内原は東大を追われる。これほど明確な非戦の訴えは当時きわめて例外的であり、この言葉は国体を否定するものと受け止められた。ここに明確なことは、キリスト教徒矢内原にとって、理想は国家の上にあり、「国家への忠誠」を超える「内面的な価値」が存在したことである。[6] 私は、国家の論理を超えることのできた矢内原の内面的価値の形成に注目するのだが、それは彼の植民地研究と密接不可分な関係にあるものだと考えた。

国家の論理を超えることのできた内面的価値の形成と植民地主義批判との密接な関係性。ここを深く分析できれば教育学者の植民地主義の陥穽の謎が解けるかもしれない。分析の動機はそのようなものであった。ただし私は論文の後半で、矢内原の植民地主義批判の問題点にかなり踏み込んでいる。この問題点を超えなければ教育学者の陥穽を真に克服することはできないと思えたからである。

## 四

一九四五年の敗戦後、戦後の教育学は、戦前に自らが関わった植民地支配責任をどう考え、深めようとしてきたのか。この点も気になる課題であった。私は、教育学における植民地支配責任追及の戦後史を検討したいと思ってきたが、本書では小沢有作の植民地教育研究を一つ取り上げたにすぎない。

教育学の植民地支配責任の検討には、独特な困難が伏在しているように思われる。いまは、そのことを述べることはしないが、戦後七十年以上経って、まだ、これを解明する本格的な書物が著されていない点にそれは端的なのだと思う。

私は、本書を書き上げるうえで、思想的に、そして方法論的に依拠した学問的な作品は、端的に言えば、加藤周一の知識人論と鶴見俊輔の転向論であった。[7]

加藤周一は、戦後の戦争責任論の多くは、誰が戦争に協力したのか、悪いのは誰か、など個人の過去の結果責任の追及にのみ関心が集中していたとし、これでは問題は単純化してしまうと批判する。暴露的な告発では理論的な有効性を生みださない。大切なことは、結果よりも原因の追究、つまり、戦争協力の思想的根拠をこそ探らなければならないとした。戦争を肯定した知識人の考え方、その行動の由来する思想の根底を内面から明らかにすること。そして、その思想の根底はおそらく現在の社会でも生きているはずだとした。

加藤の結論は、知識人の戦争協力の弱さと植民地主義への屈服の原因は、彼らに「国家の論理」を超えることのできる「内面における超越的価値」の不在であるとした。加藤の「超越的価値」という表現は難しいが、私は、これを教育的価値の不在という問題に置きかえて、教育学者の植民地主義の原因を解こうとしてきたと思う。これは私自身、だんだんと分かってきたことだ。

まずは、加藤に倣って、教育学者の植民地主義に向かう思想的根拠を明らかにしようとしてきたのである。

鶴見俊輔は、『共同研究　転向　上中下』（平凡社、一九五九年―六二年）のなかで、「屈服の語感」と「特殊の痛み」をともなう転向研究を、屈服や痛みの語感を否定せず、生かしながら新たな考え方を取り入れて、その意義を深める方向を提起した。すなわち、転向を悪であるとは考えない。転向をきっかけとして、重大な問題が提出され、新しい思想の分野がひらけることも多くある。前代の走者が迷い、躓いたその地点こそ後代の走者にとって最も実りある思索の出発点となり得るとし、前代の転向体験を追体験することは、この国の思想的伝統のもっとも深いところからエネルギーをくみとることとなると述べたのである。痛みや苦みをともなわない思想史研究とはそもそも存在しないのではないだろうか。痛みや苦みがもっとも深刻に顕在化した転向の時期の思想の分析こそ、ものごとの本質（したがって教育の本質）が極められると思われたのである。

私は、こうした加藤や鶴見の考え方に学びながら、植民地支配に教育学がどう関わったのか、という問題を考えてみようと思ってきた。

## 五

本書は、私がこれまでに書いてきた植民地教育に関する論文を集めた論文集である。文章は原則、誤字脱字を除いて、初出のままとした。したがって、「戦後五十年余りが経過して」という表現は修正すべきか迷ったが、そのままとした。初出時、掲載誌の都合で事情を説明する文章があったが、そうしたところは削ってある。

第一部は、本書の中心的な論文がおかれる。そのうちの四論文は、二〇〇〇年前後に書かれている。残り二本は最近のものである。

第二部は、「日本植民地教育史研究会とのかかわりから」と副題を添えた。同研究会は、一九九七年に発足している。私はこの研究会の結成を呼びかけた一人であった。『植民地教育史研究年報』（皓星社）は二〇一八年に二〇号を数えた。この研究会で私は多くを学んできた。第二部は同『年報』に書いてきた私の小論を集めた。研究集会におけるシンポジウムの趣旨や報告、巻頭言などである。最初の「日本植民地教育史研究の蓄積と課題」は、小沢有作が話したものを私が聞き取り、あらためてまとめ直して発表したものである。

第三部は、植民地教育史研究に関する書評である。植民地教育史の専門書と言いがたいものも含まれるが、関連を重視して載せた。「学ぶ」視点を大切にして、書評を記すよう心がけたつもりである。

〔注〕

1　小沢有作「「大東亜共栄圏」と教育」『全書・国民教育　激動するアジアと国民教育』明治図書、一九七三年

2　藤田省三『転向の思想史的研究』岩波書店、一九七五年

3　オリエンタリズムについては、石田雄『記憶と忘却の政治学』（明石書店、二〇〇〇年）に学んだ。なお、駒込武は、私の論文「大東亜教育論とは何か」（本書第一部第一章）における近藤壽治についての解釈を以下のように批判する。「（佐藤は）近藤壽治の教育学を取り上げ、欧米文明の普遍化を批判する議論の中に『オリエンタリズム批判』を見いだしているが、オリエンタリズムが帝国主義的な植民地支配にともなって生み出された世界像・価値観である以上、近藤の議論はむしろオリエンタリズムそのものとみなすべきである」。さらに、「佐藤の議論は言説レベルの分析に終始し、植民地支配の実態を含めて情況とのかかわりで近藤の言説の意味を読み解く作業がなされていない」（「近藤壽治『日本教育学』成立事情」『戦

時下学問の統制と動員　日本諸学振興委員会の研究』（東京大学出版会、二〇一一年、三〇〇―三〇一頁）。私は、石田雄が述べた、日本の同化主義が文明の名によってアジア支配を正当化するオリエンタリズムと、大東亜共栄圏期においては、むしろ大東亜を欧米帝国主義から解放する反オリエンタリズムを述べて使い分けしたという主張を、近藤壽治の植民地教育論にあてはめて解釈したのである。近藤は明らかに反オリエンタリズムを利用して、「アジアの解放」のための侵略主義教育論を論じていた（第一章参照）。近藤壽治の議論はオリエンタリズムそのものである、という駒込の批判には無理がある。

また、駒込は、佐藤は日本の教育情況との関わりで近藤の言説を分析していないと述べている。しかし、近藤は、文部省教学局の文部官僚として、『臣民の道』が説く欧米帝国主義からのアジア解放の精神を社会の人びとに普及するためによく働いていたのであり、私は国家の教育政策意思を見事に体現し教育情況に働きかけた近藤の教育論をこそ取り出し、その批判を試みていた。状況との関わりで近藤を読み解いていないという批判はあたらないだろう。

4　五十嵐顕『「わだつみのこえ」を聴く　戦争責任と人間の罪との間』青木書店、一九九六年

5　藤田省三『転向の思想史的研究』岩波書店、一九七五年、参照

6　加藤周一『「戦争と知識人」を読む』青木書店、一九九九年、参照

7　加藤周一『「戦争と知識人」を読む』前掲書。「『過去の克服』覚書」（一九九五年）『加藤周一　セレクション5　現代日本の文化と社会』所収、平凡社、一九九九年。「ゴットフリート・ベンと現代ドイツの『精神』」（一九七九年）『加藤周一　セレクション1　科学の方法と文学の擁護』所収、平凡社、一九九九年。

鶴見俊輔「序言　転向の共同研究について」『共同研究転向1』（一九五九年）『東洋文庫　共同研究　転向1』平凡社、二〇一二年。『戦時期日本の精神史　1931～1945年』岩波書店、一九八二年。共同研究転向では、教育学ではただ一人、東井義雄（原芳雄・中内敏夫）が扱われている。

植民地支配と教育学＊目次

# 第一部　教育学は植民地支配にどう関わったのか

# 第一章　大東亜教育論とは何か——アジア太平洋戦争下の教育学を考える

## はじめに

### （一）なぜ向きあえずにきたのか

アジア太平洋戦争期（一九四一—四五年）における教育学とは一体どのようなものであったのか。とくに、アジア侵略戦争との関連において日本の教育学がいかなる役割を果たしたのか。

後に述べるように、この時期の教育学は、日本精神主義教育論、戦時教育改革論そして大東亜教育論という三つの教育論が中心になって、互いに連携し協力しあい、総力戦教育論を形成した。そして、そこに他の教育学研究が吸収されていく、そのような構造が作りあげられた。本章が扱う直接の対象は、この三つの教育学のうちの大東亜教育論である。大東亜教育論こそは、アジア侵略教育論を担った中心的存在であった。

このアジア太平洋戦争下の教育学は、戦後、どのように総括されてきたのか。

戦後の教育学は、戦時下の教育学のあり方に対する全面的な反省と総括のうえにたって出発すべきであった。とくに、アジア侵略戦争との関連で。しかし、反省はきわめて不十分であった。しかも、その反省は戦後五〇年余りを経過してもなお基本的に不十分のままである。本格的な戦時下教育学の研究は行われていない。不十分さは過去の侵略戦争と教育の関連についての認識の弱さを生み、さまざまな国際的なトラブルを引き起こす原因ともなってきた。

なぜ、反省と総括が十分に行われずに来てしまったのだろうか。次の理由が考えられる。[1]

理由の第一は、戦後早い時期における戦前教育学に対する強い拒否・否定である。戦前教育学は輸入学問であり、国家権力認識を欠いており、検討に値しないとする考えである。たとえば、宗像誠也『教育研究法』（一九五〇年）、宮原誠一『教師論』（一九五〇年）、など。戦時下の教育学は否定されるだけで、反省と検討の対象にはならなかった。

第二は、この戦前教育学の否定・清算という論理に反発する遺産史研究の登場である。戦前教育学はむしろ戦後の教育学を準備したのであり、豊かな遺産が内包されているという考えである。これによって戦前教育学（遺産）の研究は多くの成果をえたが、ここに陥穽があった。遺産史研究は「遺産以外」のものを研究対象から外す傾向があった。アジア侵略教育論は明らかに遺産史の対象にそぐわなかった。「負の遺産」と真正面に対峙できる方法論を遺産史研究は作り出せなかった。

そして第三に、他者の告発を経ない自己批判の限界である。宗像誠也の『私の教育宣言』（一九五八年）は自己の戦争責任を問うたまれにみる貴重な証言であった。しかし、彼の証言は被植民地住民への責任意識を踏まえていなかった。ファシズムの進行をくい止めることができなかったという彼の反省は、アジア侵略に加担したという事実に向きあうことが十分にできなかった。

だが、反省は避けることができなくなったといえよう。一九八〇年代以降、アジアから植民地支配の責任を問う告発があった。これによって、「痛みをともなわない歴史像」が問題になり、総力戦時代に関する「記憶の再吟味」が求められてきた。

大東亜教育論の検討は、記憶の再吟味の中心課題である。まずはその事実の究明。隠蔽され、追及を回避してきた教育学のアジア侵略との関連事実の究明である。次に、なにゆえ戦前日本の近代教育学が大東亜教育論を生み出し、そこに行き着いたのか、その原因の究明である。

もちろん、記憶の再吟味は記憶の試練である。語ることの困難性に思いを寄せねばならず、名指し批判することの「居座りの悪さ」を覚悟しなければならない。しかし、そうしなければ、東アジアから問われる「信」を得ることはできず、「応答責任」を果たすことはできないだろう。

## (二) いかに向きあうか

戦時下の教育学研究が皆無だったわけではない。無視できない貴重な成果は蓄積されている。ただ、アジア侵略戦争と教育学との関連を問う研究が不十分であった、あるいは、アジア侵略戦争と教育学との関連を問う教育研究が、教育学界の中で十分な評価を得ていない、ということが問題であった。[2]

ここでは、私も加わっている、戦前教育科学研究会（教科研）をめぐる論争を取り上げながら、「教育学の戦争加担と責任は必ずしも自明なものとして認知されていない」[3]現在の研究状況を、さらに詳しく論じていきたい。

一九九七年に、教育の社会史研究を分析方法にすえる中内敏夫ほか・民間教育史料研究会著『教育科学の誕生』（大月書店、以下『誕生』と略）と拙著『総力戦体制と教育科学』（大月書店）が続けて出版された。ともに教科研を研究対象にしている。教科研は、一九三七年から一九四一年まで存在した戦前民間教育研究運動の最後の拠り所であった。教科研は、時の教育政策の批判者としてたち現れ、教育改革のための教育の科学的研究を志したが、やがて大政翼賛会に参加し、国策に協力した。

『誕生』の基本課題は、一九三〇—四〇年代の社会変動によってどのような新しい教育課題が生まれ、教科研がそれにどう対応したのか、である。拙著は「総力戦体制の革新性」こそ教科研の国策協力の原因であることの実証を基本課題とした。『誕生』は拙著が教科研の国策協力に焦点づけたことそれ自体に疑問を提示し、教科研の戦争責任を追及する拙著に異議を唱える。両著の基本的対立点については別稿[4]で述べているので、ここでは、『誕生』執筆者のこの疑問の提出に、戦争と教育学の関連認識をめぐって重大な問題がひそんでいることを述べてみたい。

中内敏夫は、私を「思想の裁判史（家）」（『誕生』の序論）と一蹴し、田嶋一は、「私たちは、教育科学の理論や運動がもたらした果実を、担い手の生き方や心理によって意義や評価が変動するものとは理解していない[5]」と述べ、教育思想史研究ではないことを理由にして、戦争責任に言及する私とは論争の土俵にのらないと明言する。

小林千枝子は、私でなく太郎良信著『「山芋」の真実』（教育史料出版会、一九九六年）を捉えてのことであるが、歴史研究は「誤りか否かを指摘するものではなく、分析するものである」とし、現代に生きる者が戦前生活綴方教師寒川道夫の教育実践を新体制運動との関わりで批判するのはそもそも問題であり、「断罪史観」[6]にすぎないと述べる。

これらの指摘は、歴史上の個人を問題にする場合、その人個人の思想や生き方を評価したり判断したりすることは基本的にできない、という意味になる。戦争責任を問うという歴史の裁き（ジャッジメント）を回避する姿勢を明示する。

清水康幸は、総力戦体制のもとで教育改革をめざす組織的運動が国策協力の形をとるのは不可避であり、国策協力の必然性をテーマにする拙著は、教科研に存在した豊かな検討素材を対象化できない単純な問題関心に基づく研究であるという。[7]木村元は、「政治的枠組み」を全面に押し出す研究では、教育学に内在した戦争責任は追及できないとする。[8]

清水・木村の批判の要点は、私における教育学固有の論理の欠如ということのようだ。批判のすべてを拒否するつもりはないが、この批判の難点は、マシンの如き戦争遂行国家をつくりあげた、その総力戦体制に対する理論的位置づけの低さである。教育学固有の論理にとらわれることで、かえって総力戦体制への理論的関心を極端に弱めている。教育学固有の論理はこうした関心の弱さのうちに成立するはずがない。総力戦体制と教育科学の関連を問わない「教育科学」の教育学的検討は、その検討の名に値しない。清水・木村の戦争責任論批判は、時代の特色を決定づけた総力戦体制への理論的検討の不十分性に立って行われている。

清水と木村は、別に、戦時下教育を対象に成果をあげてきた、寺崎昌男が中心になる研究会にそれぞれ所属してきた。これら研究会も検討されてよい。その主な成果に、戦時下教育研究会著『総力戦体制と教育』（東大出版会、一九八七年）、戦時下教育学説史研究会著『日本諸学振興委員会の研究——戦時下における教育学の転換』（東京大学教育学部教育哲学教育史研究室、一九九一年）がある。

これら研究会は、参加するメンバーに違いはあるが、戦争と教育学との関連を追究する姿勢をくずしていない。この点は、戦争責任問題に回避的姿勢が濃い『誕生』とは違う。

寺崎は、一九七九年、「戦時下の教育学について」を論じ、「戦時下と同じ条件のもとにあったなら、自分も同じことをしたかも知れない」とし、この問題に対する自らの関わりの切実さを表明し、戦争（死）が教育学の存立それ自体を否定することがらであったと指摘し、当時の教育学者が、なぜ、いかにして戦争と教育学とを結びつけるにいたったか、の究明を訴えた。[9]

『総力戦体制と教育』で、寺崎は、「軍部や政治権力だけでなく、教師、父母、さらには子どもたちもまた、戦時下教育を出現させ、また支えたのではないか」とし、全体主義教育の受容の原因追及を強調する。[10]つまり、「戦時体制の支持と受容」という問題の提起である。この提起は教育学の戦争責任論と対立しない。

では、寺崎の問題意識に対し、木村や清水の「戦争と教育学」認識の方はどうか。

木村は、『誕生』を「教育の社会史的研究への志向」[11]として解説するが、そこに戦争という用語は一度も登場しない。木村は、自ら参加した戦時下教育学説史研究会の成果を捉え、戦時体制下に即応する学問構成とともに「同時に」存在した新しい教育学の水流分析の意義を強調する。しかし、「同時に」といっていったん戦時体制から引き離した論点を再び結びつける作業を木村は行っていない。[12]木村の分析は、二元論であり、戦争と教育学の関連を解き明かそうとはしない。

清水は、『総力戦体制と教育』で、最も意欲的に戦時下の教育学を検討したが、最大の問題点は、たとえば、海後宗臣（東京帝国大学助教授）における「大東亜共栄圏と教育学の関連」が十分に追究されていないことである[13]。清水の基本的主張は、海後宗臣らの「錬成（戦時下）」と「形成（戦後）」との連続的性格であった。しかし、「錬成」概念がなぜかくも簡単に総力戦思想や大東亜共栄圏理念に屈服・従属したのか、その原因の究明が弱い[14]。この点の解明がないならば、「形成」概念の真の検討とはいえない。連続とともに断絶の有無が明示されなければならない。清水は、教育学者の戦争責任を否定しないが、それをどのように追及するのか、その努力を全く見せていない。清水・木村に必要なことは、私にむけられた批判である「教育学に内在した戦争責任論」をまず自らが分析してみせることではないのか。

清水・木村は、寺崎の提起を重要な点で深化発展させてこなかった。その原因はなにか。寺崎は、先の論文で、戦時下教育学を外在的な「告発」の対象におとしめてはならず、「戦後民主教育の立場に立って裁断[15]」してはならないと述べていた。この告発・裁断が強調された意味を考えなければならない。

比較的若い世代の研究者が戦時下の教育学に関心を向けつつあるが、アジア侵略と戦争責任をまともに論じることはほとんどない。告発・裁断されてはならないという歴史叙述をめぐる指摘が、複雑・深刻に影響していると思えてならない。現代の人間が過去の人間の生き方を「判断」するなどできないという躊躇がそこに大きく立ちはだかっているようだ。

寺崎は、歴史の表層部分を取りだして「告発」し「裁断」する未熟な研究を恐れた。その憂慮は理解できる。しかし、その憂慮は、必ずしも教育学と戦争との関連認識を鍛え上げる方向で影響したのではなく、むしろ消極的姿勢をとらせる働きとなったのではないか。

およそ研究と名のつくものならば、外在的「告発」や身勝手な「裁断」は回避されなければならない。しかし、同時に、研究から「告発」や「裁断」という要素を消し去ることは絶対に不可能である。明らかにされた事実の公表はある人々にとっては「告発」となり、その事実の解釈や意味づけは「裁断」として受けとめられる、これは研究の性格上、不可避のことである。事実が隠蔽されていたのなら、なおさらそうである。外在的告発や身勝手な裁断は何も戦時下研究にだけ限られる問題ではない。それがことさらに戦時下の教育学研究に向けられるのはなぜか。隠された事実（タブー）への挑戦と究明、理由はこの点と深く関わっている。

戦争責任問題は、日本社会の基本的な「タブー」であった。この国は歴史の負の遺産を徹底して批判して解体する作業を怠ってきた。過去の現実を自己切開する力に非常に欠けてきた。[16] だから、戦争責任を論じれば、「後ろ向き」で「不毛な回顧モード」に陥っている、あるいは「自虐的」であるとの言説が投げ返されてきた。[17]

これは、戦争責任を一国の首脳が論じるドイツ（旧西ドイツ）とは明らかな相違であり、戦争責任論は現体制側が容認する言説であるのに対して、日本では孤立すら覚悟しなければならない。

告発や裁断の強調は、こうした言説空間の違いの中で、過去を自己切開する力の形成に有効に資する道を開いてきたのだろうか。戦争責任をタブー視する日本社会の実態にそう基本視座が用意される中においてこそ、使用されるべきではなかったか。

歴史修正主義者が活躍している。「従軍慰安婦」の責任を否定する自由主義史観研究会や「新しい歴史教科書をつくる会」である。彼らは、「歴史を裁く愚かさ」を強調してみせて、今の見地からではなく、当時の状況のなかで歴史を見る必要性をいう。[18] 彼らの欺瞞は、歴史は裁けないといいながら、その一方で、南京大虐殺の事実を否定し、日本に植民地支配責任がない、と歴史を乱暴に裁いていることである。
しかし、注意したいことは、「裁きの愚かさ」を口実にして過去の負の遺産が免責されつづけ、歴史修正主義がまかり通っている現実である。そして、一見すると、「歴史を裁くことはできない」という歴史観が、歴史修正主義と『誕生』執筆者に共通してみられることである。

告発や裁断、裁判史観や断罪史観という用語は、国際関係を含めて今現在の政治的対立の舞台に躍り出てきたのである。そして、歴史修正主義という政治勢力によってさかんにこの種の用語が利用されるまでになっている。その果たす役割を十分に自覚することは当然と思われる。『誕生』執筆者は歴史修正主義と対峙する自らの方法観をあらためて説明する責任があるだろう。

告発や裁判史観が問題にされることによって、アジア侵略と教育学の関係を論じる土俵が壊されることを何より恐れる。

「裁きの愚かさ」というイデオロギーに対峙して、教育学がアジア侵略といかに関わったのか、その事実にきちっと向きあうことがよりいっそう問われる時代なのである。「告発」や「裁断」をおそれて、戦争責任という「判断問題」を回避してはならないだろう。なぜなら、判断を回避することは総力戦体制という全体主義を支える精神構造であったからであり、判断の不在や判断力の衰弱こそアジア侵略戦争の大きな要因だったからだ[19]。判断を回避してはならない、これはアジア侵略戦争の歴史から継承する現代人が克服すべき重要な課題であった。

判断の回避問題で、過去と現在がつながっている。現在もまた判断と責任の回避が問題にされている。判断の回避は、今なお作用している現代的危険の一つであった[20]。教育史研究者は、過去と現在を貫いて問題となっている判断の回避（戦争責任）問題に立ち向かわなければならないだろう。もとめられているのは、アジアの「告発」に応える教育史研究である。告発が不当視される時代ではなく、告発の時代なのである。

## I　大東亜教育論とは何か

一九四二年一月に『興亜教育』という雑誌が創刊される。太平洋戦争勃発のすぐ後である。刊行主宰は東亜教育協会であり、その後継雑誌『教育維新』が休刊となるのは一九四五年四月であるから、文字通り大東亜共栄圏建設のための教育雑誌であった。藤原喜代蔵は『明治大正昭和教育思想学説人物史』の第四巻（一九四四年）で、当時、この雑誌は、他の教育雑誌が国内教育に、しかも復古的な再建問題のそれに関心が集中しているのと違い、東亜教育全般の問題を扱っていると高い評価を与え、この方面の研究が今後活発に展開される期待を表明した[21]。大東亜共栄圏建設のための教育の課題に正面から応えようとする雑誌が『興亜教育』であった。私はこの『興亜教育』の解説を試み、この雑誌の内容は、ほぼ次の三つに分類可能な教育論によっていると指摘した（第三章参照）。すなわち、日本精神主義教育論、戦時教育改革論、そして大東亜教育論（植民地教育論を含む）の三つであり、これらがあわさってトライアングルを構成し、興亜教育論＝総力戦教育論を作り上げている、と。

アジア太平洋戦争期には、興亜教育、東亜教育、皇道教育、日本教育、大東亜共栄圏の教育、新体制教育、などさまざまな教育標語が生まれた。これら教育標語は、右記三つの教育論をほぼ内包した形で作られていたといえよう。

（1）日本精神主義教育論。国体論を基盤にして教育目的・内容を日本古来の伝統的精神であるとする日本精神によって基礎づけようとする教育論。国粋主義教育論ともいわれる。

（2）戦時教育改革論。総力戦体制に応じる教育制度・内容全般の改革論。一九四一年発足の国民学校に関わる夥しい数の解説や実践書、中等学校制度改革論、職業教育改革論、青年学校論、師範学校改革論、教育の「機会均等」論——たとえば育英制度論、女子教育改革論、生活科学論、科学技術教育論、など。

（3）そして最後に、植民地・占領地における各植民地教育論を含めた大東亜共栄圏建設全体を意図した大東亜教育論。

この三つの教育論が、それぞれ対立を孕みながら強力な連携をとり、総力戦教育論を形作っていった。この他にも、国民学校の理念を基礎づける国民教育学やドイツにおける国家主義教育・民族主義教育を論究したもの、さらにより戦争に密接した戦争教育論などがあり、それぞれが総力戦教育論の強力な友軍として独自の役割を担った。この総力戦教育論が教育学界の中で肥大膨張し、やがて崩壊したのがアジア太平洋戦争期であった。

この時代、ほとんどの教育学者は、傍観主義や自由主義は許されず、積極的な報国行動を要求され、総力戦があたえる目標への転向を忠実にすすめた。

では、その内の大東亜教育論とは、どのようなものであったのか。

大東亜教育論とは、大東亜共栄圏建設のための教育学形成を中心課題におき、とくにアジア侵略のための教育論、すなわち植民地教育の理論課題を担ったものであった。一九四二年五月の大東亜建設審議会「大東亜建設に処する文教政策」に応えて、大東亜教育論は本格化する。日本全国の教育学者を横断的にはじめて組織した日本諸学振興委員会教育学会（第一回は一九三六年、第二回は一九四〇年）が、一九四二年（第四回）に「大東亜新秩序の建設と教育及び教育学」を主題にして開催されたこともそのことを端的に示している。[22]

大東亜教育論は、アジア諸民族の教育を直接の対象とし、植民地統治理念を探求した。日本精神のアジア化ないしアジア諸民族の日本化・日本人化を追求し（日本アジア主義）、アジア植民地開発主義に応じる職業技術教育体制の構築を展望し（その実質は低度実業教育）、アジアにおける日本語の国語化ないし東亜の共通語化を試みた。

大東亜教育論は、アジア諸民族の教育を直接の対象とするばかりでなく、在外邦人教育さらに国内の教育を対象にしてアジアの指導者形成を論じた（大国民形成）。そして、植民地と国内における戦時教育体制の再編と改革との連動を模索した。

大東亜教育論の担い手は、比較的若い層の教育学研究者と植民地教育行政官僚であり、彼らは密接な連携と協力を保った。そして、彼らの少なくない部分は、戦後、ふたたび教育学研究に従事し、戦後の教育学形成を担う。戦前戦後の教育学の連続断絶問題、すなわち戦争責任問題を生む、これは基本要因であった。

ここで特に注意したいことは、大東亜教育論における「近代性」についてである。大東亜教育論は、西欧文明による一元的単線型発展史観を批判し（反オリエンタリズム）、欧米帝国主義的植民地教育政策を糾弾した。従来の欧米型近代教育学を批判し、その「観念性」「思弁性」を指摘し、東亜新秩序に根ざした「実際的教育学」構想を主張したのである。つまり、大東亜教育論は、「東亜の解放」を装ったアジア解放教育論を演じた。事実上のアジア侵略教育論である大東亜教育論がいかにしておのれをアジア解放教育論に見立てようとしたのか[23]。これは、本稿が解き明かしたい焦点の一つである。

この点でとくに、近藤壽治（文部省教学局）の「教育学における近代の超克論」の検討を重視したい。近藤は、一九三五年に『日本教育学』を著す。これは改訂版を含め大いに版を重ねている。その後、『国体の本義』（一九三七年）や『臣民の道』（一九四一年）の編纂事業にかかわる。日本教育学イデオローグとして、また教育政策プランナーとして、彼の教育界に対する思想的影響力は無視できない。

その近藤は、国体の精神を西欧近代教育学の批判に絡めて展開した。

「然るに近世に入つてからヨーロッパ各国が一つの世界といふものを形成して、これに依つて文化或は科学技術が著しい発展を遂げ、特異な世界形成を整へるやうになつてから、ヨーロッパ世界が西洋世界であると考へられるやうになつた。……現代に至つてはこのヨーロッパ世界が唯一の世界として地球全体を支配するやうに考へられて来た[24]」。

彼の言説は、当時、侵略戦争のイデオロギーとして日本国内を風靡した「近代の超克」論[25]に近似しており、教育学における近代の超克論とも呼べるものと解される。「アジアの解放のレトリック」を最も精緻に練り上げた言説であった。

近藤は、歴史の進歩を西欧化の過程と見なす西欧一元化史観を否定した（反オリエンタリズム）。それはあたかも多元的世界史像の提出であるかにみえた。しかし、彼が出した結論は「日本的世界」、八紘一宇の世界観であった。近藤のこのレトリックの矛盾を明らかにしなければならない。

それに先立ち、まず、当時、他にどのような大東亜教育論が存在したのか。「アジアの解放」を装うさまざまな言説の諸相を描きだしてみたい。

## Ⅱ　大東亜教育論の諸相――「アジアの解放」を装うさまざまな言説

まず、その諸相を仮説的に描いてみよう。

①大東亜教育論（原論）

近藤壽治「日本教育学――教育学における近代の超克論」

由良哲次「全体主義教育論」

長谷川如是閑「日本文化の遠心的発動論」

海後宗臣「化育論――（錬成論）」

②大東亜教育政策論

倉沢剛「総力戦教育論」

伏見猛彌「大東亜教育政策論」

海後勝雄「東亜民族教育論」

周郷博、舟越康壽「欧米植民地教育政策批判論」

楢崎浅太郎「反日民族主義教育批判論」
後藤文夫「師範学校改革論」
田村敏雄「満洲国教育国家論」
③協同主義的大東亜教育論
関口泰「大陸文化工作論――産業・厚生・教育連携論」
城戸幡太郎・留岡清男「東亜教育協同体論」
平野義太郎「アジア生活教育協同体論」
④日本語教育政策論
石黒修、大出正篤、釘本久春、志田延義、高木市之助、時枝誠記、長沼直兄、久松潜一、保科孝一、山口喜一郎、山田孝雄など

以下に、主だった大東亜教育論を検討していこう。

## (一) 海後宗臣の「化育論」

海後宗臣（一九三二年に国民精神文化研究所所員、一九三六年に東京帝国大学助教授）は実際生活に即した「形成」に注目し、近代教育学は陶冶を中心概念におき、「形成・教化」に正当な位置づけを与えないと批判する。教育を学校制度内にのみ限定し、教育目標を個人の完成におく近代教育学。教授をその王座におき、訓

練を副次的な地位に追いやり、教育内容を知識の体系におき、技術としての教育内容を軽視する。近代教育学をこのように規定して、その変更を強く迫ったのが海後宗臣であった。

陶冶から形成・教化へ、この近代教育学の転換は、国体の本義に基づいた皇国民の育成という目標において果たされる。これが海後の転換の構図である。皇国民たるの資質を育成して大東亜建設の一員たらしめるためには、実践生活に結びついた知識、すなわち知識の技術化が必要であった。

「我々は大東亜戦争下に於いて国民教育が近代構造のものを超えて新たなる段階へ進展せんとして様々な課題を置いている有様を一瞥したのである。このことは教育学に於ける近代主義批判とも深い関係をもっているのであって、教育学への課題もここから発していることを概観した[26]」。

「知識はこれを技術化して生活と一体たらしめ、技術はこれを新たに実践生活の中に据ゑると共に、これが修練の方法を編み出さなければならない[27]」。

「この生活が国に報ずるの精神によって一貫せられてゐる」「単に実用性のための生活教育ではなく、国への教育が構成せられてゐる[28]」。

生活に即すること、この広大な対象をすえることで教育学は、陶冶と形成の領域を獲得し、現実的な諸問題に貢献する教育学を構築できる。しかし、この近代学校批判の拠ってしかるべき基盤は、大東亜共栄圏の建設という現実であった。

総力戦体制は教育学の転換を要請し、海後の教育学はこの総力戦の要請に応えたのである。

彼の形成論は、「化育所」において具体化された。化育所構想、これは明らかに大東亜建設審議会第二部会「大東亜建設ニ処スル文教政策」答申（一九四二年五月）で打ち出された、占領地向け方策「大東亜諸民族ノ化育方策」と重なる。同答申は、国内向けの「皇国民ノ教育錬成方策」と占領地向けの「大東亜諸民族ノ化育方策」に分かれており、「化育」は占領地に関して使用された用語であった[29]。

同方策の基本方針は以下のように述べる。

「一、皇国ヲ核心トスル大東亜建設ノ世界史的意義ヲ闡明徹底」すること。

「二、従来ノ欧米優越観念及米英的世界観ヲ排除シ皇道ノ宣揚ヲ期スル」こと。

「三、画一性急ナル施策ヲ戒メ主トシテ大和民族ノ率先垂範ニ依リ日常生活ヲ通ジ不断ニ之ヲ化育スル」こと。

海後は、自らの化育所構想を論じ、それは、政治的啓蒙機関、経済再編の中核体、文化運動の発現地でなければならず、さらに子弟の基礎教育の場所であり、大東亜の諸地域、都市、町、村落における啓蒙指導育成のための中心施設となるとした。

「政治啓蒙のための化育所には、別にその年齢、経歴等に拘わらずあらゆる住民が集まって来る。それ等に適切な啓蒙の材料が調えられ、或る場合は話すことにより、或る場合は絵画を通して、更に映画を通して政治啓蒙がなされるだろう。政治啓蒙に次いで注目せらるべきことは、産業指導である。即ち共栄圏内に於ける諸生産を通じて住民が新秩序建設のことに参画するのである。……それに次いで民族語及び日本語の学習、更に基礎となる文字の修得をなさねばならぬ。更にこれ等の言語及び文字を用いて生活建設の内容を豊富ならしむることに力を注ぎ、進んではこの知識を産業に結びつけて生活技術化して錬磨する。……[30]」。

大東亜審議会第二部会の審議は一九四二年三月一〇日からはじまっているから、海後の化育所構想は審議会の審議に先立っていたと見てよい。彼の言説がもつ責任は大きい。

## （二）倉沢剛の「大東亜教育建設の段階的考察論」

倉沢剛（一九三七年に東京女子高等師範学校、一九四一年に内閣総力戦研究所）の『総力戦教育の理論』（一九四四年）は、五〇〇頁近い体系的戦争教育論である。第一部は「総力戦教育本質論」で、教育の国家的性格、総力戦教育理論について、第二部は「総力戦教育政策論」で、国家権力と国民学校、教育の国家的計画について、第三部は「総力戦教育技術論」で、学校、家庭、工場、軍隊の教育体制改革論について、そして第四部は「大東亜教育政策論」で、大東亜教育体制の同心円的拡大構想について、それぞれ描いている。[31]彼は、自由主義国家体制から国防主義国家体制への移行を主張し、近代教育学を国籍不在の教育学として批判し、政治教育学としての皇道教育学への転換を論じた。日本と大東亜における総力戦段階に応じる実際的な教育学の形成を強調した。

倉沢は、大東亜建設審議会の答申である国内と占領地向けの二つの方策を受けて、日本と他のアジア諸国とはそれぞれ指導国と分担国との地位にあるとして論を展開する。「皇国は指導国たるの責務を負ひ、圏内各国地域は分担国たる地位に立ち、指導と信頼を通じて広域教育圏を形成するのでなければならない[32]」。

こうして、彼は指導国と分担国による空間と時間の拡大構想を描く。大東亜教育体制の地域的段階は、以下の三つに区分される。中核教育圏、南方教育圏、外周教育圏。

中核教育圏とは、「皇国を核心とし、満洲国・蒙彊・北中南支を包括する範域」「日満支の一徳一心的結合をめざせる大東亜建設の中核圏であつて、ここに大東亜の教育指導を結集」する。

南方教育圏とは、「泰国、仏印、比島、マレー・ジャバを中心にする南方占領地一体」であり、「米英仏蘭の久しきにわたる教育歪曲をあくまで是正し、進んで大東亜の自主共栄を要旨とする興亜教育を徹底せしめ」るとする。

外周教育圏とは「印度、豪州、新西蘭を中心とする外周一体の範域」であり、「逐次英国の欺瞞教育政策を駆逐して、漸次興亜教育の理念を注ぎ込み、いはゆる大東亜文化の復活と培養とを誘導しつつ、次第に大東亜教育圏のうちに包摂誘致すべき」とする。

一方、時間的段階は、占領地統治期、戦後建設期、抗争激化期に区分された[33]。

机上のユートピア構想は、まぎれもない植民地主義者の空想計画であった。

## (三) 伏見猛彌の「大東亜教育政策論」

伏見猛彌(国民精神文化研究所)の大東亜教育政策論は、倉沢のそれが原理論的性格が色濃かったのと比べ、より現実的であった。

伏見もまた、従来の教育学が観念的性格が強く、またあまりに「学校主義的」であった点を批判する。教育とは、社会の自己保存・自己発展の機能なのであって、社会形態としての教育への注目を強調し、学校をもっと現実社会に近接させる「現実主義」をとる必要があると述べる。「教育の個人主義的性格」を批判する[34]。

彼の大東亜教育政策論で注視すべき点は、反オリエンタリズムによる欧米植民地教育政策批判にある。

伏見は、次のようにいう。

「彼等（西洋）の教科書にはコロンブスのアメリカ発見を新大陸の発見と教へてゐる。即ちコロンブスが発見する以前に、アメリカ大陸に生活してゐた人間と、その文化を一切否定してゐる」。「近代の歴史として更に驚くべきことは、彼等が過去三百年に亙るヨーロッパのアジア侵略の史実を、教科書に於て何と教へてゐるであらうか。西洋文明の東漸と教へてゐるのである。さうした教科書に就いて学んだヨーロッパの子供は、近代史は未開野蛮なアジアを我々が啓蒙していく歴史であると理解するのであるから、政治的には教科書をさういふ風に編纂することが絶対に必要であつたのである」[35]。

伏見は、欧米のアジア侵略＝欧米文化の東漸、という図式を描いてオリエンタリズム思想を批判している。そして、日本の知識人における西洋文化の受容を欧米文化の植民地化と攻撃した。西洋の文化的主導権と東洋世界の後進性というオリエンタリズムへの異議申し立てが行われている。西欧の優越、東洋の劣等、というこのオリエンタリズム批判は、「アジア解放教育論」を装う強力な武器になったのではないか。

伏見は、この反オリエンタリズム思想にたって欧米植民地教育政策批判を行う。

その批判の要点は、文盲政策と技術教育の軽視である。

「例へば印度における教育その他支那における米英の教育を見てみましても、殆んど技術教育を行つてゐない。教育の大部分は殆ど英文学教育であつて、程度の高い技術者の如きは全く無視されて居るのであります。程度の低い技術教育はやつて居るが、程度の高い技術教育は行つて居らぬ。これは彼等の典型的な植民地教育政策であ」[36]る。

これに対して日本の大東亜教育政策の優位性は歴然とする、と伏見は述べる。

「満洲国や台湾、朝鮮の場合は、年限が古くなればなる程、国民教育の率が高まつて居りまして、施政五十年に垂んとして居る台湾に於いては殆んど英吉利の国民教育普及率と大差なき段階に到達して居るのであります。之を以て見ても日本の異民族に対する政策が英米の植民地教育政策とその性格に於いて、根本的に異なつて居る」[37]。

伏見は、就学率の向上や技術教育の実施を捉え大東亜教育政策の優位性を論じている。

しかし、就学率の向上や技術教育の実施は日本への同化主義の徹底（皇道のアジア化）以外の何ものでもなかった。彼がいう日本語の教育や皇国史編纂所の設置は、アジア諸民族の固有の文化の否定・剝奪そのものではなかったか。

彼の反オリエンタリズム思想は、容易に日本オリエンタリズム思想（皇民化教育）へとひっくりかえる。「従つてこれら統計は明瞭に日本の外地教育政策が欧米の植民地政策と、根本的に異なつたものであつて、異民族をも完全に皇国民として、一視同仁に取り扱つてゐることを物語つてゐる」[38]。

伏見は、大東亜教育政策の具体化の一つに「文化軍・産業軍」の組織編成を提起する。これは、満蒙開拓青少年義勇隊を参考にしている。

「現地に派遣せられた文化軍、産業軍は、何よりも先皇軍としての自覚と組織の下で、夫々文化建設、産業建設の仕事を担当する。文化軍であれば、その地域の神話、伝説、歴史、法律、風俗、習慣の調査、更にラジオ、映画、新聞等を利用しての原住民への皇道宣布、産業軍であれば、資源の調査、農業の指導等、大東亜建設の挺身隊としてなすべき仕事は恐らく無限であらう」。さらにそれ自体が青年の錬成の機関であり、住民の青年に対する指導機関でもある[39]。

この「文化軍・産業軍」構想もまた、先の「大東亜諸民族ノ化育方策」に応えるものであった。

## (四) 海後勝雄の「東亜民族教育論」

海後勝雄(防衛総司令部参謀嘱託、ビルマ軍政監部陸軍司令官)の『東亜民族教育論』(一九四二年)は、「大東亜建設と国内教育の革新とを一聯の課題として把へたい」[40]と述べている。すなわち、同書は、まず東亜の教育問題を論じ、それに応じる国内教育刷新の課題を論じる点に特徴があった。たとえば、彼は、大東亜の教育建設に即応するためには、「単なる名士の評議機関」であったような教育審議会(一九三七年設置)ではない「企画院型の調査企画機関」の設置や教学局と国民精神文化研究所の統合、などの教育行政機構の改編を提言している[41]。

彼は、独逸の理想主義的教育規範学と米国流教育科学の狭い実証主義をともに批判し、東亜の民族性(歴史と文化)に立脚した東亜教育学を提唱する。東亜教育学の理想は以下のようになる。

「今日われわれの指導すべき東亜の教育的世界秩序は、米英の物質的経済主義的支配を一掃して、東亜諸民族の教育の個性的であると共に美しい調和に充ちた秩序を創造するところにある。それぞれの民族の有つ思想と感情とが、自ら日本的原理に帰一して来るところに始めて、八紘一宇の教育的原理が実現せられるであらう[42]」。

東亜教育学は、武力戦争のあからさまな肯定を隠さない。

「今日の段階にあつては武力戦完遂のためには国民は凡ての生活上の不自由を忍ぶは勿論、東亜諸民族にも同様の負担を課すべきであり、極端に云へば戦争完遂のためには、或一部民族の文化を犠牲にするも又やむを得ないのである[43]」。

「アジアの解放」の装いで注目したい彼の特色は、西洋の国家原理と東洋の国家原理の違いの強調であろう。西洋は、権力と服従を基本原理とする権力国家であり、それに対して東洋は、倫理的な化育を基本原理とする教育国家であるとする。一方は、権力的な法の強制支配であり、自由競争と単層的な宗教生活を実態とするが、他方は、道徳的な向上と相互の結合を重視する重層的な宗教生活を構成しているとする。[44]

こうして西洋の国家支配原理を拒否して、重層的宗教生活を構成し、道徳的結合を尊重する東洋の国家原理の恢復を説く。そして、そのために日本は宗教的な苦労をしない呑気さを捨て、大東亜の諸民族を宗教的に指導しうる力量の形成を説いた。

## (五) 田村敏雄の「満洲国教育国家論」

これまでに触れた大東亜教育論は、すべて大東亜共栄圏全般に関する教育建設論であった。田村敏雄(一九三八年に満洲国民生部文教司)の『教育国家論』(一九四一年)は、満洲国における教育建設論である。一九三二年、民族協和と王道主義を標榜する「満洲国」が成立する。これら理念は対外的な仮面であり、日本は一貫して皇民化を追及しようとしてきた。一九三七年の日中全面戦争開始以来、アジア主義イデオロギーの膨張が急務になるに従って、王道＝儒教主義を排除して皇道＝天皇制教義でもって統合する満洲国統治政策が焦眉の課題となる。満洲国が大東亜共栄圏実現をめざす教育の「拠点」や「実験場」と目されていたからである。

田村の満洲国高度国防国家体制の建設論は、その課題に応じる教育論であった。儒教主義(王道主義)の排除と完全なる日本精神主義（国体精神）による支配の確立、彼の主要論点はここにあった。

ナチス国家体制に学んで田村は、満洲国における高度国防国家体制建設を見通す。本国に先がける実験場という位置づけが明瞭である。

「高度国防国家の要請は一方においては自然的、科学的生産力の高度化であり他方では国民組織特に国民思想の高度統一である」[45]。

田村は、この国民思想の高度統一の要請に応えるためには満洲国の建国精神である「日満一徳一心」「民族協和」「王道楽土」「道義世界」はすでに時代の趨勢に合わないとして日本精神への一元的統合を強調する。「世界国家成立の前提として国家団体、大東亜共栄圏確立の暁鐘鳴りひゞいてゐる今日において、封建時代のカビくさい衣装、ものいかめしい儒教精神や王道主義では、いかに有徳高才の人士でも、いはゆるアナクロニズム（時代錯誤）として、現代人特に現代青年がよりつかないのである。わたくしは興亜理念としては、むしろ堂々と日本国体原理を主張すべきだと信じる。日本国体は超民族的である。その指導精神たる日本精神は、もつとも人類的であり、世界的であつて、仏教も、儒教も、西洋の哲学も科学も、すべてこれをとりいれてゐるのである」[46]。

「人によつては、日本は東亜の盟主だなどといふことを主張するのはいけない、それでは支那人はついてこないとか、支那人の根本思想である儒教精神、王道精神を中心理念にしなければ、東亜人の共通目標は成立しないとか主張するものもあるけれども、わたくしはこの説にくみしない。……日本精神はいはゆる儒教精神よりも高く広い超民族的な世界精神であつて、興亜の理念として、儒教などよりははるかにすぐれてゐる」[47]。

満洲国が名実ともに、儒教主義を排し、日本精神の優秀性を実証して国家統治の根本理念に君臨させることができるかどうか。これは大東亜共栄圏教育建設にとって死活的問題である、ということが田村の主張である。

田村は、満洲国教育理念の確立を論じつつ、高等教育改革を重視する「上からの」学制改革、綜合国策を見通す「民生」一般行政への教育行政の統合、学校教育・社会教育・職業教育と軍隊教育の有機的統合などの教育国家建設案を打ち出した。

## (六) その他

大東亜教育論の対象となるべきものはまだまだ多い。

全体主義教育論で著名な由良哲次(東京高等師範学校)は、アジアにおける日本人の指導性の根拠に、日本人の知能の優位をひきあいに出す。彼は、日本人がアジア諸民族の中でその知能が最も優れている点を強調する。由良は知能の優劣の根拠として、たとえば、知能の優劣と右手の左手に対する握力優劣との相関の研究(田中寛一のもの)を紹介して、日本人が右手握力優位が最大であり、その順序は「日本人、アメリカ人、満支人、半島人」であるという。「日本人の知能は東洋諸民族に於ては固より、欧米諸民族との比較に於ても、最も優位である」としている。[48]

当時、日本人の優秀性を示すために、日本人と他のアジア諸民族における知能の比較——頭蓋骨の形から握力の強さの数量化におよぶ——が、大がかりに「実証的」に研究されようとしていた。

周郷博（東京帝国大学教育学研究室）や舟越康壽（文部省図書局）は、欧米のアジア植民地教育政策の問題点（欧米帝国主義文化の強制など）を指摘している。しかし、その欧米帝国主義批判の方法を日本の大東亜教育政策批判に応用することは全くなかった。[49][50]

「協同主義的」大東亜教育論に、関口泰・城戸幡太郎・留岡清男・平野義太郎らがいる。関口、城戸、留岡は、産業教育政策や厚生教育政策を中心におく植民地住民の「民生向上」の大東亜教育論を展開した。[51]平野は、アジア諸民族の「生活を豊かにする」真に「共同的」な生産力拡充に結びつく大東亜広域圏の形成を論じた。[52]これらは、植民地支配を前提にする「民生の向上策」であった。

その他、台湾、朝鮮、華北占領地、南方占領地における植民地教育論が検討されなければならない。さらには、日本語教育政策論の分析も残されている。

## Ⅲ　教育学における「近代の超克」論
### ――近藤壽治の反オリエンタリズムを検討する

### （一）日本教育学から大東亜教育学へ

近藤壽治の教育学を検討する。それはなぜか。

当時、「近代の超克」を主題とする二つの座談会が開かれた（「世界的立場と日本」『中央公論』一九四一―四二年、前後三回。「近代の超克」『文学界』一九四二年九月―一〇月）。戦争を「近代の超克」という理屈で肯定する座談会である。「大東亜共栄圏」は「近代＝欧米世界史」を克服する「現代世界史」の理念の実現であるという考えの表示であった。この座談会は、日本の近代化過程を反省し、近代を再審する知的作業の装いをみせたことで、当時の知識人に大きな影響を与えた。

近藤の教育学は、この「近代の超克」の議論に重なる内容を示していた。帝国主義戦争を強行しながら帝国主義教育からの解放を唱える教育学として、近藤壽治の教育学は注視してよい内実をもっていた。反オリエンタリズムという哲学的装いを凝らしていたのである。

近藤は、一九一二年に京都帝国大学文学部哲学科を卒業、その後、和歌山県中学校校長、欧米留学を経て、一九二八年に台北帝国大学教授に就任する（哲学・教育学担当）。『人間学と国民教育』（一九三三年）を著し、それが文部事務次官の伊東延吉の目に留まり、一九三四年に文部省督学官に転任。以後、教学局教学官を務め、『日本教育学』（一九三五年）を著し、一九四三年には教学局長、一九四五年には広島文理科大学に転任した[53]。

先に紹介した藤原喜代蔵は、一九四四年、近藤の『日本教育学』を指して、日本教育学の建設の第一人者と高く評価した。多くの学者が日本の古典や伝統から日本教育学の意義を根拠づけようとした中で、近藤はそのような偏狭な研究方法をとらず、東西学説の総合飛躍を試みたというのだ[54]。明治以降に普及した教育学説の総体を国体論の立場で批判しようとした「挑戦的[55]」な教育学であった。

藤原は近藤を高く評価しつつ、新たに次のような課題を彼に提起する。すなわち、「日本教育学は同時に大東亜教育学でなければならない。今日から観れば、東亜民族論や東洋道義などにも論及すべきであらう[56]」。まさに、近藤は、この藤原が指摘した自らの弱点の克服にのり出していった。「日本教育学」から「新日本教育学[57]」の形成の必要を自覚し、近藤は大東亜教育論へ向かうわけである。

### (二) 教育学における「近代の超克」論――国体論によるオリエンタリズム批判

近藤の言説で最大の特徴は、徹底した反オリエンタリズム思想の開示である。すなわち、「近代の超克」へのこだわりであり、その教育学への適応を試みた点である。たとえば、一九四一年刊行の『臣民の道』について、他の文部官僚の解説と比較するとそれが端的に示される。

『臣民の道』の編纂で中心的役割を担った文部省教学局普及課長である志水義暲は、その解説で、自我功利の思想を排し、国家奉仕を第一義とする国民道徳を確立するという『臣民の道』の編纂趣旨をていねいに解説している。その第一章「世界新秩序の建設」にかかわる欧米文明批判のくだりは、以下のような記述になっている。

「過去十年、欧米で記された文化摂取に伴つて個人主義や自由主義が浸透し、功利主義や唯物主義が人間生活の原理であるかのような風潮を馴致し国体や日本精神を過去の遺物と見る者すら生じたのであるが、眼前の超非常時を突破するには、かゝる傾向の国民に急角度の転廻が要求せられる[58]」。『臣民の道』の内容以上につけ加わるものはない。

これに対して、近藤の解説はどうか。近藤は、世界新秩序の建設の意義を反オリエンタリズムにおいて徹底させる。世界史は欧米文明の普遍化である、という文明の一元化支配の拒否である。

「世界史は同一の方向に向つて進みつつあるものであつて、国民的な特殊性といふものはこの普遍なるものへの進歩発展の段階にあるものであるといふ風に考へて居つたのであります。それは要するに世界史の普遍的な見方といふものから来る文化の見方であります。併しながら歴史が生きたものであり、文化が具体的なものであるとするならばかかる世界共通的な普遍性を以て真理とすることであつてはならないのであります。何となれば普遍的なもの、抽象的なものはそれ自身存在し得ないものである……」[59]。

「世界史の普遍的な見方」の拒否。「我々は世界の出来事を共通普遍なるものへの進歩の程度の相違に依つて起る過程であると眺めて居ることはできない」[60]と近藤は述べた。

太平洋戦争が勃発した後、彼の欧米文明批判は明瞭な反オリエンタリズム思想へと展開する。

「近世に入つてからヨーロッパ各国が一つの世界といふものを形成して、所謂ヨーロッパ世界といふものを形成して、これに依つて文化或は科学技術が著しい発展を遂げ、特異な世界形成を整へるやうになつてから、ヨーロッパ世界が西洋世界であると考へられるやうになつた。更にはそれが総ての世界を支配するものであるといふ風に考へられるやうになつて来た。従つて歴史的には世界といふものは地球上に色々多数の世界があり、それに即応した世界観があつたにも拘らず、現代に至つてはこのヨーロッパ世界が唯一の世界として地球全面を支配するやうに考へられて来た。……その結果はその文化史的な年代に於ても遙かに古く、又その人口に於ても遙かに多数を占めて居る東亜の、或は亜細亜の世界といふものは全然表面に出ることができず、其処に存する学問文化は世界的な真理として認められないやうな状況にあつたといふことが、軈て政治的、経済的には東洋の植民地化といふ形態と取つて現はれて来るやうになつた[61]」。

近藤は、「歴史を西洋化の過程と見なす」ことを批判する。歴史は西欧を中心とする統合と集中化の無限の過程であり、統合化への直線的移行であるとの思想を拒否するのだ。東洋は西洋の影として規定される「近代主義」（オリエンタリズム）を批判した。

これは、一元論的歴史像の組み替えを狙う、多元化的歴史像の提出であるかに見える。近藤は、「普遍主義・抽象主義」を批判し、具体的歴史的日本の現実から問題を出発させることを主張する。「具体から普遍へ」、この道を通ってはじめて普遍性が獲得されるという。

「世界の精神文化は交通性――交流性を持ち、共通性を持つてゐるが、又そこに相違性も認めなければならない。相違性を認める所に精神文化の特質がある」。「国民的存在の中に目覚めて来ることにとつて、自らの自信をつけると同時に他を尊敬し、他を尊敬することによつて同時に自らの品位を犯さないことが重要である。」「自ら真実なればなる程、自ら世界性を具へて来るのである[62]」。

具体から普遍へ、世界的に翻訳されうる概念化の可能性を提示したかに見えるこの主張も、しかし、驚くべきことにこれ以上思考を続けることはなく、一気に日本精神の観念の世界に急転落する。

いや、真実はそうではなく、はじめから国体論は前提されていた。論法はじつに演繹的であった[63]、と見た方がよい。反オリエンタリズムのすぐ後にくる国体論は以下のようになっている。

「国体と臣民の道といふ章に於ては前に述べたやうに有ゆる文化と秩序とを世界の普遍的な目的への発展段階として見る見方には断じて反対するものであります。寧ろ文化は具体的な歴史、国体に根拠を持たねばならぬといふ考へ方に立つて居るのであります」。「この世界新秩序の建設は我が国民に取つては我が日本の国防国家体制を確立するといふことでなければならぬといふ風に考へられて居るのであります[64]」。国体こそ「普遍と特殊、永遠と現在の不二」を体現するものであり、これは「理論的に構成した」ものではなしに、「歴史に則り、史実に即して説明される」ものであるという。この普遍と特殊の合一は、理論的説明を要しない歴史的事実である。こうして、国体の本義に即して新東亜秩序の建設が行われ、世界史は再構成される。

多元的世界史像が提出されるのではなく、結局、他者（アジア）の歴史を包摂する新たなる一元的世界史像、つまり「日本的世界」が生み出される。

「自主性をもつ国家」が世界文化を確立し、日本がその指導にあたるという論証抜きの独断が最終的な回答として用意されている。「自主性をもつ国家は世界に適応するのみならず、進んで世界を造るのでありま す」。「自主性をもたぬ国家は単に世界に適応することに終始し、世界秩序の建設に参与することもできない……のであります[65]」。

日本はアジア唯一の自主性を持った国家であり、自主性を持たぬ他のアジア諸国は日本に適応し、日本がみずからの国家の上に位することを当然とするのであった。ここで再び日本オリエンタリズムに回帰するのである。無惨な国体論への転落、いや、あらかじめ与えられていた前提の顕現であった。

「八紘為宇とは他の総てを自己に集中する侵略主義でもなければ抽象的進歩主義のやうな自主性を失つて世界を自己の外なるもの、国の上に位するものと考へるのではないのであります。」「日本世界観とはこのやうな意味に於て新らしき世界を日本の世界として、日本的自主性に於て把握し、創造し、建設して行くことであります」[66]。

アジア侵略教育の哲学的装いとは以上のようなものであった。

こうした装いが行われたことを重視したい。反オリエンタリズムによる強烈な「近代の超克」思想の表示と国体論のおどろくべき無内容さ。近藤は、次のような座談会に出席して――「近代思想の清算」（『日本教育』一九四一年）、「日本世界観と日本諸学」（『日本諸学』第二号、一九四二年）、「学問と錬成」（『日本諸学』第四号、一九四三年）――教育学における「近代の超克」思想を一手に引き受けて普及したのであった。

## (三) もう一つの反オリエンタリズム思想――長谷川如是閑の『日本教育の伝統』の検討

では、国体論に収斂しない反オリエンタリズムの可能性はあったのか。転向者長谷川如是閑の反オリエンタリズム思想を検討したい（「大東亜共栄圏の樹立と国民教育」「大東亜建設と文化の理念」『日本教育の伝統』一九四三年）。

長谷川は、大東亜戦争の勃発による大東亜共栄圏の樹立は、切迫した現実の要求から、わが国民教育に新しい歴史の性格に応じた精神と態度と方向とを与えざるをえないと述べる。この精神の方向とは、日本文明の「求心的傾向から遠心的発動への転換」である。なぜ、遠心的発動か、ここに反オリエンタリズム思想が表明される。

彼は、「これまでの世界史といへば、欧米を中心として、その勢力の世界に伸びて行く歴史に外ならなかつたので、東方諸国は、たゞその西洋中心の歴史に交渉をもつ限りに於て、世界史に局部的領域をもつたのであつた」と述べ、「東洋の存在は希薄」であり、東西間の「交渉は一方的で、主として西洋文明の東漸といふ過程」であったという。

「近代に於ける西洋人の南方経営は、広大な南方の天地を、西洋文明の培養地たらしめんとする意図のものであつたので、南方民族の文明の如きは、何の地位をも認められず、西洋人の文明研究の資材としては重んじられても、それ自体を生命ある民族文明として育てる意図などの西洋人になかつたことは、ローマ人の欧州統一の場合と異らないのであつた。従つて彼等が南方に移入せしめた文明は、西洋文明の地域的拡大に止まつてゐて、その形式の多少の変化も要するに西洋文明の地方的変化に過ぎないのであつて、南方の固有文明の優位を認めた結果でも何でもなかつた」[67]。

こうした西洋文明の東漸を克服するためにこそ日本は存在すると述べ、文明に対する従来の求心的傾向を脱却して、文明への遠心的発動が必要であるとする。

他民族の文明をおのれに綜合する求心的作用は、日本民族の文明育成の過程であり、日本人の国民教育と教養は、古代から近代に及ぶまで、この日本文明の求心的傾向にそって一貫して形成されてきたと長谷川はいう。この異種の文明に対する求心的な傾向、すなわち聡明にして寛恕な態度とともに、明治以降、日本人は文明を外的に発動せしめる遠心的発動を開拓してきた。しかし、それはまだ不十分であり、今後ますます必要になってくるというのだ。東洋文化の綜合のために、日本文明の遠心的発動が必要なのだ。

長谷川の言説には、あからさまな国体主義観はみえない。問題は日本伝統文化であるこの「求心的傾向から遠心的発動への転換」という特殊性が、はたしてオリエンタリズムを克服する世界に普遍的な精神を獲得できているかということである。

長谷川は、日本伝統の特殊性が西洋文明を相対化させる普遍性を持ち得ているという証明を行うことができていない。日本の伝統文化がなにゆえ欧米文明を包摂して固有の世界を作り上げられるのか、その解答を用意できていないのだ。日本の指導性が強調されるだけである。日本の伝統文化が近藤の国体論とどこがどう違うのか、その点が明確にならなければ、長谷川の反オリエンタリズム思想も大東亜教育論に落ち込む運命をまぬがれなかったといわなければならない。

## おわりに

大東亜教育論の「近代」批判は、せいぜいのところ反帝国主義の姿勢をほのめかす程度だったのではないか。大東亜教育論者にとって西洋文明の一元的支配が許せなかったのは、世界の多くの人々が抑圧され、劣等視されるということにあるのではなく、たまたま西洋中心の権力支配構造（オリエンタリズム）に日本人が排除されたということだった[68]。だからこそ、新秩序を建設し、自分たち日本人もその仲間入りを果たし、さらには日本人こそがその権力構造の中心に居座る目標（大東亜共栄圏）を定めたといえないか。

したがって、大東亜教育論にはアジア諸民族への共感は皆無であり、日本オリエンタリズムによるアジア民衆への蔑視・抑圧は、西洋文明の東漸（オリエンタリズム）の批判の文脈に入り込んでこない。

西洋近代の受容は、アジア膨張主義に対する桎梏・足枷として強く意識されるだけであり、したがって、アジア膨張主義にとって矛盾をきたすような「近代」は排除する必要があり、「近代は超克」されなければならなかったというのが彼らの本音ではなかったか。前近代社会という日本の現実は大東亜教育論者の眼中になく、近代の徹底・近代精神の発露という課題は、簡単に投げ捨てられた。彼らの近代学校批判がいかにアジア膨張主義に親和的で、抵抗力のないものであったかに、あらためて、気づかされる。

大東亜教育論の登場は、日本教育のナショナリズムがそもそものはじめから内包されていたことを根本動因としている。大東亜教育論の前史は長い。そして、形成されるべくして形成された歴史的必然性をもっているのが、大東亜教育論ではなかったか。[69]

明治以降、日本は、脱亜入欧的政策から興亜政策へと転換を図って教育の近代化を進めた。そこにははじめから深刻な自己矛盾が内包されていた。アジアに背を向け欧米をモデルとする教育の近代化をすすめる一方で、欧米に対抗して「アジアの解放」を唱えるアジア膨張主義的教育政策を進めてきた。「近代の超克」はこの自己矛盾をアジア侵略戦争によって一挙に解消しようとしたイデオロギー的粉飾であった。大東亜教育論は、この矛盾の究極的終局的姿であった。

大東亜教育論を、日本近代教育学の形成過程にきちっと定位しなければならない。それは近代教育学の例外ではなく、必然的産物であった。近代学校を批判し、陶冶・訓育から形成・教化という概念の拡張を主張し、観念的輸入的教育学を実際的教育学へと転換させる言説を伴っていたのだから。この「近代」批判が無惨にもアジア膨張主義に転落する必然性（弱点）を究明すること、それが課題なのである。

大東亜教育論が量産されたことは事実であり、戦後、それを明らかにすることを怠ってきたのも事実である。その事実は、無視され、また、隠蔽されてきた。

隠蔽されてきたのなら、告発されなければならないだろう。事実の究明が引き続く課題である。

次に、大東亜教育論における「アジアの解放」というレトリックの解明が必要である。つまり、大東亜教育論の内在的根源的批判である。それは、明治以降の近代教育の展開過程が孕んだ問題の究明へと突き刺さる。

大東亜教育論における戦争責任の追及は、近代日本の教育学が背負い込んだ重要問題の解明に資することとなろう。

〔注〕

1 第二章参照。

2 教育運動史研究、教育思想史・学説史研究、それに植民地教育史研究の分野において無視できない成果はあった。日本教育学会において「教育における戦争責任の問題」が取り上げられてもきた（『教育学研究』第五五巻第一号、一九八八年三月。同第五六巻第一号一九八九年三月）。しかし、この問題は、なお、本格的な検討を有するという合意を得ていない。たとえば、最近出された日本教育学説史の系譜を追いながら『教育学』（中野光・平原春好著、有斐閣、一九九七年）を著したユニークな本でも、教育学の戦争責任問題は真正面からの検討が行われていない。いずれ他の機会にこの問題を扱いたい。ここでは、教育学とアジア侵略や戦争責任との関連で注目してよい先行研究のみをあげておきたい。『現代日本の教育思想　戦前編』黎明書房、一九六三年。山田清人『教育科学運動史』国土社、一九六八年。小沢有作「大東亜共栄圏と教育」『激動するアジアと国民教育』明治図書、一九七三年。山中恒『ぼくら少国民』辺境社、一九七四年、をはじめとするシリーズ全五部＋補巻一。長浜功『教育の戦争責任』大原新生社、一九七九年。安川寿之輔『十五年戦争と教育』新日本出版社、一九八六年。松浦勉「アジア太平洋戦争と日本の教育学」『差別と戦争――人間形成史の陥穽』明石書店、一九九九年、など。

なお、他分野での最近の仕事が参考になる。阿部猛『太平洋戦争と歴史学』吉川弘文館、一九九九年。坂詰秀一『太平洋戦争と考古学』吉川弘文館、一九九七年。

3 松浦勉「アジア太平洋戦争と日本の教育学」『差別と戦争――人間形成史の陥穽』明石書店、一九九九年、三五一頁。

4 佐藤広美「書評『教育科学の誕生』」『教育学研究』第六四巻第四号、一九九七年一二月。「戦時下の教育学における「動員の論理」」『日本教育史往来』№一一〇、一九九七年一〇月。「「すごみ」と「対話」――書評に応えて」『日本教育史研究』第一七号、

一九九八年。「総力戦体制と日本の教育学」『日本の教育史学』第四四号、二〇〇一年。

なお、久保義三「書評・民間教育史料研究会編『教育科学の誕生』」『歴史評論』一九九八年九月号、参照。

5 田嶋一「『教育科学の誕生』でめざしたこと」『日本教育史研究』第一七号、一九九八年。

6 小林千枝子「太郎良信著『「山芋」の真実』を読んで」『日本教育史研究』第一六号、一九九七年。

7 清水康幸「書評・佐藤広美著『総力戦体制と教育科学』」『日本教育政策学会年報』第五号、一九九八年。

8 木村元「戦時期の教育史研究の動向と課題」『教育学年報』第六号、世織書房、一九九七年。

9 寺崎昌男「戦時下の教育学について」『生活指導』一九七九年二月。

10 寺崎昌男『総力戦体制と教育』（東大出版会、一九八七年）の「はしがき」。

11 木村元「戦時期の教育史研究の動向と課題」前掲。

12 木村元「教育研究における歴史的アプローチについて」『一橋論叢』第一一三巻第四号、一九九五年四月。同「一九三〇―四〇年代の社会過程と教育・教育学」『教育史学会第四四回大会発表要綱集録』二〇〇〇年九月。

13 清水康幸『総力戦体制と教育』前掲、「結章」。

14 清水康幸「戦後生まれからみた戦中・戦後教育学」『教育学研究』第六一巻第一号、一九九四年三月。

15 寺崎昌男「戦時下の教育学について」前掲、同『総力戦体制と教育』の「はしがき」前掲。

16 吉田裕『現代歴史学と戦争責任』青木書店、一九九七年。徐京植・高橋哲哉『断絶の世紀　証言の時代』岩波書店、二〇〇〇年。辺見庸・高橋哲哉『私たちはどのような時代に生きているのか』角川書店、二〇〇〇年。ベルンハルド・シュリンク、松永美穂訳『朗読者』新潮社、二〇〇〇年。

17 金子勝・高橋哲哉・山口二郎『グローバリゼイションと戦争責任』岩波ブックレット、二〇〇一年。

18 西尾幹二『歴史を裁く愚かさ』ＰＨＰ研究所、一九九七年。

19 高橋哲哉『戦後責任論』講談社、一九九九年。

20 ハンナ・アーレント、大久保和郎訳『イェルサレムのアイヒマン』みすず書房、一九六九年。浜田義文監訳『カント政治哲学の講義』法政大学出版会、一九八七年。なお、佐藤広美「戦争責任をいま考えることの意味」『社会教育』二〇〇一年一月、参照。

21 藤原喜代蔵『明治大正昭和教育思想学説人物史　第四巻　昭和前期篇』、一九四四年、外篇、七五―七六頁。

22 安川寿之輔「第四章　国家総動員体制下の教育政策」『日本近代教育百年史　一教育政策』国立教育研究所、一九七三年、参照。

23 高橋哲哉「〈運命〉のトポロジー」『記憶のエチカ』岩波書店、一九九五年。なお、オリエンタリズムについては、石田雄『記憶と忘却の政治学』明石書店、二〇〇〇年。姜尚中『オリエンタリズムの彼方へ』岩波書店、一九九六年。エドワード・W・サイード『オリエンタリズム上・下』平凡社、一九九三年、参照。

24 近藤壽治「日本教育と興亜教育」『日本教育』一九四二年四月、一八頁。
25 「近代の超克」については、以下の文献を参照した。竹内好「近代の超克」（一九五九年）『近代の超克』所収、冨山房百科文庫、一九七九年。宮川透「日本哲学史における〈近代の超克〉」『日本精神史の課題』紀伊國屋新書、一九七四年。藤田省三『転向の思想史的研究』岩波書店、一九七五年。酒井直樹『死産される日本語・日本人』新曜社、一九九六年。子安宣邦『近代知のアルケオロジー』岩波書店、一九九六年。高橋哲也『記憶のエチカ』前掲。藤田正勝「「近代の超克」をめぐって」『日本人の自己認識』近代文化論二、岩波書店、一九九九年。加藤周一『私にとっての二〇世紀』岩波書店、二〇〇〇年。
26 海後宗臣「教育学への課題」『日本諸学』第三号、一九四三年（『海後宗臣著作集』第一巻、東京書籍、一九八一年、五〇三頁）。
27 海後宗臣「大東亜戦争と教育」『教学叢書』第一二輯、一九四二年三月（『日本文化』第八七冊、二五頁）。
28 海後宗臣「大東亜の教育体制」『興亜教育』一九四二年四月、七一一四頁。
29 石井均『大東亜建設審議会と南方軍政下の教育』西日本法規出版、一九九五年、参照。
30 海後宗臣「新秩序への教育方策」『文芸春秋』一九四二年三月（『海後宗臣著作集』前掲、六三六―六三七頁）。
31 倉沢剛『総力戦教育の理論』一九四四年。
32 同前、四五五頁。
33 同前、四七四―四九〇頁。
34 伏見猛彌「第一篇　転換期の日本教育」『教育維新』一九四四年、一―一九頁。
35 伏見猛彌『世界政策と日本教育』一九四四年、一二六―一二七頁。
36 伏見猛彌「大東亜教育政策に関して」『日本諸学研究報告』第一八篇（教育学）、一九四三年、二五六頁。
37 同前、二五二頁。
38 伏見猛彌『世界政策と日本教育』前掲、二一〇頁。
39 伏見猛彌「大東亜教育政策」『日本教育』一九四二年四月、一〇四頁。
40 海後勝雄『東亜民族教育論』一九四二年、序。
41 同前、一四一―四五頁。
42 同前、一七頁。
43 同前、二四頁。
44 同前、前篇全体。
45 田村敏雄『教育国家論』一九四一年、七一頁。なお、以下の文献を参照した。野村章『「満洲・満洲国」教育史研究序説』エムティ出版、一九九五年。駒込武『植民地帝国日本の文化統合』岩波書店、一九九六年。

46 田村敏雄『教育国家論』、一五一頁。
47 同前、一五二―一五三頁。
48 由良哲次『興亜の理念と民族教育』一九四一年、四四―四五頁。
49 周郷博「大東亜教育圏の教育」『教育』一九四二年二月。
50 舟越康壽『南方文化圏と植民教育』一九四三年。
51 関口泰『興亜教育論』一九四〇年、など。
52 平野義太郎「民族政治と教育政策」『教育』一九四三年六月。
53 近藤壽治『ひとすじの道』学校図書株式会社、一九六七年、参照。なお、以下の文献を参照。土屋忠雄「『国体の本義』の編纂過程」『関東教育学会紀要』第五号、一九七八年。前田一男「国民精神文化研究所の研究」『日本の教育史学』教育史学会、一九八二年。高橋浩「一五年戦争期における日本教育学研究　一・二」『鹿児島女子大学研究紀要』一九九一・九二年。貝塚茂樹「昭和一六年文部省編纂『臣民の道』に関する研究」『戦後教育史研究』第一〇号、明星大学戦後教育史研究センター、一九九五年。
54 藤原喜代蔵、前掲、三八〇頁。
55 寺崎昌男「戦時下の教育学について」前掲。
56 藤原喜代蔵、前掲、四〇三頁。
57 一九三九年に、近藤壽治は「新日本教育学概論」という論文を書いている。国民訓育聯盟編『新日本教育学』一九三九年、に所収。標題そのままの論文を書いているのは近藤だけである。
58 志水義暲「『臣民の道』と国民教育」『日本教育』一九四一年九月、六七頁。
59 近藤壽治「臣民の道について」『日本教育』一九四一年一一月、五九頁。
60 同前、五九頁。
61 近藤壽治「日本教育と興亜教育」『日本教育』一九四二年五月、一八頁。
62 近藤壽治「新日本教育学概論」前掲、二三―二四頁。
63 寺崎昌男「戦時下の教育学について」前掲。
64 近藤壽治「臣民の道について」前掲、六〇―六一頁。
65 近藤壽治「日本世界観と教育」『日本諸学講演集』第三輯・教育学篇、一九四二年一二月、六三頁。
66 同前、八一頁。
67 長谷川如是閑『日本教育の伝統』一九四三年、三〇一―三〇二頁。
68 酒井直樹『死産せる日本語・日本人』前掲、三六―三七頁。

69　戸坂潤「ニッポン・イデオロギー」『日本イデオロギー論』一九三五年（岩波文庫）。中内敏夫『日本教育のナショナリズム』第三文明社、一九八五年。松本健一『竹内好「日本のアジア主義」精読』岩波現代文庫、二〇〇〇年、参照。

# 第二章　大東亜共栄圏と日本教育学

## Ⅰ　なぜ、アジア教育侵略論を問うのか

### （一）アジア教育侵略と日本教育学

「大東亜共栄圏」（一九四〇年—四五年）は、日本帝国主義によるアジア諸民族の教育支配が最も拡大した時期であり、アジア教育侵略論の横行期であった。教育学者のほとんどは、侵略戦争を肯定し、アジア教育侵略の正当化に大いに貢献した。そして、文部官僚と植民地教育行政官僚は、アジア教育侵略の政策に忠実なる植民地教育論を数多く著した。アジア教育侵略のために、教育学者と教育行政官僚との密接な連携と協力が行われた。

アジア教育侵略論は、以下のような主張を試みた。

第一に、日本国民を東亜を指導する国民（大国民）へと形成すること、

第二に、日本によるアジア諸民族の教育の直接的な統制、およびアジア民族の日本・日本人化という同化政策を強力に推進すること、

そして第三に、最終的に日本・アジアの全民衆を天皇中心の国体を維持する教学体制に一元的に統合すること、およびそのために軍事的支配ないし武力戦争を肯定すること、であった（小沢有作「「大東亜共栄圏」と教育」『全書　国民教育　激動するアジアと国民教育』明治図書、一九七三年、参照）。

アジア教育侵略論は、欧米文化を排撃し、欧米帝国主義による植民地支配を駆逐して、東洋の文化を真に擁護し指導するという日本精神を拡張した。すなわち日本精神のアジア化を主張したのがアジア教育侵略論であった。

アジア教育侵略論は、アジア諸民族の固有の文化と民族性を否定し、アジア諸民族の尊厳を軽視し、抑圧することに加担するという役割を演じた。

このアジア教育侵略に加担する教育学は、どのように形成されてきたのだろうか。そして、日本の教育学全体の中でいかなる位置を占めていたのだろうか。

一九三〇年代以降、日本精神の振興および国体明徴化の運動が起こるとともに国粋主義思想による「日本教育学」が生みだされる。日本精神主義の鼓吹を強くおしだす日本教育学は、他の自由主義的な思想にもとづく教育研究や体制批判的な教育学が弾圧・排除されることによって、教育研究全体を支配するようになる。一九四〇年の「大東亜共栄圏」期以降が支配の時期といえよう。一つの潮流であった日本教育学が、日本の教育学全体を支配するようになり、すべての教育研究が「日本教育学」の装いを凝らさなければ存在を許されない、そのような傾向が支配的となった。

「日本教育学」による日本の教育学全体の支配は、アジア教育侵略論の横行を可能とさせた。そして、その作業を中心的に担ったのが第一章で述べた日本教育学のうちの「大東亜教育論」であった。アジア諸民族への教育侵略の理論化は、日本教育学の支配によって準備され、大東亜教育論がその実質を担ったのである。日本教育学はどのような過程を経て成立し、他の教育学を押しのけて教育学界全体を支配するまでにいたったのか。そしてアジア教育侵略のための理論化をいかに準備し、その目的をはたしていったのか。この点の解明を試みていきたい。

なお、本章は、日本教育学の展開と構造についての「見取り図」を描くことに課題を限定したい。

## （二）オリエンタリズムと反オリエンタリズム

アジア教育侵略論が、欧米の帝国主義的植民地教育政策を批判し、欧米文化を批判し排撃したことはすでに述べた。日本精神のアジア化のために、アジア教育侵略論は欧米帝国主義を批判し、その植民地教育政策を攻撃した。

その批判と攻撃には、明らかに欧米文化のオリエンタリズムへの批判を含む反オリエンタリズムの思想があった。明治以降の「西洋近代化」の批判である。西洋近代文明による一元的支配が批判され、西欧中心の世界認識が問題視された。近代＝西欧化という等式が、批判の俎上にあがり、西欧化こそが歴史の発展であるとする西欧化への単線的発展史観が告発の対象になった。この反オリエンタリズム思想は、西洋中心の単一発展史観に対峙する多元的な歴史像が用意されているかの如き外観を示した。

反オリエンタリズム思想は、明治以降の「近代学校」を批判し、学校中心の教育概念を批判した。「教授」や「陶冶」という学校中心の概念が批判され、教師中心の一斉授業の限界が指摘され、生活と地域に密着した「形成（錬成）」の重要性が主張された。学校中心の学校教育学が批判され、西洋からの輸入教育学が観念的教育学として排除の対象にされた。

しかし、この反オリエンタリズム思想は、まぎれもなくアジア教育侵略論であった。「近代学校」批判が行われ、西洋中心の一元的発展史観が告発されようとも、日本ファシズムの反オリエンタリズムに与することはできない。日本ファシズムがいかに反オリエンタリズム思想を利用したのか、この点の究明が重要である。

すなわち、事実上の「アジア教育侵略論」がいかにしておのれを「アジア教育解放論」に見立てることができたのか。大東亜教育論におけるレトリックの解明である。

たとえば、以下に紹介する教育言説をわれわれはどのように理解すればよいのだろうか。ここに示される大東亜教育論のレトリックをいかに暴き出せばよいのだろうか。

文部省の教学局にいて文教政策に大きな影響力をもった近藤壽治は、一九四一年刊行の『臣民の道』を解説する文章のなかで、西洋のオリエンタリズム思想を強く批判した。彼は、明治以降の近代日本は「世界史は同一な方向に向かつて進みつつあるものであつて、国民的な特殊性といふものはこの普遍なるものへの進歩発展にあるものであるという風に考へて居つた」とし、「それは要するに世界史の普遍的な見方といふものから来る文化の見方であります」と批判し、「我々は世界の出来事を共通普遍なものへと進歩の程度の相違に依つて起る過程であると眺めて居ることはできないのであります」（近藤壽治「臣民の道について」『日本教育』一九四一年一一月）と述べ、臣民の道のあるべき方向性を提示した。反オリエンタリズムの思想を導入して『臣民の道』が解説されていることに、われわれは特段の注意を払ってよいのではないか。

舟越康壽（文部省図書局）は、南方における大東亜共栄圏構想を論ずるために、欧米帝国主義の植民地教育政策を批判する。とくに欧米諸国におけるあからさまな侵略主義とは違う「協同主義」的植民政策に注意を促している点が注目される。彼は、「欧米の植民地政策の原理とは即ち侵略主義、換言すれば資本主義的搾取主義であ」って、「この原理に基づいて、同化政策は土著民を強制的に欧米化しようとするものであ」ったとする。それに対し「協同主義は表面上土著民の旧習を尊重しつつ、その実は土著民の文化を低級なる程度に留めておく一種の愚民政策であつたと見られ得る」（舟越康壽『南方文化圏と植民教育』一九四三年）と述べ、本質的に両者（侵略主義と協同主義）は帝国主義的植民地教育政策であることを指摘している。問題は、では、彼のこの欧米帝国主義批判が日本の植民地教育政策にどのように生かされているのか、ということになる。

東京帝国大学文学部助教授の海後宗臣は、大東亜共栄圏の建設にとってこれまでの近代学校の原理は大いなる桎梏であり、その原理の転換が必要であると力説した。彼は、大東亜の「実践生活の中に於いて展開せられる教育は、近代学校内に構成されてゐる教育とその基本構造に於いて異なるものを持つてゐる」とし、「実践生活の中に於いて人間を修練する諸機能を通覧すると、人間を育成する働きが広い人間関係の地盤から成立して来てゐるのを見ることができる」と述べ、教育を学校という枠に押し込める考えを批判し、より広い教育の基本構造を措定し、それを「形成」と呼ぶこととし、「ここに人間形成の至重な働きをみて」とることを主張した（海後宗臣「大東亜戦争と教育」『日本文化』第八七冊、一九四三年三月）。

大東亜教育論は明らかに「革新的内容」が含まれていた。それらは戯画化して、嘲笑して済ませてしまえるという内容ではけっしてなかった。反帝国主義的教育学の装いを凝らしながらも、結局は、帝国主義的教育学に納まりをつけていく、その論理を抉りだしていくことが必要である。人々を「文明と野蛮」によって分割する、近代特有の差別の論理（植民地教育）を真に否定する作業でなければならない。

## (三) 戦後教育学におけるアジア教育侵略論の反省 ――「傷つかない教育学」を問題にする

戦後半世紀を越えて、アジア侵略教育論はいまだ本格的な検討ができていない。その実態はいかなるものであったのか。調べればすぐにわかるような事実に、なぜ戦後教育学は手をつけずにきたのだろうか。戦後の教育学研究をリードしてきた一九三〇年代生まれの人々の、最近の仕事をみてみよう。

山住正己は、『日本教育小史』（岩波新書、一九八七年）で、「過去に目を閉ざしてはならない」として「はじめに」を書き出し、教育の戦争責任をふまえて近代日本教育を叙述している。注目すべき視角である。しかし、山住は、戦後の東京裁判の法廷に証人として立った海後宗臣を、過去の誤りを知って教育改革の方向を証言できる人物と評価するが、それには賛成できない。すでに述べたように海後は戦時下「大東亜戦争と教育」など大東亜教育論をいくつものしており、この過去の経歴を問うことなく「過去の誤りを知って教育改革の方向性を証言できる」人物とするのは疑問が残る。

山住の『戦争と教育』（岩波書店、一九九七年）は、戦争と教育の関連を軸に近代教育史を叙述しており興味深い。しかし、日清戦争時の知識人の戦争協力が指摘されながら、一五年戦争下の教育学関係者の評価が書かれていない。大切な課題が残されているといえよう。

堀尾輝久は、平和と民主主義のための教育を論じ、とくにその歴史的展望と構造について発言し続けてきた。日本教育学会第五四回大会のシンポジウム（一九九五年）で堀尾は「戦後五〇年と教育学」を論じ、戦後改革期における戦前の軍国主義国家主義的教育への批判とアジアへの謝罪（田中耕太郎・日高第四郎）、戦争責任の表明（宗像誠也・金沢嘉市）の存在、さらに戦前における植民地教育批判（柳宗悦・矢内原忠雄）を指摘した。こうした事実の確認は重要であるが、堀尾が述べるほど田中や日高にアジアへの謝罪が明確に存在したとは受けとりがたい。また、植民地支配への教育学の加担という事実についての明言がない（『戦後五〇年と教育学　日本教育学会第五四回大会シンポジウム記録』東京都立大学教育学研究室、一九九五年）。

堀尾は、単に侵略責任を問いつめるのは問題であり、帝国主義全体の歩みを批判的に捉えながら平和思想の伝統をていねいにほりおこす重要性を述べる（『現代社会と教育』岩波新書、一九九七年）。侵略責任を一方的に乱暴に問いつめることは間違いである。しかし、アジア教育侵略論の横行は事実であり、その事実をいかに見定めるか、この点はもっと重要視されてよいのではないか。堀尾は「過去に心を刻み未来への希望を紡ぐ」と述べるが、その「過去」とは平和思想の伝統とともにアジア教育侵略論の横行でなければならないだろう。平和の伝統と侵略の事実の両者を心に刻みつけ未来への希望を紡ぎ出す、そのような教育学的英知をわれわれは必要としている。

中野光と平原春好の『教育学』（有斐閣、一九九七年）は、教育学の歴史を扱った意欲作である。では、一五年戦争下の教育学の記述はどうか。戦前の教育学を戦争体制に編成し直す日本諸学振興委員会教育学会の役割に言及し、日本教育学の優勢が指摘される。しかし、戦後に、この日本教育学の優勢とアジア教育侵略論がどのように総括され反省されたのか、その点をほとんど問わずにすましている。篠原助市における他民族支配の認識欠落を問題にするが、問題が提起されるだけにとどまっていた。

教育学におけるアジア侵略加担の事実を曖昧にせず明らかにする、このことができなかった原因はいったいどこにあったのだろうか。三つのことが考えられる。

第一に、戦後早い時期にみられた戦前教育学に対する強い否定の言辞である。戦前教育学は、外国教育学の翻訳輸入ものがほとんどであり、観念的思弁的であって、国家権力に迎合し、教育科学としての内実をもちえていないというものであった。宗像誠也の『教育研究法』(一九五〇年)や宮原誠一の『教師論』(一九五〇年)がそれである。戦前教育学への批判は、戦前教育学は検討に値しないという価値判断を醸成した。

第二。しかし、この戦前教育学への否定と精算の論理はやがて支持をえられなくなる。これにかわって、戦前教育学は豊かな内容(遺産)があって、むしろ戦後の教育学を準備していたという考えが登場してくる(寺崎昌男「日本教育学説史の試み」『教育学がわかる』朝日新聞社アエラ発行室、一九九六年)。戦前教育学への遺産継承型研究が大きな流れになり、継承発展史的学説史観の優位という状況が出現した。これによって戦前教育学は豊かに捉え返された。しかし、ここに大きな陥穽があった。遺産史研究は、「遺産以外」のものを検討の対象から外す、という消極的姿勢を生みだした。戦争協力やアジア教育侵略は明らかに遺産史の対象にはそぐわなかった。戦前教育学が行き着いた最も重要な姿を遺産史研究は問題にできなかった。

第三に、他者の批判や告発を経ない自己批判の限界という問題を指摘したい。宗像誠也の『私の教育宣言』(岩波新書、一九五八年)は、自分の戦争責任を厳しく問うたまれにみる貴重な証言であった。しかし、彼の発言は植民地住民への責任意識をふまえていただろうか。ここに大きな限界があった。一九八〇年以降になって、従軍慰安婦問題をはじめとする戦後補償をアジアから突きつけられ、過去のアジア侵略を告発されて、はじめてわれわれは、われわれが描いてきた「痛みをもたらさない過去の像」というものに真剣に向きあうことになった。

アジア教育侵略に加担して差別と抑圧の教育学に行き着いた、あるいはそれを許した教育学を反省できなくて、どうして平和と人間の尊厳を打ち立てる教育学が可能となるのだろうか。

比較文化精神医学を専攻する野田正彰は、中国で残虐行為を行った旧日本兵士の聞き取りを通じて、彼らの多くがいかに残虐行為に対して傷つかない情性欠如者であったのかを問題とした。そして、責任を感じる能力（悲しむ力）の喪失を明らかにした（『戦争と罪責』岩波書店、一九九八年）。野田は、傷つくことができない情性欠如者を生みだす日本の文化的土壌、すなわち「傷つかない文化」を指摘する。この「傷つかない文化」こそ、日本人における支配秩序への忠誠心をもたらし、虐殺行為を峻拒することを不可能にさせ、責任を感じる能力を失わせた根本的原因であったとする。

アジア教育侵略に加担し、その責任をとろうとしないならば、われわれの教育学は「傷つかない教育学」である。もし、われわれの教育学が傷つかない教育学であるのならば、その原因に対する真剣な検討が必要であろう。

この検討は、自らが立脚する文化的土壌そのものをあらためて問い直すことであり、国民国家における支配秩序への忠誠競争とそれへの抵抗・反逆の可能性を探るという野田が提起した問題の分析につながっていくにちがいない。

既成の価値観に転換をせまる歴史上の発見がある。発見は時として自己否定に通じる深刻な発見となる場合があり、それを「逆転の伴う発見」（木下順二『劇的とは』岩波新書、一九九五年）という。逆転を伴う深刻な発見をする能力の欠如、という汚名が教育学に与えられてはならない。

## Ⅱ　日本教育学とは何か、その成立と支配

### （一）時期区分――日本教育学の成立と展開

日本教育学がどのように成立し、展開してきたのか。まずその概略をおさえておきたい。日本教育学の成立・展開の時期区分は、大きく次の四つの時期に分けることが可能である。

第一期：原基期（一八八〇年代から一九一〇年代）
第二期：成立と形成期（一九三一年から一九四一年）
第三期：支配と崩壊期（一九四一年から一九四五年）
第四期：転生期（一九四五年以降）

この日本教育学の展開過程は、西欧近代主義の受容と反発、そしてアジア主義と近代主義との対立と融

合を映し出していた。

第一期は、「原基」期である。一八八〇年代後半から一九一〇年代前半頃まで、ほぼ日清戦争から日露戦争期あたりまでの時期をいう。この時期は、日本教育学が成立する以前の段階であり、そうした理論と思想を生みだす胚胎期として特徴づけられる。

それにあたる著作として、次のようなものがあげられよう。

杉浦重剛『日本教育原論』（一八八七年、明治二〇年）、日下部三之介『国家教育策』（一八八八年、明治二一年）、湯目補隆『国家教育論』（一八九〇年、明治二三年）、日高真実『日本教育論』（一八九一年、明治二四年）、木村鷹太郎『日本主義国教論』（一八九八年、明治三一年）、伊賀駒吉郎『日本教育学』（一九一〇年、明治四三年）、など。

杉浦重剛は、「祭政一致＝大和魂こそ我国風の最重要原素」であり、日本のような「小国ニシテ大国ノ間ニ接シ其権利ヲ張ラントスルニハ実ニ必要ノ一事」と述べていた。日下部三之介や湯目補隆は、当時の日本がいかに西洋列強のアジア侵略の嵐の前に立っているのかを述べ、どのようにしたら日本がその危機から脱却できるのかを論じた。「文弱」に流れた欧化思想の影響を批判し、「文武」政策を強調した。「我ガ所謂日本魂ナル者ハ建国固有ノ元気ニシテ神州尚武ノ精神タリ」と湯目は述べた。

日高真美は、外国からもたらされる文明開化はわが邦人を害するだけだと述べ、「愛国の精、神州の意気を輝て、日本をして其固有の開化を興し、日本国と日本人種とを将て、安泰の地位に置くことを図られ」ることを主張した。伊賀駒吉郎は、「国是国民性を顧慮せずして単に普遍的教育学否不知不識欧米教育学をのみ説て得々たるもの多きを座視するに忍びざるなり」と述べ、西欧教育学の輸入に明け暮れする日本の教育学の現状を批判した。

木村鷹太郎は、日本主義は「日本国民の拠る所、日本国家の立つ所なり」とし、「此主義を唱道して日本国民及び日本国家の精神原理となし、以て活動、進歩、生々、拡大、高揚の羅針盤となさんと欲す」と述べた。木村の『日本主義国教論』に推薦文を寄せた家族国家観のイデオロギー推進者である井上哲次郎は、外国の模倣は精神の無能の表白であるとし、「日本精神は神道に一大革新を加へて我国民前途の方針を示すもの」との賛辞をおくった。

これらはいずれも西欧の近代主義と文明化に対する強い反発を示しており、日本精神主義による日本国家の独立を説いた、いわば「尚武的教育論」であった。なお、必ずしもアジア膨張主義が明示されていたわけではない。

これら「尚武的教育論」は、当時の教育学界においては傍系の位置にあり、正系の教育学は欧米教育学説の紹介で占められていた。ヘルバルト派の教育学、社会的教育学説、そして実験教育学説の言説が教育学界をにぎわしていた。

時代はくだって昭和一九年、「大東亜教育政策」を論じた伏見猛彌（国民精神文化研究所）は、この時期の日本精神主義教育論が傍系に甘んじ、正統派からこうした論点の提出がなかったことを捉え、「国家間の対立抗争への準備といふが如き見地は全く忘れられた」時期と難じた（『世界政策と日本教育』、一九四四年）。

第二期は、「成立と形成」期である。一九三二年の国民精神文化研究所の設置から一九四一年一二月八日の太平洋戦争の勃発までとする。満洲事変から日中全面戦争へとつづく一五年戦争期に照応する。

著作でいえば、入沢宗寿『日本教育学』（一九三四）、近藤壽治『日本教育学』（一九三五年）、吉田熊次『日本教育の理念』（一九三六年）、池岡直孝『国体明徴と日本教育の使命』（一九三六年）、乙竹岩造『日本教育学

の枢軸』（一九三九年）などがあり、日本教育と銘打つ著作や論文が数多く書かれた。

日本教育学は確実に教育学界の一潮流を形成するようになり、それぞれが教育学としての日本教育学の成立を目指した。そのうち、近藤壽治の『日本教育学』をもって成立の画期とすることができる。

第三期は、「支配と崩壊」期である。一九四一年一二月八日から一九四五年八月一五日までの太平洋戦争期に重なる。一九三九年頃から興亜教育と名のつく書物が数多く出版され、四〇年以降、東亜教育叢書、教育新体制叢書、大東亜教育叢書が次々と刊行される。

教育学は日本教育学でなければならないとする主張が際だち、ほとんどの教育学研究は日本教育学に包摂されていく。

とくに、先の『日本教育学』の著者近藤が「新日本教育学」（『新日本教育学概論』『新日本教育学』国民訓育聯盟編、一九三九年）をとなえたことにみられるように、従来の日本教育学は新たな装いへの転換が要請された。アジア教育侵略に対する課題の自覚である。日本教育学は、これまでの植民地教育論をとりこみ、アジア教育侵略の課題を真正面にすえはじめる。すなわち、大東亜教育論は日本教育学の重要な構成部分となった。

この第二期と第三期における日本教育学の成立・形成・支配・崩壊については、次節以降でもう少し説明を加えたい。

第四期は、「転生」期であり、戦後がそれにあたる。日本教育学は、戦後に転生したのであり、断絶したわけではない。問題は、転生をどのように解釈するのかであり、それ自体大きな課題である。

日本教育学の成立・展開過程は、近代日本が「脱亜入欧」から「興亜」へと思想的課題を転換させたことに対応している。西欧近代への反発とアジア膨張主義の高揚を背景に、日本教育学への志向は繰り返されてきた。しかし、アジア主義だけでは日本教育学の成立は不可能であった。西欧近代主義をいかに取り込むのか、すなわち興亜は近代主義を排してはならず、近代主義の日本化という独自の課題を背負わねばならなかった。

日本教育学は、「近代国家日本」が「アジアを興す」という課題を担わなければならなかった。唯一例外的に西欧近代の受容に成功し、強国になった日本が、アジアの解放を行うという論理の探求をうけおった。それゆえ、日本教育学は、「近代主義」と「アジア主義」の使い分けを行い、解くことのできない矛盾を抱え込まなければならなかった。

「オリエンタリズム」を主張して日本の主導権を確保し、東亜の盟主の正当化を果たしながら、一方で「反オリエンタリズム」を論じて東亜の解放を行う、というオリエンタリズムと反オリエンタリズムの使い分けを行い、やがて反オリエンタリズムが優位に立ち、そこに収斂していった。

したがって、日本教育学は、アジアを排する排他的独善主義であってはならず、また欧米近代を否定する観念的懐古主義であってもならない、という自覚が言説をリードする論者にあった。日本教育学界をリードしてきた東京帝国大学文学部名誉教授の吉田熊次は次のように述べた。

「我が教育法規に於ける日本教育は、所謂哲学的日本教育学の如く懐古的に偏するものでなく進歩的である。排他的独善主義に陥るものでなく包容的同化主義である。偏知的に非ざると共に科学の新興を旨とする。日進月歩の文運に遅るることなく、肇国の精神に基づき八紘為宇の国是を体して東亜及び世界の新秩序建設に役立つ知徳の教養を旨とするものである」(「本邦教育　学界の動向と将来」『日本諸学』創刊号、一九四二年四月)。

## （二）日本教育学の構図

日本教育学の成立・展開過程について、さらに説明をつけ加えよう。

一五年戦争の開始以降（一九三一年）、日本国内の思潮は急速に軍国主義国家主義の傾向を帯び、その動きに応じて国粋主義教育思潮（日本精神主義）が強調される。左翼思想の抑え込みと国体観念明徴の理論化を行うために、一九三二年に国民精神文化研究所（精研）が設立される。教学刷新評議会（一九三五年）の設置、日本諸学振興委員会教育学会の開催（一九三六年―）、『国体の本義』（一九三七年）の刊行などがあいつぐ。一九三七年には、学問と教育の内容を国体明徴・教学刷新の精神に統一するために文部省に教学局が設置される。同年設置の教育審議会は、戦時下の教育整備を本格的に審議する。同審議会は、一九四一年「興亜教育ニ関スル事項」を審議、文部省は同年、『臣民の道』を刊行し、東亜新秩序形成のための人づくり論を展開する。一九四二年、大東亜建設審議会が開催され、「大東亜建設に処する文教政策」が審議された。国粋主義教育思想の強調と蔓延という時代を背景にして日本教育学は成立し形成された。

一九三〇年代前半、日本の教育学研究にはいくつかの潮流が存在した。一九二〇年代から引き継ぐドイツ理想主義教育学説（文化教育学）やアメリカの実証主義的教育学研究の他に、ドイツ国家革新運動にもとづく民族教育学、塾風教育学や農本主義教育論、ソビエト・ロシアにおける教育学と関係する新興教育学、生活綴方教育を中心に展開した生活主義教育論、教育改革のための科学的実証主義をとなえる教育科学、それに先の日本教育学、等などであった。これらの教育学は、弾圧と転向、屈服と順応による分解と融合の過程を経て、日本教育学へと統合再編されていく。理想主義教育学は国体を明徴にするという課題に対して無力であるゆえに指弾され、民族教育学や塾風教育学は日本精神主義を鼓吹する援軍友軍の位置にすえられる。他の教育学は、あるものは厳しい弾圧を加えられ、あるものは総力戦教育体制を建設する方法論の枠に逃げ込み、体制内批判派として積極的な生き残り策を模索し、やがて変質を余儀なくされた。

日本教育学は、近藤壽治『日本教育学』(一九三五年)をもって成立の画期とすると先に述べた。近藤の日本教育学は、従来の教育学を総体として批判し、東西学説の総合飛躍としての日本教育学の建設を意図した(藤原喜代蔵『明治大正昭和教育思想学説人物史　第四巻　昭和前期篇』一九四四年)。近藤は、従来の教育学を西欧教育学の翻訳翻案であると批判するが、いたずらな西欧教育学の抹殺ではなく、日本の近代的現実に即して欧米教育学の摂取を試みようとした。その摂取の日本化であり、日本精神に直通させる教育学の建設をめざした。それは欧米思想の日本精神主義的変容化であった。日本教育学は近藤の『日本教育学』を踏み台にして勝利を収めていく。

一九四一年一二月八日の太平洋戦争の勃発という事実こそ日本教育学の勝利を確定づけた。太平洋戦争という事実が日本教育学の支配を運命づけた。大東亜共栄圏の建設は、日本教育学の建設と完成そのものでなければならなかった。

大東亜共栄圏の建設は、国家および国民の物質的精神的全能力を動員結集する総力戦体制の編成を死活的問題とする。こうして、総力戦体制の確立のためには学制改革を中心とする「戦時教育改革論」、ならびにアジア諸民族の教育支配を可能とする「大東亜教育論」の形成が重要な課題となった。日本教育学は、戦時教育改革論と大東亜教育論を日本精神主義で包摂する日本教育学でなければならなかった。それはまぎれもなく、総力戦体制を勝ち抜くための教育論、すなわち総力戦教育論であった。図示すれば以下のようになる。

日本精神主義教育論が主軸となって、それと大東亜教育論と戦時教育改革論とがそれぞれお互い連携協力しながら、部分的な対立と矛盾を含みつつトライアングルを成立させて総力戦教育論の内実を構成した。

五〇〇頁に近い体系的戦争教育論である倉沢剛（東京女子高等師範学校）の『総力戦教育の理論』（一九四四年）こそ、戦時下教育学の最終段階を表示したものであり、この構図を如実に示している。同書第一部は、「総力戦教育本質論」で、教育の国家的性格、総力戦教育の理論について、第二部は「総力戦教育政策論」で、国家権力と国民学校、教育の国家的計画について、第三部は「総力戦教育技術論」で、学校、家庭、工場、軍隊の教育体制改革論について、そして第四部は「大東亜教育政策論」で、大東亜教育圏の構想とその建設段階について、それぞれ論じていた。倉沢は、日本教育学は日本精神を体現する皇国教育学でなければならず、しかも日本と大東亜の現実に即する具体的実際的な教育改革を提言できる教育学でなければならないと強調した。

大東亜共栄圏建設期に刊行された教育学一般の著作の一部を、上記構図に当てはめると以下のようになる。それぞれの著作がきちっと上

大東亜共栄圏下の日本教育学の構図

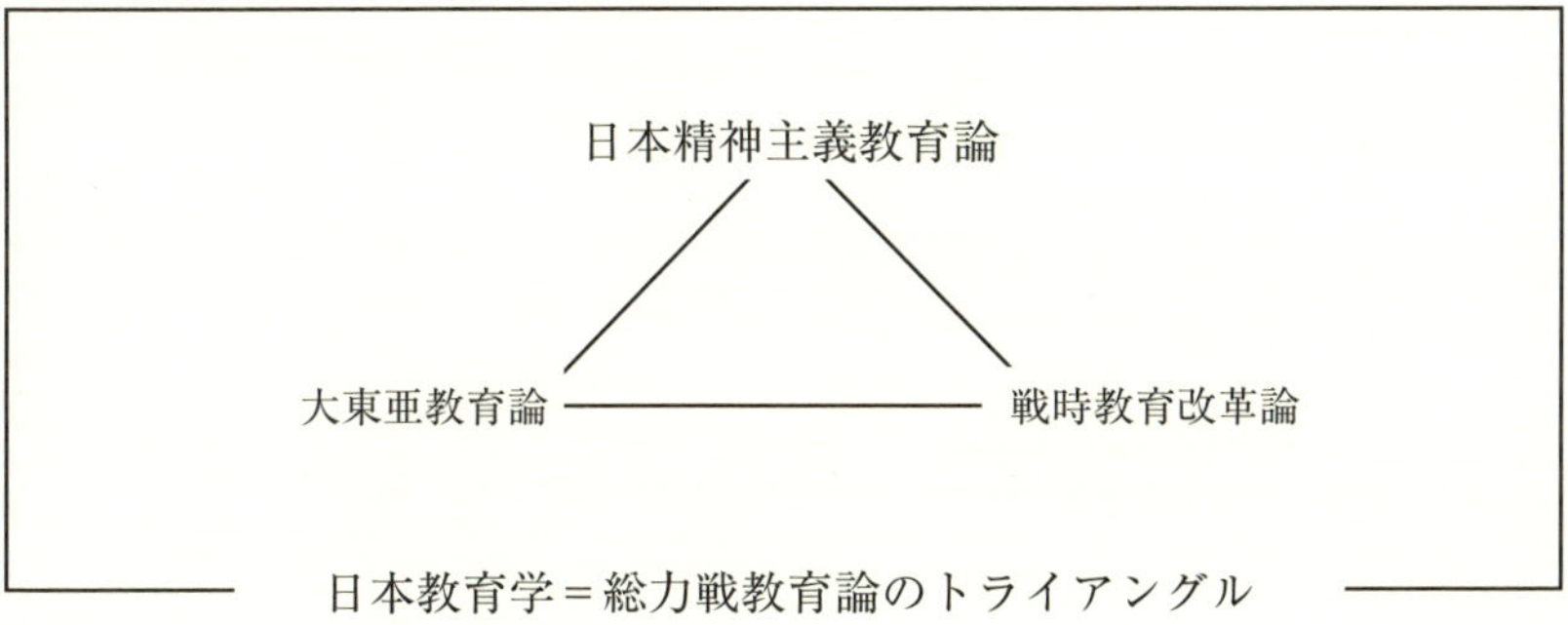

記のトライアングルに位置付くということを意味しない。おおよそのような特徴づけが可能だということである。

○大東亜教育論：楢崎浅太郎『三民主義の教育精神』（一九四〇年）、関口泰『興亜教育論』（一九四〇年）、幣原坦『大東亜の成育』（一九四一年）、田村敏雄『教育国家論』（一九四一年）、由良哲次『興亜の理念と民族教育』（一九四一年）、文部省『大東亜新秩序建設の意義』（一九四一年）、海後勝雄『東亜民族教育論』（一九四二年）、白根孝之『大東亜建設と国防教育』（一九四三年）、森信三『興亜教育論』（一九四三年）、伏見猛彌『世界政策と日本教育』（一九四四年）、朝比奈策太郎『大東亜建設と青少年教育』（一九四四年）。他に、日本語教育政策関係類書。

○戦時教育改革論：留岡清男『生活教育論』（一九四〇年）、城戸幡太郎『民生教育立場から』（一九四〇年）、宮原誠一『文化政策論稿』（一九四三年）、細谷俊夫『技術教育』（一九四四年）。戦時教育改革論には、国民教育論（国民学校論）が加えられる。理論編として、小林澄兄『国民教育学』（一九四一年）、小西重直『国民教育の基本的研究』（一九四二年）、稲富栄次郎『国民教育の課題』（一九四三年）。実践編として、梅根悟『初等国民学校の理念』（一九三九年）、安藤堯雄『国民学校経営原論』（一九四三年）。

○日本精神主義教育論：入沢宗寿『日本教育の本義』（一九三九年）、乙竹岩造『日本教育学の枢軸』（一九三九年）、草場弘『皇民錬成の哲理』（一九四〇年）、池岡直孝『日本教育学』（一九四三年）、奈良女子高等師範付属『皇国民の科学的錬成』（一九四三年）。

日本精神主義教育論は、国家主義・民族主義教育論を含む。佐藤熊次郎『全体観と国民教育』（一九三九年）、石山修平『全体主義と日本教育』（一九四〇年）、由良哲治『国家と教育体制』（一九四一年）、伊藤忠好『民族教育学序説』（一九四二年）。
○総力戦教育論：鈴木庫三『教育の国防国家』（一九四〇年）、大島三男『国防国家の教育と学校』（一九四一年）、阿部仁三『総力戦と国民教育』（一九四二年）、寺田弥吉『総力戦・思想戦・教育戦』（一九四三年）、倉沢剛『総力戦教育の理論』（一九四四年）。

## （三）日本諸学振興委員会教育学会の役割

文部省は、一九三六年に日本諸学振興委員会を設置する。この委員会は、わが国の国体と日本精神の本義にもとづき各種の学問の内容と方法を研究調査し、わが国独自の学問文化の創造に貢献し、その立場から教育の刷新を行うことを目的とした。一九三六年一一月に、他の学問分野にさきがけて組織された日本諸学振興委員会教育学会が開催された。日本全国の教育学研究者を横断的に組織したはじめての組織であった。同学会は、四年後に第二回（四〇年一〇月）を開催し、以後、第三回（四一年一一月）、第四回（四二年八月）、第五回（四三年五月）の開催を行った（戦時下教育学説史研究会編『日本諸学振興委員会の研究—戦時下における教育学の転換』、東京大学教育学部教育哲学教育史研究室、一九九一年、参照）。この学会の開催は、教育学全体を侵略戦争のために再編する現実的役割をはたし、上記構図を作り上げる実際上の力となった。

一九四〇年を前後するこの時期の日本の「教育学界地図」は、以下のようであった。

東京帝大：吉田熊次、阿部重孝、入沢宗寿、上村福幸、岡部弥太郎、海後宗臣、
京都帝大：小西重直、木村素衛、高橋俊乗、
東北帝大：細谷恒夫、
九州帝大：松濤泰巌、
台北帝大：伊藤猷典、福島重一、
京城帝大：松月秀雄、田花為雄、
東京高等師範（文理大学）：篠原助市、山田栄、由良哲次、山極真衛、寺崎巌男、河原春作、加藤仁平、
　石山修平、重松鷹泰、
広島高等師範（文理大学）：辻幸次郎、玖村敏雄、長田新、稲富栄次郎、加藤盛一、皇至道、
慶応義塾大学：小林澄兄、
早稲田大学：稲毛金七、原田実、小澤恒一、
東洋大学：龍山義亮、
法政大学：城戸幡太郎、留岡清男、
国民精神文化研究所：小野正康、伏見猛彌、吉田三郎、
文部省：伊東延吉、菊池豊三郎、近藤壽治、
その他：宮原誠一、宗像誠也、白根孝之、阿部仁三、後藤文夫、梅根悟、海後勝雄、倉沢剛、安藤堯雄、
　矢川徳光、山下徳治、草場弘、宮島清、その他、多くの教育評論家、
（藤原喜代蔵『明治大正昭和教育思想学説人物史　第四巻　昭和前期篇』前掲、参照）

日本諸学振興委員会教育学会は、これらの人々を数多く組織し、日本教育学の演壇に登場させ、重要な役割を演じさせていった。

第一回の学会は、欧米の近代教育思想とその研究を強く批判し、しりぞける傾向が顕著であった。日本精神主義的教育学研究の優勢であり、自由主義教育研究の排除が行われた。一九四一年の第三回から研究主題が設定されるようになり、四一年は「国民学校教育の理論と実際」と「時局下に於ける教育上の諸問題」を、四二年は「大東亜新秩序の建設と教育学」と「其の他の教育学上の重要問題」を、四三年は「大東亜の文化建設と教育及び教育学」を、四四年は「大東亜の文化昂揚と哲学及び教育学」を主題とした。明らかに戦争目的のための教育学の再編であり、アジア教育侵略に直結する大東亜教育論の重要視である。第二回以降は、国民学校における皇国民錬成の他、工業学校の拡充、科学教育や技術教育の刷新、女子教育の拡充改革に関する発表も増えてくる。これらは戦時教育改革論として特徴づけられよう。教育研究の対象は、現実の教育問題でなければならず、戦争目的に結びつく実際の教育体制の改革こそが教育学の課題でなければならないとされた。

日本諸学振興委員会教育学会の動向は、国体明徴という日本精神主義の軌道の整備の上に、大東亜教育論と戦時教育改革論が前面に躍り出た状況を端的に示していた。

第四回（一九四二年）の学会で発表した一条林治（満洲国師道大学兼建国大学教授）の「満洲国新学制の精神」と鎌塚扶（朝鮮清州師範学校校長）の「大東亜共栄圏の一環としての朝鮮に於ける皇民化運動について」は、アジア諸民族をいかに天皇制教学体制に垂直一元的に統合するかをめぐる必死の努力の明示であった。天皇制イデオロギーへの統合のための日本精神に関する新たな理論化の課題の提起であった。

一条は、一九三七年の満洲における新学制の理念を説明し、これまでの満洲国の統治理念であった王道主義を問題にする。彼は王道主義を排除し、教育勅語の理念で満洲国を統一する課題を述べる。教育勅語に示される「仁愛忠誠に依つて君民一体、億兆一心の天壌無窮の国家を造る」ことこそ満洲国の根本道義であって、王道主義もまたこの根本精神である皇道主義にもとづかなければならないと、彼は述べる。満洲国を支配維持するためには、これまでの王道主義という儒教主義的性格は払拭し、皇道の普遍性という論理で一本化する統治原理の形成を強調した（『日本諸学研究報告第一八篇（教育学）』）。

鎌田は、満洲国や南洋諸地域ではそれぞれ「地理歴史的習俗伝統」が認められているにもかかわらず、朝鮮では言語生活様式から魂までことごとく「皇民化」を行わなければならないと述べ、あらためて朝鮮における皇民化教育の重責を述べ、その困難性にも言及した（同前）。

大東亜教育論は、日本精神主義教育論への新たな課題を提起していた。これまでの日本精神主義教育論は、アジアの植民地教育という現実に直面して矛盾を抱え込んだのであり、大東亜教育論は、この植民地地域間における日本精神主義の統合原理の矛盾の解消のために、新たなアジアにおける天皇制への一元的な階梯的価値秩序形成の理論化を模索しなければならなかった。

したがって日本諸学振興委員会教育学会の動向を捉えて、「日本精神それ自体を教育学の本質とする日本教育学は姿を消していく」（『日本諸学新興委員会の研究』前掲）という評価は問題であった。むしろ大東亜教育論と戦時教育改革論と日本精神主義教育論のトライアングルが成立する日本教育学が展開し成長していった、と捉えるべきであった。

## Ⅲ　日本教育学のなかの大東亜教育論

大東亜教育論の本格的な登場は、一九四二年の大東亜建設審議会「大東亜教育建設」の政策課題への対応によってである。それまでも日本の植民地支配下における教育論が、植民地行政官僚を中心に論じられてきた。しかし、国内の教育学研究者を含めて両者が協力し連携をとりあって大東亜共栄圏の建設のための教育論を主張することになったのは、一九三九年の興亜教育が論じられはじめて以降であり、四二年以降それは一気に加速した。

まず、大東亜教育論の基本的性格について述べておきたい。

### (一) 大東亜教育論の基本的性格

第一に、アジア諸民族の教育が直接の対象となっていること。しかし、大東亜教育論たる所以は、植民地住民の教育が真正面から論じられているばかりでなく、現地日本人教育さらには国内教育の全体が関連づけられ、分析検討されていることであった。現地のアジア植民地教育論は重要な検討対象であるが、なにより国内教育との関連が論じられていることが重視されなければならない。

第二に、植民地統治理念が探求され、欧米文化思想の「排斥」ないしその「日本的変容」の理論化が行われていること。欧米帝国主義による植民地教育政策批判が徹底的に意図され、欧米帝国主義に代わる日本のアジア統治の必然性が説かれ、日本人の指導性と優秀性の強調が行われていること。すなわち、「日本精神のアジア化」と「アジア諸民族の日本化・日本人化」（同化）の主張であったこと。

第三に、アジアにおける日本語の「国語」化ないし日本語の「東亜共通語」化の主張が行われたこと。

第四に、植民地の産業開発政策に連動する職業教育体制建設の強調である。

右の第二、第三、第四は、国内における教育体制の改革と連動させて論じられていることもちろんである。「内地延長主義」による植民地教育統治の模索であり、同時に植民地教育における実験的成果の「国内への逆流」についての可能性が論じられた。

第五に、植民地教育支配のためには、従来の欧米近代教育学の輸入をもっぱらとしてきた講壇教育学の観念性は克服の対象となり、「近代学校」「学校教育学」批判が行われたこと。被植民地住民の「生活と現実」に根ざした教育学構想が展開された。

第六に、勃興する被植民地住民における反日民族主義教育に対する批判と抑圧の試みである。

そして、第七として最後に指摘したいことは、大東亜教育論を実質的に担ったのは、比較的若い人々であったということである。大東亜共栄圏建設のための教育という現実と時局に応じる教育学の構築は、どうしても若い人々の手による以外に方法はなかった。そして、このことは、戦後、彼らの多くがふたたび教育学を創造しはじめるがゆえに、戦時下と戦後の教育学の連続と断絶（あるいは教育学の戦争責任）をどのように解釈すべきかという問題の基本的要因となった。

大東亜教育論は、『国体の本義』（一九三七年）から『臣民の道』（一九四一年）へと教育目的が移りゆく時期に登場したのであり、「天皇への帰一のための教育」とともにさらに「アジアを支配するための教育」目的がつけ加わった、まさにそうした時代の変化に応じていた。大東亜教育論は、さまざまな標語がつくり出され、教育ジャーナリズムの特集をにぎわした時代の要請に応じて形成された。興亜と教育、新体制建設と教育、長期建設と教育、東亜と教育、新東亜建設と教育、新秩序形成と教育、大東亜と教育……という標語に対する能動的結果であった。

## （二）大東亜教育論の基本類型

次に、大東亜教育論の基本類型について、主な担い手をふくめて述べておく。

①大東亜教育の哲学的基礎

a 近藤壽治「教育学における近代の超克論」

b 由良哲次「全体主義教育論」

c 長谷川如是閑「日本文化の遠心的発動論」

②大東亜の錬成論

a 海後宗臣「化育論」

③大東亜教育政策論
a倉沢剛「総力戦教育論」
b伏見猛彌「大東亜教育政策論」
c海後勝雄「東亜民族教育論」
d周郷博、舟越康壽「欧米植民地教育政策批判」
e楢崎浅太郎、由良哲次「反日民族主義教育批判・社会主義教育論批判」
f田村敏雄「満洲国教育論」
④協同主義的大東亜教育論（生産力理論派）
a関口泰「大陸文化工作論——産業・厚生・教育連携論」
b城戸幡太郎、留岡清男「東亜教育協同体論」
c平野義太郎「アジア生活教育協同体論」
⑤日本語教育政策論
石黒修、大出正篤、釘本久春、志田延義、高木市之助、時枝誠記、長沼直兄、久松潜一、保科孝一、山口喜一郎、山田孝雄など

これら大東亜教育論の検討は、今後に期したい。

近藤壽治の「教育学における近代の超克論」は、一九四二年一月の『中央公論』の座談会「世界的立場と日本」の思想に最も近づいた近代の超克の教育学版である。彼の近代批判（反オリエンタリズム思想）の検

討は、アジア教育侵略論のレトリック解明の最重要課題である。

海後宗臣の「化育論」は、戦後に転生する教育論として興味ある対象である。その他、大東亜教育政策論の諸相の解明、体制内批判派に転じた長谷川如是閑、城戸幡太郎、留岡清男、平野義太郎らの協同主義思想にもとづく大東亜教育論の本質把握も大切である。日本語教育政策論の構造化も残されている。

戦後への「連続」に近い海後宗臣の教育学と「断絶」に近い海後勝雄の教育学、二人の海後における戦前の反省の不十分という共通性など、戦前戦後の「連続断絶」問題の検討もある。

だが、ひとまず、ここで筆をおくことにする。

# 第三章　大東亜共栄圏と『興亜教育』

## はじめに

興亜教育は、大東亜共栄圏期（一九四〇年―一九四五年）に最も使用された用語である。したがって、興亜教育論とは大東亜共栄圏建設のための教育論とほぼ同義であると考えてよい。

近代日本は、アジアにありながら、アジアに背を向け、欧米をモデルにして近代化を果たしてきた。すなわち「脱亜入欧」的近代化政策である。しかし、近代日本は当初より欧米近代への反発とアジア膨張主義を内包してきた。脱亜入欧的近代化政策は自己矛盾を抱え込んできた（宮川透）。興亜とは、この自己矛盾をアジア侵略戦争（大東亜共栄圏建設）によって解消することをねらったイデオロギーのことであり、「近代の超克」とも表現された自己矛盾の戦前における窮極的な姿であった。

興亜教育論は、したがって、近代国家日本が「アジアを興す」という課題を担う教育論のことである。アジアで唯一例外的に西欧近代の受容に成功し強国になった日本が、「アジアの解放」を行う教育、それが興亜教育論の課題であった。

しかし、「アジアの解放」とはまぎれもなく日本帝国主義による「アジアの侵略」のことであった。近代国家の日本が欧米近代化に対抗してアジアの盟主となるための教育、すなわちアジア侵略戦争のための教育こそ興亜教育論そのものであった。

この興亜教育論を図式化すれば、下図のようになる。

「日本精神主義教育論」を主軸にする「大東亜教育論（植民地教育論）」と「戦時教育改革論」のトライアングルという構成。日本精神主義教育論とは、国体論を基盤にして教育の目的・内容を日本古来の伝統的精神であるとする「日本精神」によって基礎づけようとする教育論のことであり、大東亜教育論（植民地教育論）とは、アジア諸民族支配を直接の対象とする教育論であり、戦時教育改革論とは、戦時体制に即応する教育制度・内容全般の改革論のことであった。これら三つの教育論は内部にまた相互に矛盾を孕みながらも強力な連携を保っていた。そしてそれらは全体としてアジア侵略戦争を勝ち抜くための総力戦教育論を形作っていた。『興亜教育』（改題『教育維新』）という雑誌は、このトライアングルを見事に示している。『興亜教育』は、まさに興亜教育の課題を自覚して刊行された雑誌であった。大東亜教育論（植民地教育論）に関連する論考が多

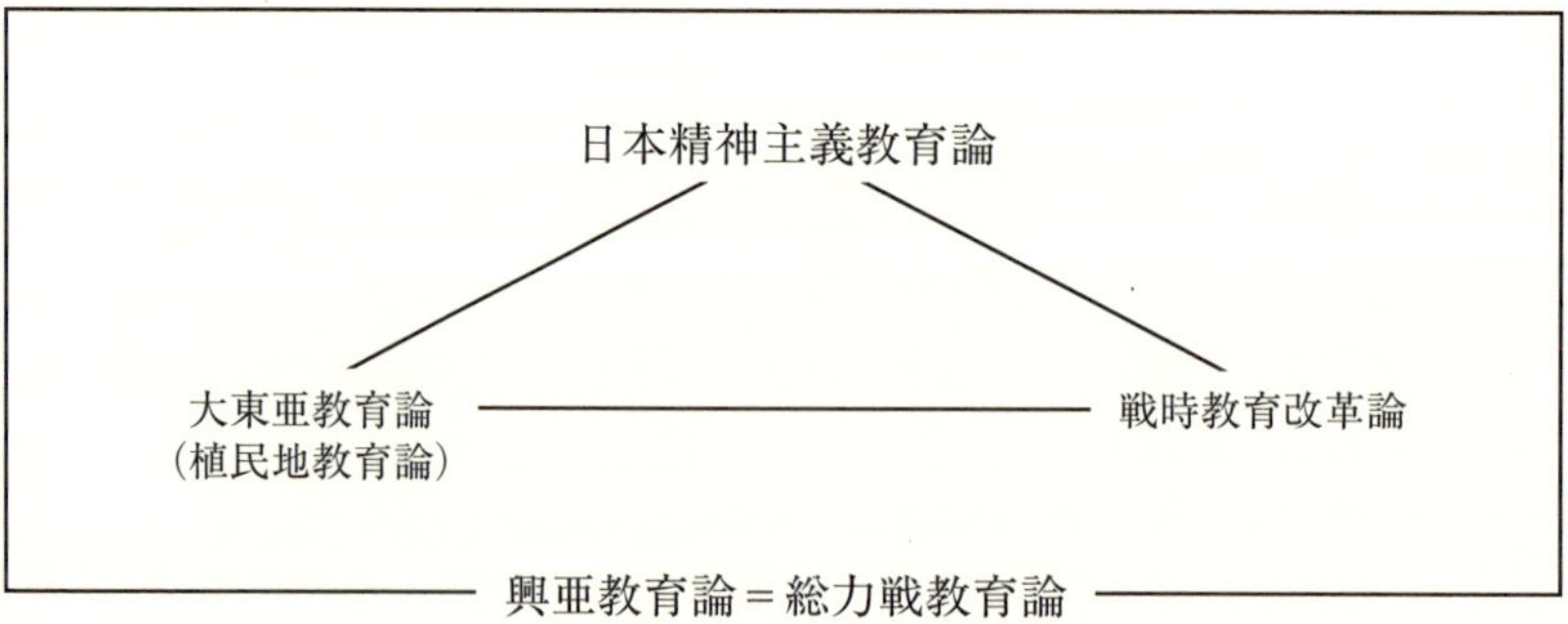

数掲載されており、これは当時の他の国内雑誌にない大きな特徴であった。

『興亜教育』は、近代日本教育が内包していた自己矛盾の終局的姿（近代化からアジア侵略へ）を検討する不可欠な材料を提供してくれる。以下、この点を中心にして解説を試みていきたい。

『興亜教育』の解説に、下村哲夫・大江健「『興亜教育』『（改題）教育維新』『（改題）教育文化』——目録及び解題」（『筑波大学教育学系論集』第一七巻第一号、一九九二年一〇月）がある。書誌的解説として貴重であり、本解説とあわせて参考にしてほしい。

## I　興亜教育と『興亜教育』

### （一）東亜教育協会と『興亜教育』

『興亜教育』は、一九四二年一月に創刊された。一九四一年一二月八日に勃発する太平洋戦争をはさんで、その直後に刊行されたことになる。「発刊の辞」（創刊号）は、「大東亜戦争の一億鉄火の熱戦を戦いつつある時」「教育の職域より此の世界史的壮図に参加」することを心からよろこぶとする。『興亜教育』の準備と刊行は、太平洋戦争の勃発によって、一挙に勢いづいたのではなかったか。

「創刊の辞」は「興亜教育は日本教育の本義が、世界歴史の新展開に即して、具体的に顕現せる姿に他ならない」として、本誌の二つの目的を述べている。

第一に、「国内の教育体制に深き省察を向け、真実の永続的なる国防国家を教育国家の根基に於て培養せんこと」、第二に、「視野を広く東亜全般に拡大し、日満華其他東亜諸国の教育者が、大同団結、相提携し、呼応して、研究を促進し論策を交換しつつ、共通の大目的に邁進せんこと」である。

そのために、「常に現実の事態に肉迫し、生ける資料を結合して、具体的なる方策を考究」するとし、「各界の達識権威の示唆を仰ぎ」つつ、とくに「関係当局と密接に結合して、教育を国策に即応せしむることに万全の努力を払ふ」と述べている。

この『興亜教育』の刊行主宰は、東亜教育協会である。住所は出版社の目黒書店と同一ビル内であった。東亜教育協会は、一九四〇年の秋ごろに結成された。同協会が刊行した『東亜教育叢書』「刊行の辞」は、大東亜に新しき秩序を建設することはわが国民にかせられた世界史的大使命であるとし、教育の職域よりこの聖業に奉仕するために、特に国内教育の刷新と東亜全般の教育体制の創造のために、東亜教育協会は結成されたとしている。

ちなみに、この東亜教育叢書には、楢崎浅太郎著『三民主義の教育精神』（一九四〇年、目黒書店）、石山脩平著『国民教育要論』（一九四〇年）、吉田弘著『興亜科学教育』（一九四〇年）、野瀬寛顕著『国民訓練論』（一九四二年）、伊藤猷典著『鮮満の興亜教育』（一九四二年）の五冊がある。伊藤猷典（台北帝大）を除いて、あとはすべて『興亜教育』の編輯委員の著作であった。

『興亜教育』は、「五誌を統合して昭和十五年の暮れに発足し」たとある（「編輯後記」、第三巻第四号）。いわゆる統制雑誌の一つである。実際の刊行が一九四二年一月だから、刊行までに一年余りの準備があったのだろう。編輯を中心的にになった楢崎浅太郎は、東亜教育協会は『東亜教育』を改題して『興亜教育』を刊行したと述べている（「戦時下興亜教育の規模」、第一巻第一号）。先の下村・大江「解題」によれば、統合された五誌とは、『東亜教育』『渾沌』『青年学校教材時報』『史話』『教育と出版』であるという。『興亜教育』は、『東亜教育』を中心にして、一年の準備をかけて統合刊行された。

このように、『興亜教育』の刊行経緯がある程度明らかになってきたとはいえ、なにゆえ『興亜教育』に統合されたのかなど、その実態はまだ十分明らかでない。目黒書店という出版社の役割の究明が必要と思われる。さらに、東亜教育協会とはいかなる団体であったのか、これも十分明らかでない。『興亜教育』の編輯後記などみても、その活動と組織実態を知る手がかりはほとんど書かれていない。

『興亜教育』の刊行については、不明な部分が依然として多い。にもかかわらず、この『興亜教育』が教育界（教育ジャーナリズム）に占めた役割の大きさと重要性は無視できない。たとえば、他の雑誌（『日本教育』）に掲載された本誌の広告文は、以下のように書かれている。『興亜教育』の性格を理解する上で重要な記事である。

「本誌は、文部省、興亜院、情報局、国民精神文化研究所の直轄官庁の密接不離なる指導の下、官私大学等斯界の権威と結び興亜の理念とする教育国策の遂行に挺身せんと、大東亜のあらゆる教育問題を背負って登場せる本邦唯一の綜合指導雑誌である」。

『明治大正昭和教育思想学説人物史』で知られる藤原喜代蔵は、「大東亜教育建設の教育論」（『昭和前期篇』、一九四四年）を論じる中で『興亜教育』を取りあげ、以下のように述べている。すなわち、東亜教育協会の『興亜教育』は、興亜教育の全般を論じており、これは他の雑誌が日本国内の教育問題にだけ目がいき、アジア教育全体の問題に必ずしも十分な対応をとっていない限界があるだけに、貴重なものであるという。「この団体（東亜教育協会）は興亜教育の全般にわたり、学理的に、実際的に研究してゐるが、この以外には、今日の教育学界教育論壇を通観するに殆んど傾聴に値するやうな東亜教育論を観ることができない。これは決して決戦下の我が教育界の誇りではない。どちらかと云へば、今日の教育界は、国内教育の復古的な再建に忙殺され、時局的要請に追随するに日もこれ足らず、進んで大東亜教育の遠大な理想を樹立するだけの積極的気構に乏しいやうである。これこそ教育界の重大問題であり、大東亜建設途上の見通し難い事象であらう。今後は、この方面の研究と論議がより溌剌と展開され、広汎にして精確なる東亜教育論が生まれ出づることを待望せざるを得ない」（七六頁）。

戦時中の教育を検討するとき、特にアジア侵略という国際的な関係のなかで教育（教育学）問題を分析しようとする場合には、『興亜教育』は必要不可欠な研究材料となるであろう。

以下に、『興亜教育』に掲載された「大東亜教育論（植民地教育論）」に関係する論考（座談会をのぞく）の主なものを紹介したい。

原田種夫「興亜教育の一環としての在外邦人子女の教育」（第一巻第一号）
志水義暲「支那に於ける教育への一考察」（第一巻第二号）
竹山増太郎「塾教育を中核とせる建国大学指導者教育」（第一巻第二号）

森田孝「満洲国の教育文化」（第一巻第三号、連載もの）
出沢万紀人「満洲国の教育」（同）
堀越喜博「満洲に於ける邦人教育」（同）
「満洲現地教育情報報告」（同）
西村真次「大東亜建設と日本民族の進出」（第一巻第四号）
清水虎雄「大東亜共栄圏と教育者の派遣」（同）
加藤将之「華北の教育と興亜読本」（同）
秋山真造「在満邦人教育の現状」（同）
伊東良二「南方圏の教育文化（東印度編）」（第一巻第六号）
徳沢龍潭「日本語と大東亜政策」（同）
久保健弥「南方圏の教育文化（ビルマ編）」（第一巻第七号）
狩野享二「南方圏の教育丈化（マレーの教育）」（第一巻第八号）
長沼直兄「大東亜共栄圏の言語問題」（同）
山本晃昭「独立語の印度」（同）
倉沢剛「大東亜教育建設の現段階」（第一巻第九号）
岡田準治「南方圏の教育文化（印度編）」（同）
増田福太郎「南方建設と教育」（同）
横田章臣「大陸現地に於ける女子商業教育の実際と反省」（第一巻第一〇号）

田辺尚雄「南方圏の音楽」（同）
坂井喚三「共栄圏に於ける邦人教育の建設」（第一巻第一一号）
原田種雄「躍進途上にあるタイ国の教育」（第一巻第一二号）
坂井喚三「華北に於ける教科書政策」（第二巻第一号）
小関紹夫「支那民族主義教育思想」（同、連載もの）
島谷正亮「在満女子教育論」（第二巻第二号）
竹田光次「南方占領地の教育文化工作」（第二巻第三号）
森田孝「満洲国の教育と現状」（同）
渡辺知雄「泰民族教育の基礎理論」（第二巻第五号）
内藤潮邦「蒙古民族教育文化論」（第二巻第七号）
中村忠一「在満日本人教育機構」（第二巻第一二号）
大柴衛「北支那人教育の現況」（第二巻第一二号）
朝鮮総督府「朝鮮教育の概況」（第三巻第一号）
高橋濱吉「朝鮮に於ける教育養成の問題」（同）
山下久男「半島児童の道徳意識」（同）
長谷川利市「半島の女子教育」（同）
岡本寛「半島の科学教育」（同）
渡辺定則「中国教育文化活動の種々相」（第三巻第二号）

山崎央「南洋群島に於ける共栄的観念の実態」（同）
松井武敏「ニューギニアの覚書」（第三巻第五号）
守安新二郎「ビルマの現実」（同）
等など

## （二）編輯委員、特輯、編輯方針など

常任編輯委員は、楢崎浅太郎（東京文理科大学教授）、石山脩平（東京文理科大学助教授）、志田延義（国民精神文化研究所所員）、吉田三郎（興亜錬成所錬成官）、海後宗臣（東京帝国大学教授）、中野八十八（日本大学第二中学校長）の六名である。

これに加えて編輯委員は、伏見猛彌（国民精神文化研究所所員）、阿部仁三（陸軍省報道部嘱託）、吉田昇（東京帝国大学教育学研究室）、吉田弘（東横女子商業学校長）、野瀬寛顕（東京市杉並第五国民学校長）、安藤堯雄（東京文理大学教育学研究室）、篠原陽二（東京文理大学講師）であった。

本誌には参与がいる。志水義暲（教学局普及課長）、小関紹夫（教学局思想課長）、辻田力（文部省商工教育課長）、森田幸一（文部事務官）、森田孝（文部事務官）、前田隆一（文部省督学官）、関野房夫（興亜院事務官）、大志万準治（興亜院嘱託）、腰原仁（対満事務局事務官）の面々であった。国策対応の雑誌であることが、ここに如実に示されている。

刊行のはじめの頃は、投稿募集の記事を最終頁に載せている。研究論文として、満洲・支那・南方圏の

現地事情、資料として、現地日系教師の実生活記録、その他教育一般を募集している。植民地教育の実際を掲載しようとする編輯姿勢がうかがえる。

『興亜教育』は、一九四四年一〇月の第三巻第九号から『教育維新』と改題する。同「教育維新」編輯綱領は、次のように述べる。

一、本誌は昭和維新の現段階に処し、皇国教学の精神を宣揚し、以て必勝態勢の確立に寄与せんとす。

一、本誌は国民の指導層を対象とする教育綜合雑誌として、刻下緊急なる教育諸問題を取扱い、以て国策遂行の基礎たる教育活動を推進せんとす。

一、本誌は興国即興亜の理念の下に、我国教育の更張発展を期し、進んで大東亜の教育建設に貢献せんとする。

一九四三年一〇月の「教育ニ関スル戦時非常措置方策」（閣議決定）や、翌四四年の各種決戦非常措置に応ずる雑誌の編輯改変に伴う改題の処置であったろう。この点は、後にあらためて論ずることにしたい。『教育維新』は、一九四五年四月一日付けの合併号第四巻第四号までの刊行が確認されている。

特輯は、以下の通りである。

「興亜教育」（第一巻第一号）
「満洲現地教育情報報告」（第一巻第三号）
「大東亜建設の諸問題」（第一巻第五号）
「科学教育の革新ほか」（第一巻第六号）
「歴史の基本問題」（第一巻第七号）

「大東亜文化と教育」（第一巻第九号）
「女子教育」（第一巻第一〇号）
「明治天皇の御聖徳」（第一巻第一一号）
「泰国の教育と文化」（第一巻第一二号）
「教育者と教育の思想」（第二巻第二号）
「決戦下の興亜教育」（第二巻第三号）
「在日留学生教育論」（第二巻第四号）
「勤労青少年教育論」（第二巻第六号）
「山本元帥」（第二巻第七号）
「朝鮮半島の教育」（第三巻第一号）
「青年教育」（第三巻第三号）
「教育と思想」（第三巻第四号）
「軍隊と学校」（第三巻第六号）
「学校と工場」（第三巻第七号）
「決戦皇国農村の建設」（第三巻第八号）
「決戦文教政策」（第三巻第九号）
「学徒勤労の問題」（第三巻第一〇号）
「行学一体」（第三巻第一一号）

「新学校形態論」（第四巻第一号）

座談会については、以下のものがある。これも編輯方針を知るうえでよい材料となる。

「興亜教育」（第一巻第一号）
「南方共栄圏の教育」（第一巻第三号）
「東印度の教育」（第一巻第四号）
「北守を拠点　蒙彊の全貌を語る」（第一巻第四号）
「科学教育の革新」（第一巻第六号）
「新歴史の誕生と歴史教育」（第一巻第七号）
「興亜教育を語る」（第一巻第八号）
「祖国と女性」（第一巻第一〇号）
「興亜教師論」（第一巻第一一号）
「興亜教育に於ける体育文化の位置」（第一巻第一二号）
「在支邦人子弟の教育を語る」（第二巻第一号）
「教育者と思想問題」（第二巻第二号）
「南と北」（第二巻第三号）
「学制改革と諸問題」（第二巻第五号）
「勤労青少年教育論」（第二巻第六号）

「戦場より教場へ」（第二巻第七号）
「尊攘の道」（第二巻第八号）
「教育養成機関の問題」（第二巻第一〇号）
「歴史教育の現実的基礎」（第二巻第一一号）
「在外邦人子弟の教育」（第二巻第一二号）
「少年兵育成の諸問題」（第三巻第六号）
「科学教育の基本」（第三巻第七号）
「教育国家の建設」（第三巻第九号）
「動員学徒」（第三巻第一〇号）
「行学一体について」（第三巻第一一号）

## (三)「創刊号」と太平洋戦争の開始

『興亜教育』は、一九四一年一二月八日の太平洋戦争の勃発前後に刊行の準備がなされたと書いた。当時の教育学者や教育者は、太平洋戦争（「宣戦の大詔」）をどのように受けとめたのだろうか。この戦争にいかなる意見を寄せたのだろうか。これは大切な検討課題である。その点で、「創刊号」の諸論考（および座談会「興亜教育」）は興味深い。

伊東延吉（国民精神文化研究所所長）、大蔵公望（貴族院議員）、藤野恵（文部省教学局長官）、松村尭（興亜院文化

部長)、楢崎浅太郎の諸論考が並ぶ。いずれも東亜新秩序建設のための興亜教育の意義を論じた。太平洋戦争勃発以前に書き上げたものもある。戦争の開始によって文章に修正を加える、そのようなことは不要であったほど彼らの時局認識は戦争を用意するものであったということか。伊東は、儒教や仏教、キリスト教や回教、あるいはその他の西洋諸国の思想文化はみなわが国の建国以来の「道」「一視同仁の大御心」に包摂されていることを強調した。大蔵はアジアのリーダーとしての日本の歴史的使命を論じ、藤野は欧米敵性諸国家の妨害を糾弾した。

宣戦の大詔に触れた楢崎浅太郎の「戦時下興亜教育の規模」は、当時の代表的な「大東亜教育論」の一つである。かれは、興亜教育のためには、各方面の各種の指導者錬成が重要であるとしつつ、指導者養成は同時に被指導者養成でなければならないと述べ、指導者は「随順の性、服従の性を恰も、天性の如くに習ひ性とならしめなければならない」とした。天皇一人を指導者と仰ぐ随順の性をもった指導者養成の主張であった。また、あらゆる教育機関の「興亜教育化」が必要であるとし、「興亜教育は、従来の狭義の教育概念を打破して人間性格の発展に影響を及ぼすべき一切の意図的、無意図的作用を、一括して教育と概念し、是等の諸作用を興亜の目標、興亜国家の使命に即応するが如くに、調整せんとする」ことが重要と述べた。教育概念の拡大、すなわち教育の興亜教育化の強調であった。

「興亜教育」座談会は、『興亜教育』の編輯委員が多数出席する座談会であり、対米英戦争によっていよいよ興亜教育が本格的に発展する基礎ができたとする意図の下に組まれた。教育勅語にある「中外ニ施シテ悖ラス」が話題となるなど日本精神のアジア化が論じられた。

## Ⅱ　多数登場する教育学者・教育研究者――教育学とアジア侵略戦争

『興亜教育』には、当時、活躍した教育学者・教育研究者が多数登場する。その中には、戦後も教育学を論じ、戦後教育学を形成した人々も少なくない。興亜教育論の形成は、若い教育研究者によって担われていたのである。先の藤原喜代蔵は、「大東亜戦争を画して、教育論壇の相貌も漸く一変し、次々と新人が登場し、いわゆる教育のための教育学者の論策ではなく、教育学者型を破つたより若き学徒による政治的な論評が重視されるようになつた」（前掲書、三四頁）と述べていた。

主な教育学者・研究者の名をあげてみよう。

当時すでに教育学界で評価を得ている人物としては、吉田熊次（東京帝国大学名誉教授）、乙竹岩造（東京文理科大学名誉教授）、稲富栄次郎（広島文理科大学教授）、石川謙（東京女子高等師範学校教授）、倉橋惣三（東京女子高等師範学校教授）、小林澄兄（慶應義塾大学教授）、安井てつ（東京女子大学名誉教授）、楢崎浅太郎（東京文理科大学教授）、等がいる。

比較的若い人々に、倉沢剛（東京女子高等師範学校助教授）、平塚益徳（広島高等師範学校教授）、石山脩平（東京高等師範学校教授）、海後宗臣（東京帝国大学教授）、海後勝雄（防衛総司令部参謀嘱託）、細谷俊夫（東京帝国大学講師）、梅根悟（川口中学校校長）、安藤堯雄（東京文理科大学講師）、宗像誠也（大日本教育会教学動員部・産報嘱託）、周郷博（東京帝国大学教育学研究室）、玖村敏雄（広島高等師範学校教授）、伏見猛彌（国民精神文化研究所所員）、長田新(広島文理科大学教授)、宮坂哲文(東京帝国大学助手)、吉田昇(日本大学講師)、古木弘造(東京農業教育専門学校教授)、等がいる。

まず二人の名誉教授、日本の近代教育学形成に重要な役割を担った東京帝大の吉田熊次と東京高等師範の乙竹岩造の言説を紹介しよう。

吉田熊次は、教育学における自由な論議を許さず、勅語・勅令の精神に従属するような教育学の展開を説いていた(「青年教育の本義」、第三巻第二号)。彼は、青年教育の本義は「青少年学徒ニ賜ハリタル勅語」(一九三九年)を奉体すること以外にありえないと述べ、「我が国教育上には聖勅以上の権威があってはならぬ」とし、「東洋賢哲の道徳説も西洋の学説教育説も決して聖勅に代つたり聖勅以上の権威を持つものとなすべきでなく単なる聖勅の註脚としての役割を果すに過ぎぬものと見るべきである」と述べて、教育学界を牽制した。

乙竹岩造は、日本教育こそ真の東洋教育の精髄をなしており、アジアの教育に範を垂れるところのものと強調し、日本は道徳国家・徳治国家であり、この点は真に世界万国に卓越せる特質であると日本教育における道徳教育の優秀性を述べている(「興亜と日本教育」、第二巻第一一号)。論説の調子は当時の支配的で典型的な言説といってよいだろう。

小林澄兄は、編輯部から与えられたテーマである「時局と国民教育」について、読者はこのテーマをみて即座に内容を予想してしまうであろうと述べ、誰でも承知している新鮮とはいえないテーマをあえて引き受けたと告白している(第二巻第一〇号)。戦時下の「国民教育論」は、国民のほとんどが分かりきっている事柄を、何度も何度も繰り返し手を替え品を替えて論じられていたのである。

もう一人、倉橋惣三をとりあげたい。倉橋は、東京女子高等師範学校付属幼稚園主事として近代日本の幼稚園教育の改善と普及に大きな役割を担ってきた。その彼は、戦時下、従来の幼稚園教育は興亜精神が必ずしも十分であったとはいえないとし、興亜の大国民性教育こそ皇国幼稚園に必要であると述べた（「興亜教育と幼稚園」、第一巻第二号）。

一方、若手の教育学者はどのような興亜教育論を論じたか。彼らは、戦後にふたたび教育学形成にかかわるだけに、戦時下のその主張がいかなるものであったのか、慎重な検討が必要になってこよう。彼らの多くは、従来の教育学における「翻訳性」や「観念性」を指摘し、実際的な教育学を構想し、より「現実」に即する教育学を論じる点で共通したものがあった。

総力戦研究所に所属していた倉沢剛は、一九四四年に大部の『総力戦教育の理論』を著している。彼の議論は、総力戦を遂行するための教育体制の再編課題の探求という点に特徴があり、総力戦教育の体系化論であった。「国防国家の教育体制」（第一巻第六号）はその典型であり、「戦闘と生活と生産という三つの基本機能」の有機的関連の構築こそ国防国家体制の要であると論じている。東亜新秩序のための教育建設論として注目すべきは「大東亜教育建設の現段階」（第一巻第九号）である。大東亜教育建設の段階論的考察を行った同論考は、大東亜教育体制の同心円的拡大構想そのものであった。地域的段階として、中核教育圏（皇国、満洲国、蒙疆など）、南方教育圏（泰国、比島など）、外周教育圏（豪州、印度など）が、時間的段階として、占領地統治期、戦後建設期、抗争激化期が設定されている。この段階的建設の青写真（ユートピア）は、まぎれもなくアジア植民地教育支配のプロセス構想そのものであった。

平塚益徳は、ヨーロッパ文明の一元的発展史観を批判する反オリエンタリズム思想を説き、そうすることで日本の植民地教育支配を肯定する論を展開する。彼は「米・英側は巧妙なる宣伝網を張り繞らすことによって、これら（アジア）諸民族の間に、互いに他を文化なき国、未開の民族なりとする謬見を普遍化することに成功した……支那を始め東亜諸民族に対しては必要以上、然り事実を遙かに超えてその『野蛮』『未開』が強調され、故意にその伝統的文化が否定、抹殺されたのである」と述べる。そして、「東印度、即ちジヤバを中心とする地方の住民は、その昔印度教文化、回教文化の交錯地として相富みるべき文化を擁してゐたのであつて、……現在の彼等の無気力は全く多年に亙る和蘭の愚民政策の結果に外なら」ないとした（「大東亜戦争と我が国民教育」、第一巻第九号）。

編輯委員の一人吉田昇は、「興亜の指導者教育論」（第一巻第五号）を論じ、教育の現代的特徴は「国家統制」にこそあると述べ、アメリカの自由主義的伝統を時代に即応できないものとして批判する。彼は、強力な指導者養成とそのための国家の統制は現代教育の核心的課題であり、その点でアメリカは今もってこの課題に正面から対峙することができず、自由主義的伝統にとらわれ教育の機会均等を実現することが中心的課題になっており、国家の統一をはかる上でこれは深刻な矛盾となるであろうと指摘している。総力戦を勝ち抜くためには、民主主義を捨て、強力な国家の統制を実現しなければならない。にもかかわらず、アメリカはこの課題をまともに実現しようとしていない、という弱点の指摘である。民主主義の破棄から国家の統制へ、という彼の総力戦教育観の開示であった。

ところがその彼も日本の指導者養成を論ずる段になると、たとえば「我が国の指導者は国体の観念に徹して初めて指導者たる資格を持つのである」とし、「我が国に於て窮極の意味で指導者たり得るのは、畏多くも上御一人に限られる」「それ以外の指導者は只その御精神を体することによつてのみ他を指導することが可能となる」と述べ、従来の皇国教育学と一歩も違わない内容を述べていた。

常任編輯委員の海後宗臣はどうか。海後の登場回数は多い。最初の論考「大東亜の教育体制」（第一巻第四号）で彼は、米英に代表する「教育の近代的構成」を問題にする。すなわち、近代学校批判である。彼は大東亜は長く米英による近代支配に苦しめ」られてきたとする。近代米英化の象徴は、「学校」であるとし、米英の支配者にかなう教養がそこで教えられてきた。「近代化された東亜の米英主義学校がもつ被支配性付与に対する意義は極めて大なるものがある」「米英主義の近代学校こそは実に大東亜諸住民に対して教養の桎梏となつてゐた」と述べる。そして「我々は大東亜の全地域に対して近代植民地学校の体制より解放せらるべし」と述べ、「大東亜諸地域の住民が、その教育を自らが営んで来てゐる生活の中に於いて発見してゐる」意義を強調した。その生活教育は単なる実用性のための教育ではなく、「国への教育」を構成しなければならないとした。

近代学校批判から生活学校への転換の主張、しかしその生活学校とは「国への教育」を志向するものであった。海後のこの近代学校批判をどう読み解けばいいのだろうか。

米英攻撃と大東亜共栄圏構想の肯定が前提とされている限り、いくら「生活の諸領域に結びついた教育の基本構造」が提起されようと、それが東亜新秩序建設のための教育論であることは明白であった。アジア解放の教育論を装うも、その実質はアジア侵略のための教育論ではなかったか。海後が述べる「東亜諸領域の生活」とはいったい如何なるものなのか、それを具体的に論じることができなかったことにアジア侵略教育論という特徴が端的に示されている。いずれにしても、海後の教育論は慎重な検討が必要であり、アジア解放教育論という装いの真の意味を解き明かさなければならない。

参考までにここではもう一つ、彼の戦時末期の論考を紹介しておきたい。一九四四年四月、彼は日本の伝統的な考えは、教育者は一般思想、特に政治、経済、社会思想から隔絶して、ただ日々の子弟の教育に専心することでよい、としてきたと指摘する。しかし、これは問題であり、教科教授の基底に横たわる社会思想や全般的な思想、その歴史的発展観、政治・経済の動向、民族相互間や国家観の諸関係にかかわる諸思想に注目する広い視野を教育者にもとめている（「教育者と思想」、第三巻第四号）。この狭い「伝統的」教育者観の批判は注目してよいが、しかし、狭い伝統的考えへの批判それ自体は少しも興亜教育論と矛盾しない。総力戦教育論はむしろ教育者の視野のアジアへの拡大をもとめていたのであり、問題はその拡大された視野の内容そのものであったろう。同年一〇一〇月、海後は、近代文教政策の「飽和状態」を問題にし、「文教政策の拡域」（第三巻第九号）を説き、軍隊と産業体における教育機能への注目を強調していた。

戦時末期の『教育維新』に登場した人物に、梅根悟、宗像誠也、細谷俊夫がいる。梅根は、「中等教育の戦力化」（第四巻第三号）を論じ、非常措置のなかにこそ恒久的な教育的意義が潜んでいるとし、「中等教育の青年学校一元化」構想を提起して、工場事業場の教育道場的性格の確立を述べた。宗像は、勤労動員体制の合理的編成を提起しつつ勤労と軍務とを類比して「その規律とその厳粛さと、さうして何よりも先づ至高至尊のものに直通し奉つてゐるという自覚」を強調した（「学徒の矜持・勤労者の矜持」、第三巻第一〇号）。両者は決戦教育体制への能動的な姿勢に貫かれた論説といえる。

細谷俊夫の論考「工場教育体制の進展」（第四巻第二号）は、梅根、宗像と比べて客観的な記述に特徴があり、筆運びは慎重である。細谷は、なにより「事業一体の勤労組織」「日本的勤労観」の確立、すなわち「工場従業者が勤労の国家性、人格性、生産性を一体的に且つ高度に具現するといふ日本的勤労観を確立し、各自の職分に於てその能率を最高度に発揮すべきこと」と「秩序、服従を重んじて産業の全効率を発揮すべく協同すべきこと」や「創意的、自発的たるべきことを彼等自身に自覚させること」を主張する。しかし、戦争末期の一九四五年の初頭において、戦局の苛烈化は「勤労政策が労働力の質的向上を一応差置いて、再びその量的確保に向かい」「教育部面を著しく縮小せしめた」と現状批判を展開する。そして、「勤労組織中に真に健全な人間的秩序を建設すること」を提起する。

政府の生産増強・勤労政策への細谷の「批判」は注目してよい。しかし、ここで特に注視したのは「産業の全効率発揮のための服従と創意の協同体制、そしてその国家への包摂」という企業協同体論的発想である。すでにこうした発想が存在していたこと、なにゆえこうした発想が可能であったのか、重要な検討事項であろう。

常任編輯委員であり、登場回数も多い石山脩平を最後に取りあげたい。石山は、一九四五年一月の「学徒行学の回顧と展望」（第三巻第一一号）で、学徒勤労が戦局に追い立てられ「勤労一本」「生産一元の体制」に追い込まれた決戦体制の矛盾を扱っている。石山は、文教政策の弁護にたち、文教当局が「自ら主張した重要契機すら軽々しく抛棄」したと世間から見られていることに対し、当局側に立ってそれを擁護する。彼は、日本近代学校教育史上、学徒勤労の原理は三段階を踏んでいるとする。第一段階は、労作学校運動の展開期（大正期の自由主義的基調に立つ）、第二段階は、勤労教育運動期（満洲事変から大東亜戦争勃発までの日本的実践的精神教育）、第三段階は、皇国現代の学徒勤労体制期で、第二期の教育的勤労ではなく経済的勤労を趣旨とする段階であるとする。そして現在、勤労自体に内在する錬成価値を真に実現することこそ皇国勤労体制の課題であることを論じる。学徒勤労についての教育学的装いをもった説明の試みであるが、なぜ現実が「勤労一本」に収斂してしまっているかの、その原因分析は不十分である。

このように『興亜教育』には、教育学者がどのように戦争にかかわったのかを問う、即ち戦争責任と戦後責任を考えるための重要な論考が多数掲載されている。特に若い世代の論考には嘲笑して済ませるわけにはいかない内容、つまり学問的装いやアジア解放という装いが含まれている。彼らの責任を明瞭に浮かび上がらせるていねいかつ根源的な教育学批判が望まれる。

## Ⅲ　興亜教育とは何か

興亜教育をどのように規定するのか。『興亜教育』にその試みがないわけではない。

安藤堯雄（東京高等師範学校助教授）は、広義の興亜教育は東亜諸民族を対象にし、狭義は東亜諸民族を指導する日本国民を対象にするとした。また国民学校の教育は、国体の自覚に関しては日本教育であり、日本の東亜における地位と使命に関する場合は興亜教育であると述べている（「興亜教育と国民学校」、第一巻第二号）。

後藤文夫は、二大国策として、日本精神的教育としての興亜教育と科学教育の振興をあげる。「この二つのものは二つあつて実は一つである」とした（「教育国策を建設を語る」、第三巻第九号）。興亜教育は二つの課題、日本精神教育と科学教育を対象にしているとの指摘である。

当時、興亜教育をどのように捉えようとしたのか、今後『興亜教育』に即して丹念な検討が必要であろう。今は、先の図式化にしたがって、「日本精神主義教育論」「大東亜教育論（植民地教育論）」「戦時教育改革論」に分類して、『興亜教育』に掲載された「興亜教育論」の内容に立ち入ってみたい。それぞれ重要と思われる教育論のいくつかを取りあげ、その特徴的把握を試みてみよう。

## （一）「日本精神主義教育論」

日本精神主義教育は、『興亜教育』にたびたび掲載されており、編輯方針上、一貫したテーマになっている。国民精神文化研究所の志田延義は、戦争の本来の目的に言及して、「大東亜の民族をして共に御稜威を仰がしめ、相携へて果たすべき建設の道を示すためには、先ず古典教育、歴史教育が必要である」と述べ、『古事記』『日本書紀』の教えを学ぶことを強調している（「東亜教育の歴史的本則」、第一巻第二号）。別のところでは、古典は「歴代詔勅の御精神を拝して大御心を奉戴し、宣戦の大詔を奉戴するところに至る工夫を教へ、詔勅奉戴のための用意された手引き」であるとしていた（「興亜教師論」、第一巻第一一号）。日本の固有の伝統文化に対する優秀性の強調である。

野々村運市東京高等師範学校付属国民学校主事も同じように、聖戦の意義を論じるなかで、「道のために戦ふものであつて、それが聖戦である。我が大東亜戦争こそ正にこれである」と述べ、超越的な道の営みとしてのこの戦争は「人の作為、思慮を包みて、而も、これに先んじるが故に、神話に出発し、科学や技巧に中し、祭祀に終はるべきものと考へられる」と述べた（「皇国の道と国民教育」、第二巻第八号）。同論考掲載号には、他に「師道と国民的世界観」（坂井喚三）、「神武天皇御紀」（神紙院謹註）、「塾的教育の精神」（玖村敏雄）、「明治の大御代」（山本勝市）、「日本神話の現代性」（笠原助）が並んでいる。

これらの論考に比べ、文部大臣の橋田邦彦のものは、注意深い検討がいる。橋田は、日本的世界観の確立のための「外国文化の包容摂取」を提起する（「新日本教学の樹立を叫ぶ」、第二巻第一号）。彼は、西欧心酔のアカデミズムを批判し、「行としての科学」を主張した人物であった。

橋田は、「欧米から輸入した学術が依然として欧米の学術として何らかの形をそこにもつてゐるのでは、まだ真の包容摂取したといふことにはならない。かやうなものをすべて日本的なものに直さなければならない。さうせぬと日本といふ立場から真に摑みとつたといふことにはならない」と述べている。ここにいう「日本的なものに直す」とはどういうことか。橋田は、欧米の学術のでき上がった成果をそのまま取りこみ、すぐに覚えさせるというやり方では、知識を並べられるが動かすことはできぬと指摘しており、真に学術をものにするために「日本といふ立場」が必要だという。これは、単なる受容では「包容摂取」にはならぬとする提起であり、現実に根ざす学術の発展のあり方への問題提起であったろう。

この論議が先の志田延義や野々村運市の議論と一線を画することは、明らかである。単純に橋田を否定するのではなく、なぜ、学術を真に摂取するために「皇国の道」(日本的なものに直す)に行きついてしまったのか、この橋田の陥穽の原因が検討されなければならない。

日本精神主義教育論もまた一枚岩ではない。論者相互の矛盾を含めて、なぜ日本精神主義教育論が興亜教育論に君臨していったのか、その理由を明らかにしなければならない。とくに、一九三〇年代に形成・成立してきた日本教育学が、一九四一年以降、大東亜共栄圏に大きく「進出」していく中で、それまでになかった日本精神のアジア化という重大問題(難題)に立ち向かい、それに如何に応えたのか、あるいは応えられなかったのか、その究明は重要な課題である。

## (二)「大東亜教育論(植民地教育論)」

### 大東亜教育論

大東亜教育論は、アジア諸民族の教育を直接の対象にして、植民地統治理念を「探求」する。日本精神のアジア化ないしアジア諸民族の日本人化を追求した。アジア植民地開発主義に応じる職業教育の実施(低度実業教育)を模索し、アジアにおける日本語の国語化ないし東亜共通語化を試みた。さらに在外邦人子弟および国内の日本人のアジア指導者養成(大国民形成)を論じた。そして植民地と国内における教育改革の連動を追求したのが大東亜教育論であった。

大東亜教育論は、植民地行政官僚と教育学者の強力な連携によって形成された。形成を担った人々の多くは、比較的若い世代の教育学者・教育研究者たちであった。倉沢剛、海後宗臣、平塚益徳、周郷博、伏見猛彌、海後勝雄、吉田三郎らがそれを担った。

たとえば、『東亜民族教育論』(一九四二年)の著書をもつ海後勝雄は、アジア諸民族の歴史的文化的特殊性に立脚した大東亜建設の綜合的計画指導を力説した(「大東亜への文教政策」、第三巻第九号)。

国民精神文化研究所の吉田三郎(「大東亜建設と皇民の錬成」、第一巻第五号)は、今後の大東亜建設につき二つの錬成機関設置の構想を打ち出している。一つは、「満洲国の大同学院、建国大学の系統に属する流れであつて、駒井徳三氏の康徳学院、総力戦研究所、興亜錬成所及び近日創設せられる予定なつてゐる満洲建設指導者錬成所、南洋発展者の錬成所」であり、もう一つは「国民精神文化研究所、国民錬成所」である。前者は、官吏その他現場の仕事に従事せるものの再教育乃至は養成であり、東亜共栄圏建設方略の探求を通しての精神錬成であり、後者は、教育者並びに国民一般の再教育をめざすところの日本的イデオロギーの体認であるとした。

## 植民地朝鮮の教育

第三巻第一号は、朝鮮教育の現状を特集している。同特集は、第四次朝鮮教育令の改正時期（一九四三年三月）前後の朝鮮教育の概要を載せている。植民地朝鮮は、第三次朝鮮教育令改正（一九三八年）によって総力戦体制に応ずる本格的な教育再編を行う。「内鮮融和」政策から「内鮮一体」政策への転換であり、朝鮮人の「皇国臣民化」の実施であった。一九四一年以降、この皇国臣民化は、国民学校制度の実施（一九四一年）、特別志願兵制度（一九三八年）から徴兵制施行（一九四四年）へ、そして義務教育制の実施計画（一九四六年）などの政策課題に現れた。特に、徴兵制の施行や義務教育制の実施計画には、植民地朝鮮末期の教育支配の矛盾が表面化せざるをえず、同特集はその一端を知ることができる（「朝鮮教育の概況」など）。

京城師範学校の高橋濱吉は、教員供給の不足を問題にする「朝鮮に於ける教員養成の問題」を論じ、その中で、皇国の道に則る国民錬成をするうえで内地と朝鮮とで「著しい相違」が生まれざるをえない矛盾を語っている。「固より斯る差異の存する事は望ましき事ではないのであるが、事実は事実として存するが故に、斯る事実の一日も早く雲散霧消すべく望んで行はれてゐるのが国民教育なのである」と述べるとともに、たとえば両者の違いを次のように示した。

国民学校令施行規則（国内）「教育ニ関スル勅語ノ趣旨ニ基キ教育ノ全般ニ亘リ皇国ノ道ヲ修錬セシメ

特ニ国体ニ対スル信念ヲ深カカラシムベシ」
国民学校規程（朝鮮）「教育ニ関スル勅語ノ趣旨……信念ヲ鞏固ナラシメ皇国臣民タルノ自覚ニ徹セシメンコトヲ力ムベシ」
同規則（国内）「心身ヲ一体トシテ教育シ教授、訓練、養護ノ分離ヲ避クベシ」
同規程（朝鮮）「教授、訓練、養護ノ分離ヲ避ケ心身ヲ一体トシテ鍛錬シ皇国臣民トシテノ統一的人格ノ発展ヲ期スベシ」
国内にない規程「醇正ナル国語ヲ習得セシメ其ノ使用ヲ正確自在ナラシメ国語教育ノ徹底ヲ期シ……」

なぜ、こうした違いが生じたのか。皇国臣民化の重要性を示しているのであろうが、今後の重要な検討事項であろう。

## 「満洲・満洲国」の教育

森田孝（文部事務官）は、「満洲国の教育文化」を数回連載している。その中で森田は満洲国皇帝の天皇訪問に触れ、その際に発した「回鑾訓民詔書」（一九三五年）と「国本奠定詔書」（一九四〇年）の重大性を解説し、「満洲建国の精神が日本肇国の理想と軌を一にし、満洲国も亦我が国と同じく、天照大神御加護の下に八紘一宇の大理想を顕現せんとするもの」と述べている。そして「孫文の三民主義を国是としてゐる中華民国とは、其の建国の本義を全く異にしてゐる」と強調する（第一巻第三号）。当時の日本政府のねらいである、従来の満洲国統治理念であった王道主義や民族協和の排除と日本政府の直接指導による皇民化教育体制の確立という意図がここに見られる。

## 華北占領地の教育

華北占領地の文化工作問題については、坂井喚三(文部省教学官)の「華北に於ける教科書政策」(第二巻第一号)が排日教科書の修正排除に関する実施動向の現状に触れている。また、孫文の三民主義対策のための研究活動が載せられている。小関紹夫(文部省教学局)訳述の「支那民族主義教育思想」(第二巻第一号から第六号まで)がそれである。小関は、中国民衆の「偏狭な排日思想」を問題にし、「両頭の蛇の如く内に極めて危険なるもの」を孕む孫文の三民主義を検討し、その民族主義を正しく導き、「三民主義を超克」する重要性を主張している。

## 南方占領地の教育

南方共栄圏への教育職員派遣の基本方針を述べた文部省文書課長の清水虎雄は、論考の終わり近くで北方民族としての日本人の優秀性を次のように論じた。

「常に文化を創造し諸々の民族を指導すべき天の負託を受ける者は北方民族に外ならぬ。寒烈なる風土に意志と肉体とを鍛錬せられ、剛健なる精神を培ふ民族によつてのみ創造的能力は開花結実する。太陽の恵み多く資源豊富なりと雖も南方は断じて民族悠久の発展の地ではない。南方は常に北方の強靱なる民族の力によつて指導されるのが已むを得ざる永遠の宿命である」(「大東亜建設と教育者の共栄圏派遣」、第一巻第四号)。

シリーズものとなった「南方圏の教育文化」は、東印度編、ビルマ編、マレー編、印度編があり、それぞれ参考文献と解題が付いている。マレー編では、以下のような記述がある。「元来克己心と忍耐心に乏しい彼等南方人に此等難解な学課（アラビア語の学習など――引用者）の学習が耐え得られる筈もなく」（狩野享二「南方圏の教育文化（マレーの教育）」第一巻第八号）。

軍政下の「南方占領地の教育文化工作」（第二巻第三号）を解説する竹田光次（陸軍省報道部員）は、「原住民に対し当面徒な観念主義を鼓吹し、或は形式的文化の普及を避け帝国に対する信頼観を助長せしめることを以て指導方針としてゐる」と述べ、日本語の「普及」や英語の漸次的廃止、実業教育の「振興」（勤労精神の喚起）の実状などを論じていた。

## 日本語「普及論」、すなわちアジア諸民族への日本語強制問題

日本語の大陸や南方「進出」は、植民地教育の中核的課題であった。日本語を大陸へ「進出」させ、東南アジアへ「普及」させるためには、日本語教育の「合理的」改革がどうしても必要になってくる。国語の簡易化や表音文字の採用など国字国語改正問題である。しかし、また、日本語の強制は日本精神のアジア化という重大な役割を担っており、ここにアジア侵略のための日本語教育「改革」をめぐる矛盾が表面化してくる。

『興亜教育』誌上には、日本語教育改革に対する慎重論、ないし反対論が掲載されている。長沼直兄（文部省図書局）は、国語の海外進出を理由に国語の簡易化を窮極の目的とすることに反対を唱え、「日本語教育は国内に従ふべきもので、先走るべきものではない」と主張する（「大東亜共栄圏の言語問題」、第一巻第八号）。より強硬な反対論に徳沢龍潭（国民精神文化研究所嘱託）がいる。徳沢は、日本語は外地向けと内地向けに

二分列を起こしてすまされるものではないとする。「ヒダリヨコガキなんていふものは、国際的な行き方に、膝をかがめたしるし」であり、これは断固拒否すべきであるとする。数学・物理・化学の表現様式も「タテガキ」でなされるべきである。なぜなら、「日本人の考へ方は、どこまでも、上から下へ流れてゆく方式」であり、「――二カケル三ハ六――と言ふのも――2×3＝6――と言ふタテガキにおいて、日本数学は、なりたつ」とする。「お勅語は、上から下への一すじ道のお言葉として、いただくべきもの」であり、「そこに、おしいただく、ありがたい、従ふといふ心理が湧く」のであり、この精神美がタテガキ表現様式と切っても切れない関係にあると強調するのである（「日本語の大東亜政策」、第一巻第六号）。

なお、『興亜教育』には、台湾・サハリン（樺太）に触れる論考がほとんどない。

### （三）「戦時教育改革論」

総力戦体制は、教育の革新を要求する。「総力戦体制による教育改革」がすすめられることになる。ここに日本精神主義教育論との部分的な対立が生じたり、あるいは植民地教育における「実験的成果」の逆輸入（逆流）問題が発生することになる。『興亜教育』には、こうした問題がいかに映し出されているだろうか。

#### 中等学校制度改革について

一九四三年一月、中等学校制度が全面的に改正された。教育審議会の中等学校「一元化」改正答申から約三年数ヶ月後のことである。従来の複線型の中核であった中学校・高等女学校・実業学校を統一してはじめて中等学校として定めた。教育理念は皇道思想を採るべきこと、また修業年限を一年短縮して四年とした。

文部省総務局の増田幸一（「新制中等学校に於ける興亜教育」、第二巻第四号）は、この改正は「その全分野を通じ興亜教育の理念が浸透し顕現せられてゐる」と解説する。増田は、特に中学校の「教科及び修練」の内容改正に触れ、「中学校教科教授及修練指導要目」（同年三月）について論じる。たとえば、「国民科」の歴史教授方針について「皇国史と東亜史及び世界史との一体的なる関聯の下に取扱う事、我が国民の海外発展の事歴を重視する事、欧米の東亜侵略の真相を究め大東亜建設の意義を明かにする事等は注目すべき方針である」としている。また、「外国語」については、支那語とマライ語の教授上の留意事項が付加されたことに触れ、「外国語と云えば英独仏に限るものと即断され、且つそれは専ら欧米文化吸収の為の用具と考へられてゐた旧観念を是正し、東西各国事情の正しき認識の為といふ新しい使命がはつきりせられた事を察知すべき」とした。

増田幸一、前田隆一、鹽野直道の三人の文部官僚が出席した「学制改革の諸問題・座談会」（第二巻第五号）では、学制短縮にかかわる学力低下の懸念の声に触れている。鹽野は、従来の考えでは学力を試験で考査する能力を学力とする、つまり記憶や模倣を学力と考えていたとし、それでは困ると述べる。「学力とは何かと言つたら結局皇国の道の修練の程度といふこと即ち、どれだけ日本人としての務めが実践できるかといふ、さういふ位置にエネルギーの高さを以て学力と考へて貰はなければ困る」と述べた。

## 職業教育改革について

一九四二年十一月二日の「国民学校ニ於ケル職業指導ニ関スル件」を解説する増田幸一は（「職業指導の

興亜教育的部面」、第二巻第三号)、職業を単なる一身の生命保持のためや一家の生計維持のための「いとなみ」と考えてはいけないとし、国民各自が諸般の事を分担して天皇に奉仕する「つとめ」と捉えるべきとする。職業指導は、「就職斡旋」ではなく「興亜の大業における指導国民の養成」なのであり、「海外発展思想の涵養」や「満洲開拓青年義勇隊」の要請に応えなければならないとした。

### 青年学校改革について

楢崎浅太郎は、決戦下の必勝教育に応ずるため、再び「興亜決戦教育」を執っている(「決戦下の興亜決戦教育」上下、第二巻第三号・第五号)。彼は、決戦下の基本活動形態を類型化して第一次決戦準備教育(軍人軍属から青年学校・中等学校以上の学生)、第一次決戦準備教育(国民学校高等科など)、第二次決戦準備教育(国民学校初等科、幼稚園児、託児所児など)に分け、特に全青少年の約八割五分を占める青年学校の改革の重大性を論じている。青年学校は、文部省の錬成方針の他に、厚生省の技能者養成令、商工省の機械技術員の養成方針、さらに会社・工場の要請、大日本青少年団、産報、農報、商報、婦人会、海洋少年団、航空青少年隊などの指示を受けなくてはならず、主務省を異にし、監督官庁が異なり、ために、本来一元的一貫的であるべき青年指導が多元的分散的になっていると現状を批判する。「一筋の決戦教育策」の必要を提起している。

### 師範学校改革について

後藤文夫(貴族院議員)の「師範教育の改革に就いて」(第一巻第二号)は、師範教育の改革は「従来の学校教育観念を一擲した新規の皇国民錬成形態の創出に対して先駆的実行の意義」をもたなければならないとする。そして、数個の師範学校が存在するブロックごとに一つ「学校植民地の学園」を設けることを提案している。すなわち、「九州地方なら九州地方の師範学校のために、満洲に一ヶ所、支那に一ヶ所、或ひは南洋の方に一ヶ所といふやうに、相当大きな農園或ひは開墾地を持ち、営舎を持つた学校植民地をつくる」。そこで一年ないし半年くらいの集団生活を営む。大東亜教育建設を明確に意図する師範学校改革論である。

## 「教育の機会均等」論——育英制度創設について

大日本育英会法は、一九四四年二月に公布されたが、その創設の意義を論じたものに衆議院議員の三宅正一「興亜教育と育英金庫の創設」（第一巻第四号）がある。三宅は、東亜民族の指導者養成のためには「国民の中に潜む良能を最高度に発揚する教育制度を創設しなければならない」とし、「人材育成の基礎を一部富裕階級の限られたる地盤より、全国民に迄拡充することこそ、独り政治の正義たるにとどまらず国民志気の鼓舞となり、真の人材の輩出となりその効果は限りなきものあらん」と主張し、その創設の実施をもとめた。

## 女子教育改革について

東京女子高等師範学校名誉教授の安井てつは、大東亜戦争の完遂のためには「絶えず研究をなすところの進歩的の人」がぜひ婦人の間に生まれてくることが大切であると説いている。彼女は、戦時体制下ではなおさら「善処する見識を有する」婦人が必要であり、「教科書に記されたる事物をでき得るだけ実生活に結び付け、学校生活を社会生活の一部として、日々遭遇するところの種々なる問題を正しく認識し、学びつゝ、ある知識を活用して正しく之れを理解し、正しく処理し、又は之れに善処する習慣を養ふ」ことが重要とした。「家庭生活を合理化し理想化せんとする力」の強調であった（『国民の母たるべき女性の教育』、第一巻第一〇号）。

この女性の見解に対して、安井より若い世代の安藤堯雄の論考「女子教育改革の指標」（同）は、女児が男児と同等同質の内容を教育されることにそもそも反対である旨を主張した。彼は、教育審議会の議論に反論を加え、女子高等学校はその内容は大体において男子高等学校に準ずることという答申は、女子教育の健全なる発展に妨害となるとする。「女子教育が男子教育と本質的に異なる方向を有すべきであること」、「従来の我が国女学校教育に潜在してゐる欧米的性格を徹底的に払拭すること」こそ必要であると論じた。「女学校を中学校に準じて考へると言ふ態度を絶対的に放棄して、女子の立場から、女子独自の教育を考へる根本的態度を確立すること」の強調である。そして、今後の女子教育は「民族的世界観に基く家政科教育」でなければならないとし、「従来の家事裁縫教育の根本的欠陥は、それが世界観と殆ど全く関係ない点に存してゐる」と改革の提案を行った。

## 科学技術教育について

総力戦の遂行にとって科学・技術の「発展」は死活的問題であり、科学教育の「革新」は、戦時教育改革論にとって核心的テーマであった。問題は、この「革新」をいかに「日本的科学」に収斂させるかであった。「科学教育の革新・座談会」（第一巻第六号）は、この点で興味深い。出席者の一人・横浜高商教授富成喜馬平は、科学教育の現状を述べ、「本当にわれわれが自然現象を観察するとか、実験するとか、それから一つの理解を導き出して、その理論を元にしてわれわれがまだ経験しない新しい現象を説明することが本当の科学の性格だとすれば、さういふ本当の科学の性格をちつとも教へてゐない」「代数なら代数の教科書にある通りのことを覚えてゐる。自分が問題を解いた場合の推論の面白さを味はせるだけの余裕もなかつた」と述べ、批判的に自己の教育実践を振り返っている。これは注目してよい意見である。これに対して、かたや文部省督学官の前田隆一は、この見解をふまえつつ、さらに科学教育を国策に結びつけることを提起し、気象観測を習っているときに「その背景に大東亜共栄圏の気象の動き」を頭に思い浮かべる必要を説いている。科学教育の現状批判から日本的科学への飛躍が、苦しまぎれに行われているのがこの座談会であった。

## Ⅳ 『興亜教育』から『教育維新』へ——決戦体制下の教育と教育学

一九四三年一〇月、政府は「教育ニ関スル戦時非常措置方策」を出し、国民学校八年制の当分の延期、中学四年修了で上級学校進学の実施、さらに四五年には四年で卒業、中学入学定員の据置、増設増学科は工業、農業、女子商業に限定、男子商業の工業への転換・縮少、高校、高専、大学の入営延期の取りやめ、文科入学定員を三分の一に削減などといった措置を相次いで出した。文部省内に設置された文政研究会は、一九四四年四月出版の『文教維新の綱領』でこれらの非常措置を「教育の全面的な戦闘配置の断行」と論じ、「文教維新の理念」の普及を図った。

一九四四年一〇月、第三巻第九号より『興亜教育』は『教育維新』に改題された。改題は、教育の全面的な戦闘配置の断行に応じるためであり、編輯方針の徹底化の表明であったろう。

一九四四年に入って、『興亜教育』（改題『教育維新』）は決戦下の教育の課題を映し出していく。戦時下の犯罪状況、少年兵問題、学校工場化・工場学校化問題、勤労学徒体制、空襲問題、行学一体問題、学校戦力化問題、等などである。

青少年の犯罪・不良化問題は、戦争末期特有の現象であった。小川太郎（司法省刑務局）は、「戦時における犯罪的思想（第三巻第四号）を論じ、戦争の長期化による国民思想の動揺という現実を問題にし、生活の窮乏化という原因の指摘と戦時犯罪を生じさせる精神的弛緩の対策を述べている。

同じテーマを菊池省三（少年保護士）が扱っていた（「勤労青少年の補導対策――特に少年の不良化防止に関連して」、第二巻第六号）。菊池は、一九三七年の日中戦争以降の少年犯罪の推移を概説し、犯罪の相当なる増加、暴力的行為・銃砲火薬類違反の増加、低年齢化、そして職工の犯罪の増加（工員の不良化）をあげている。そして、生産増強勤労緊急対策に勤労青少年の不良化問題を含ませることを提案している。

軍人援護教育は戦時下教育国策の一貫した重要な柱であり、第二巻第七号には「戦場より教場へ　傷痍軍人による座談会」が掲載されている。「教育の尊き生きた教材」の経験談をつたえる目的であろう。戦場での経験、教育者たらんとした動機、日本人の生死観、戦場と美談などをテーマに話されている。「教場即戦場だといふ気持を強くもつて一生懸命に励んでゐる次第」「英霊に報ふるために何とかして青少年を鍛上げて行きたいといふ気持ち」が述べられる一方で、「その他の場合は、死といふものについていい加減に考へてゐたのかどうか分かりませんが、余り考へませんでしたね」との意見も吐露され、果敢なる戦闘精神とは違った戦場のリアルな一端も語られていた。編集者の意図通りにすべてがうまく運ばれた座談会ではなかった。

第三巻第六号は、「軍隊と教育」を特集しており、その中で少年兵養成問題を扱っているものに「座談会　少年兵育成の諸問題」「現地研究　皇軍人の教育編成――下谷国民学校の実践を視る」がある。少年兵は、一九四二年以降急激に大量募集となり、学校と教師がそれに大きく介在する（逸見勝亮「少年兵素描」『日本の教育史学』第三三集、一九九〇年、参照）。同掲載の「座談会」と「現地研究」は、特に、国民学校が少年兵養成、すなわち少年兵学校への入学準備教育にいかにとり組んだか、を知る資料である。

少年兵は、下士官の早期速成養成のためのものであり、各種の学校をもち、陸軍では主に以下の種類があった。少年飛行兵、少年戦車兵、少年野砲兵、少年重砲兵、少年高射兵、少年通信兵、少年兵技兵など。志願年齢は一四歳から一七歳である。ある陸軍省兵備課の一人は、下士官の速成の必要性を「適齢を過ぎてから始めたのでは遅いといふやうな精密な兵器器材の取扱、また短期間の熟練では到底間に合はないといふやうなものもできまして、どうしても頭も手も身体も柔かい年少のうちから教へて、而も訓練して行かなければその兵器或は資材の全能力を発揮できないといふものが各兵種」にできてきたからと説明する（同座談会）。国民学校関係者は、学校の全般的な生活訓練に軍隊の教練、内務班の生活を取り入れ、卒業生の中に多数の少年兵の志願者が出るよう努力している（同）。

東京都の下谷国民学校は、少年兵採用の大量化に率先して応じるため、高等科に少年兵特別学級を編成した。同「現地研究」は同学校のある一日の視察記である。椎名龍徳校長は、「国民学校の教育は、軍隊の予備教育であり、銃後奉公の錬成所である」と述べる。

視察者の方は、最後に注文をつけ、軍隊式をあまりに外形的に取り入れたため教育の眼目を害う結果を恐れるとし、「例へば軍隊式口調をもつて教科の教授の際に返答することが、音声を大きく荒らく放出させることを求めすぎて早口となり明晰を欠くことが少くない」と指摘した。現場の狂信的教育訓練に対して、軍関係者の方がたしなめる現実があった。

最終号の第四巻第四号（一九四五年四月）掲載の吉田昇と宗像誠也の論考は、現代の私たちに戦争の行きつく果ての狂気を教えていてあまりある。吉田は、事態はすでに国民戦争に突入しており、「日に日に激化した空襲は大都市を焦土と化し、憤激を新にした国民は敵の本土上陸を待ち構えてゐる」と述べ、それに従って国民戦争を担う者として「新に女子及少年が起ち上らなければならなくなる」とし、「少年は戦争から保護せらるべきものではなく、戦闘の唯中に於いて、戦闘を通じて成長すべきものと考へられる」とした（「国民戦争と教育施策」）。

宗像の論考「工場教学体制の提案」は、教師の地位と機能の明確化や学徒の自発的活動組織の編成を提起したものだが、次のような文章がそこに挟まれていることに衝撃をうける。

「従つて教師は、必要とあらば生徒に死ねと命じなければならぬのではないか」。

「女子も亦進んで敵を殺し、力尽きては従容として自決もすべき重大時期を目前に控え」。

『教育維新』は、大東亜教育論（植民地教育論）をほとんど載せることができないほど国内問題に傾斜し、「決戦に備え」、自らの役割を終わらせていったものと思われる。

# おわりに

以上、アジア侵略戦争と教育学の関係を中心にして『興亜教育』に立ち入り、解説を試みてきた。新ためて次のことを確認したい。第一は、大東亜共栄圏期の教育学、すなわち興亜教育の内実を徹底的に明らかにしなければならないということである。特に、アジア侵略戦争との関連において。

第二に、近代日本の教育と教育学はなにゆえ興亜教育に行きついたのかの解明である。すなわち、興亜教育を告発するだけでなく、日本近代教育史上において興亜教育がなにゆえ起こってきたのかという歴史的必然性の究明である。教育学者の戦争責任と植民地支配責任の追及は、日本近代教育学の歴史的形成分析を不可分の課題にして、はじめて達成するものと思われるからである。

この二つの課題は、いまだ手のつけられていない未解明の問題であった。戦後教育学がほとんど不問にしてきたこの重大問題、『興亜教育』はこの問題を解明する不可欠で重要な資料となるであろう。二〇世紀に決着できず二一世紀に引き継がれてしまう戦前最後に行きついたこの教育学の解明を、私たちは真正面に見据えてとり組まなければならない。『興亜教育』を大いに活用したいものだと思う。

なお、『教育維新』は、戦後の一九四六年一月に『教育文化』(第五巻第一号)と改題して再出発する。海後宗臣の監修である(第五巻第四号から)。第三号までの目次を掲げてみる。

第五巻第一号
「婦人参政権と女子教育」木村ふみ
「日本の再建と科学技術」富永五郎
「デモクラシーの課題と条件」中村哲
「教育における民主的なるもの」海後宗臣
「カバリー『アメリカにおける教育観の変遷』」岡津守彦
第五巻第二号
「農村のもつ魅力」海後宗臣
「アメリカの教育」石井登美
「デユーイ・人と思想」吉田昇
「新しい村と農民」島田錦藏
「農業及び農村の教育」古木弘造
「教育者に語る」小笠原道生
「時事解説　インフレイションと国債」中村重喜
第五巻第三号
「新教育と日本教育制度」梅根悟
「欧米に於ける教育制度改革の基調」細谷俊夫
「ハーバードの学窓」岸本英夫

「教育の責任　断想」添田知道
「協同組合について」林純一
「ＤＤＴ雑記　科学」津々見雄文
「展望台」

『教育文化』は、用紙事情窮迫によって、一九四七年五月の第六巻第五号にて休刊となった。

この『教育文化』の復刻、ならびに検討は今後の課題である。『興亜教育』→『教育維新』→『教育文化』という戦時下から戦後への流れの検討、そこに現れる断絶と連続という課題解明がさらに残されているのである。この問題も誰かが早急に立ち向かわなければならないことになるだろう。

# 第四章　植民地教育支配と「モラルの相克」

## I　なぜ、「モラルの相克」か

日本植民地教育支配にとってモラルは決定的な問題ではなかったのか。私は、最近、このように強く思うようになってきた。

植民地支配とはつまるところモラルの支配（＝モラルを支配する）であり、植民地支配者のモラルの優位性を明示する事ではなかったのか、と。植民地を支配するためには、軍事的な、そして経済的な支配力が絶対的に不可欠であったことは間違いないことだが、同時に、支配者にとってはその軍事的経済的支配力はモラルの文明史的な「高さ」において実現され保持されている事を示す必要性に駆られたと思えるようになった。天皇制国家道徳の「普遍性」のアジア民衆への顕示であり、この天皇制道徳こそが欧米近代文明の水準に並ぶことを可能とさせ、さらにそれを超え、そして、東洋文化を一気に世界史の舞台に登場させ（つまり、これを興亜という）、欧米帝国主義・植民地主義の「野蛮さ」を排除し、欧米帝国主義支配からの真の「解放」を実現しうると観念されなければならなかった、のではないのか。植民地教育とは、その軍事的経済的な技術力を支える知識とともに、そのモラルの形成を担うために最大限に活用され、かつ、アジア民衆へ天皇制道徳の「優位性」を示すことに利用された、という認識であった。

しかし、その植民地におけるモラルの実態は、実際のところどうであったのか。その多くは理念を裏切ったと言えるのではなかったか。そのモラルは空疎であり、ひどく観念的ではなかったか。そのモラルの内実を明らかにしなければならない。

植民地支配者である日本人のモラル、その優位性は破綻を示し、モラルはひどく腐敗していっただろう。私は、この天皇制道徳に支えられた植民地のモラルがいかに破綻と腐敗に行き着いたのかの過程を、ていねいに検証することが必要であると思っている。

つまり、宗主国側におけるモラルの葛藤と苦悩と堕落を描きだしたいということだ。植民地支配を遂行するためには、それ相応のモラルの形成と堅持が宗主国側に求められたはずであった。そのモラルの内実とはどのようなものであったのか。いかに形成されるべきものであったのか。その理論化の過程を検証してみることである。

そして、その破綻の過程には、どのような苦悩や葛藤があったのか。いや、苦悩や葛藤など、そのような精神の動揺など、そもそも存在などしなかったのかもしれない。そうした精神の強度や脆弱さ、そのものを明らかにすることである。

たとえば、日本人教師が植民地住民やその住民の子どもたちに、誠実に、彼等のためを思って日本語教育を教えるという行為がある。その個人的な「善意」をどう評価すべきなのか。さらに、その個人的善意（モラル）が、結局は、国家の植民地支配政策という国家モラルに回収されてしまう、という事実をいかに考えるのか、ということである。天皇制国家道徳に回収されてしまうような葛藤の不在という問題を明らかにするということである。

また、もっと重視される必要があるのは、アジア民衆という被支配者側におけるモラルのありようが検討されることである。被植民地住民は、植民地支配モラルにどのように向きあったのか、どうかである。アジア民衆は、天皇制道徳のこの「優位性」をいかに受け止めたのか。そこに隠された「腐敗と破綻」をいかに見抜いたのか、その点の実証である。被植民地住民の抵抗としてのモラル、あるいは屈服や無関心も含めての普段の日常生活におけるモラルの堅持について、である。

総じて、日本植民地教育における支配・被支配者双方におけるモラルの相克を全体にわたって克明に描くことであった。

植民地教育における「モラルの相克」を描きだすことで、植民地教育の本質をより深部において捉えることができるのではないのか。これが私の仮説であった。

以下、台湾、朝鮮、中国占領地、そして日本国内における植民地教育に関するモラルの言説を、それぞれ断章風に重ねていきながら紹介し、「モラルの相克」が意味する重要性を提示していきたい。

## Ⅱ　台湾の民族運動と植民地教育――蔡培火について

台湾の植民地教育については、第五章の中でやや詳しく触れている。矢内原忠雄は、一九三七年七月の日中全面戦争勃発の直後に、「国家の理想」（『中央公論』九月号）を書き、政府を批判し、東京帝国大学経済学部の教授の地位を追われる。矢内原が国家の侵略戦争を批判し、自らの良心を守りぬくことができた最大の原因は一連の日本植民地政策批判研究にあったとする論文であった。ここでは、その矢内原が深い敬意を表明し注目を怠らなかった台湾の民族運動家である蔡培火の植民地教育に少しく言及してみたい。[1]

蔡培火（一八八九年―一九八三年）は、台湾議会設置運動の代表的人物として著名であり、ローマ字や白話字の使用を台湾総督府に要請し、同化政策を徹底的に批判し続けた民族運動家であった。岩波講座『教育科学』の付録『教育』（一九三一年一一月）に掲載の蔡培火の論文「台湾の民族運動」は、日本帝国主義の台湾支配の問題点を批判し、民族運動の必然性に論究している。

同論文で、蔡は「政治的圧政と経済的搾取の作用を、甲社会群から乙社会群に加へるとき、乙社会群が、此の外圧に対する義憤と共同利害の苦痛に覚醒して、防御的若しくは反抗的態度を採つて、その所属社会群の安全を擁護」し、「正義を立て」「自由を建設」する「本質的存在たるの栄誉を有つ」[2]と述べ、日本政府の台湾統治に対する「政治的酷圧」「経済的虐取」の実態を問いかけた。そして同化政策については「島内住民の九割以上が使用する台湾語は教育上顧みられず、日常必須の漢文を必須として教えない、六、七歳の頑是なき幼児に対して、国語以外の言語を用ひずして、手真似で教へる、かう云う乱暴な教育法で、物の分かりやう筈がない」と述べ、「過去の台湾為政者達は、台湾本島人をして、政治的には奴隷化、経済的には無産化、教育的には無能化せしめ」[3]たと日本政府の台湾植民地政策をきびしく糾弾している。

蔡の著作『日本々国民に与ふ』（一九二八年）に、矢内原忠雄は序文を寄せている。矢内原は、この本を「政治的自由の欠乏」を実感する台湾人自身による日本文で書かれた初めての書物だと述べ、彼が主張したローマ字運動について、「教育の目的が知識の普及民衆の啓蒙にある以上、ローマ字運動の抑圧禁止は甚だしく野蛮なる教育政策と称しなければならない」と蔡を強く擁護した。[4]

蔡は、『日本々国民に与ふ』の中で、「我々の児童は、一歩校門に入ると、……六ヶ年の間、家庭で学んだ言語も全部抛棄せしめられ、只だ物言へぬ口と事解せぬ耳とを持つて、教師の指導を受けねばならぬ」と述べ、「国語中心主義は、我々の心的活動を拘束抑制し、従来の人物を凡て無能化して、一切の政治的社会的地位を挙げて、母国人の独占に任さねばなら」ないと、国語強制による台湾人への決定的な不平等の成立の実態を告発している。[5]

教育科学研究会の幹事長である留岡清男は、一九三七年出版の蔡の著書『東亜の子かく思ふ』の書評を『教育』に書いている。同書は、出版まもなく台湾で発売禁止となり、日本国内の新聞紙上でも誹謗記事が出されていた。留岡は、蔡を擁護し、蔡の「言説のどこに反逆的な危険な分子があるといへるだろうか」と疑義を提示し、対支文化政策に対する蔡の批判とその提案とは、「最も多く傾聴すべきもの」とし、「反逆よばはりする連中は、……みづからの近視眼的偏狭さを自省すべきである」と述べた。[6]

留岡が傾聴すべきとした日華親善策についての、蔡の批判は以下の通りである。一九三七年四月から台湾の新聞紙面から漢文を排除する措置について、『東亜の子かく思ふ』はいう。

「本年四月一日から、我が台湾島内では、言論報道機関たる新聞紙面から、漢文を排除せねばならぬやうな状態に逆転して了ひ、この為めに国語を解しない多数年長の島民、即ち今まで漢文のみを通じて言論報道に接してゐたものが、急に暗黒の世界に顚落して、今もその境涯に在ります。形式は各民間新聞社の自発的申合せによる廃止とはいふものの、この重大事実の発生を見たことは、単なる台湾小民の生活上の便不便、困る困らぬの問題としてでなく、大日本帝国の国策問題として、特に日華親善の絶対必要性に鑑み、両国間の関係の好転を期し、両国民の接触往来を自由円滑に図らなくてはならぬ際に、漢文廃止に拍車を加へたといふことは、東亜の平和とその指導誘致の地位に立つべき日本帝国の朝野の為めに、敢へて反省を切望する処であります。当局の方は同化政策の徹底を期するにあるであらうが、斯る無告なる小民の生活を度外視したやり方は、長者仁者としての徳を中外に景仰せしめる為めに、圧力が強過ぎはしませぬか。況や漢文を失はしめられた年長の小民達が、さう役人の期待する如く、左から右へと直ぐ、国語を憶へて同化させられることはあり得ませぬ。斯る仕草は、威を示すに充分であり、徳を失するにも充分であるが、政策的成功を期するには僅かの実益さへも疑はしいのであります。私はこの事を、我が島の小民の為めに言ふのではなく、我が日本の将来、我が東亜の大局を思うて申すのであります[7]」。

私は、蔡培火が日本人のモラルに訴えて教育の機会均等の侵害を告発し、日本語の強制と漢文剝奪の植民地教育政策を批判した、この点を注目したい。そして、この蔡の主張に、少なからぬ日本人が関心を示し、蔡の主張を擁護しようとした良心の存在の事実を重く受け止めたいと思う。同時に、蔡の運動は「啓蒙主義的運動の域を出ず、閉鎖的であった」(近藤純子)という指摘もある。このモラルの限界への検討も怠ってはならないであろう。

## Ⅲ　植民地朝鮮支配と学務官僚――モラルの葛藤と狂信化

### （一）幣原坦の場合――モラルの葛藤？

朝鮮の植民地教育とモラル問題については、学務官僚の教育観を対象にして考えてみたい。この場合に、うってつけの対象になるのが佐藤由美の仕事『植民地教育政策の研究　朝鮮（一九〇五―一九一一）』（二〇〇〇年）である。[8] 同書は、朝鮮植民地の教育学務官僚である幣原坦、三土忠造、俵孫一、隈本繁吉、小田省吾ら、の教育観を検討している。なぜ、学務官僚なのか。「実際、学務官僚たちは、朝鮮の教育をどうするのかをめぐって試行錯誤の連続であった」。佐藤由美にとってこの学務官僚の「試行錯誤」こそ、魅力あるテーマであったのだ。そして私が注目するのも、この「試行錯誤」に隠されたモラルの存在如何ということでもある。同書は、植民地朝鮮にいて教育政策を立案し実施するために重要な役割を担った日本人学務官僚の教育観の検討を行う。学務官僚への注目は、「人物を通して政策の展開を見ること」で「今生きている私たちとの接点」を見いだせるからだという。

佐藤由美には、植民地教育史研究のあり方に対する深いこだわりがあった。「私たちが個人レベルで反省すべきこととは何なのか、過去の植民地支配の問題を、どうすれば今日の私たち自身の問題として捉えることができるのか」（四頁）というこだわり。「教育学研究である以上、私たちの今後の生き方に何らかの示唆を与えるような研究でありたい」（三二―三頁）という思い。すなわち、自分自身の「生き方」を探るために、植民地教育政策史を学務官僚の教育観と交差させることで検討を試みたということであった。そのために、同書の叙述は、学務官僚を「無個性な官僚として描くのではなく、彼らが異文化をどのように受け止め、どのように政策に反映させたのかという思索の跡を辿ること、朝鮮が自らの手で近代化する可能性を奪ってしまうことにどれだけ自覚的であったのか、彼らの盲点は何であったのかを探求する」（五頁）という課題に焦点化されたのである。

同書は、学務官僚の「盲点」を見出すことで、今後の「生き方」に何らかの示唆を得ようとする試みであった。

さて、では実際のところ、同書の成果はどうであったのか。

同書は、教育者・歴史学者としての側面を有する幣原坦に特別の注目を与え、幣原が児童を愛し、韓国の文化を尊重したにもかかわらず、何故、日本語の普及が韓国語の収奪につながることに無頓着でいられたのかという問いを立て、その理由を以下のように結論的に述べている。

「日本政府に自己の能力を認めてもらうことにやり甲斐を感じ始めたときに、『母国語による韓国の近代化』を推進する幣原の姿は薄れていき、植民地教育行政家としての側面が強くなっていった。仮に幣原が教育者や歴史学者としての『良心』を持ち続けたとしても、……（結果的には）後の朝鮮植民地支配に繋がる日本の対韓教育政策の枠組のなかに位置付けられていたのである」（五二―五三頁）。

この記述は、あまりにあっさりとした結論になっている。日本植民地教育政策に従事したことと教育者・歴史学者としての良心との間の問題。良心との「葛藤」がほとんど語られていない。これはいったいどうしたことだろう。

この記述には、おそらく二つの問題がある。

一つは「教育観」を分析する手法の問題。佐藤由美は先行研究批判を明確にしていない。たとえば、小沢有作の「幣原坦論序説」（一九七四年）[9]がある。小沢は、幣原を日本人顧問のなかで朝鮮史を本格的に研究した数少ない珍しい存在としたが、その研究の観点は、朝鮮が自主独立の力を内在させず、日本が保護・指導すべき対象であるという統治者の観点に貫かれていたときびしく批判した。『殖民地教育』（一九一二年）、『満洲観』（一九一六年）、『朝鮮教育論』（一九一九年）、『南方文化の建設』（一九三八年）、『大東亜の育成』（一九四一年）と続くかれの著作は日本の植民地の拡大に忠実に応じた、政治の要請に密着した理論であったと結論づけている。佐藤由美は、まず、この小沢の指摘に何らかの異論をぶつけるべきではなかったのか。そして、自らの「良心」の存在という仮説を小沢に付き合わせて論じるべきであった。

二つ目は、そもそも「良心」と「盲点」という問題を設定することの妥当性についてである。はたして、「盲点」といえるような精神的営みやそれにふさわしい事実があったのかどうか。私には、深い疑問が残ったからである。

佐藤由美は、かつて小沢有作が指摘した日本人における「植民地意識の二重構造」[10]をどう考えるだろうか。朝鮮や中国の古典文化に親しみ、尊敬の念を持ちながら、他方に現実生活における近代化の遅れを理由に植民地支配の支持を子どもたちに養成するという、「意識の二重構造」の問題である。日本人は、それぞれに違った精神を分裂させたまま、平気で同居させる能力をもっているのではないのか。そして、その同居にさしたる矛盾も感じず、苦しさをもたないという二重の分裂した意識。だから植民地教育支配の政策遂行は、本人にとってけっして苦渋の選択という要素はほとんどなかった。戦後もその二重構造は変わらずに続き、したがって植民地支配の反省も極度に弱いか、無いかということになる。幣原坦はその典型的な人物のような気がしてならない。

意識の二重構造の存在それ自体はすでに自明のことであり、問題はその先、つまり、その二重する意識の間にどれだけの「葛藤」や「対立」が生じていたのかが問題とされるべきではなかったか。幣原が朝鮮の現実と児童の生活をよく見ており、朝鮮文化を尊重したことは間違いないとしても、問題は、そうした意識が総督府がすすめる植民地教育政策といかに対立する矛盾を生みだし、幣原の内面に深刻な葛藤をもたらしたのか、どうかであったように思う。その点への突き詰めこそ求められていたのではないだろうか。「モラルの相克」とは、そうした課題へのきびしい接近を促しているように思う。

## (二) 渡邊豊日子と塩原時三郎 ——モラルの狂信化へ

では、朝鮮学務官僚に「モラルの相克」を見出すことは無理なのだろうか。私は、別の視点からこの問題を考える手がかりを得たいと思っている。それは、植民地支配の時期的転換を重視し、学務官僚の思想上における決定的な「変容」を探り、そこにモラルのいっそうの狂信性(=破綻)を取り出す、ということである。

詳述はできないが、第二次朝鮮教育令期（一九二二年―）と第三次朝鮮教育令期（一九三八年―）における二人の学務官僚、渡邊豊日子（在任一九三三年八月―三六年五月）と塩原時三郎（一九三七年七月―四一年三月）の教育思想の違い（変容）ということである。[11] 渡邊は、「内鮮融和」政策下、農村振興・自力更生運動が起こり、教育政策を産業政策の「近代化」と密接な関連において展開しようとした宇垣一成総督下の学務局長であり、その思想的核心は民衆の「自発性の形成」を持ち込んだ「教育の普及論」であった。一方、塩原は、日中戦争勃発後の兵站基地化に即応する「内鮮一体」化をすすめる南次郎総督下の学務局長であり、それは戦時転換を画する塩原自らの造語「皇国臣民」教育論であった。塩原にとっての最大の課題は、陸軍特別志願兵制度の創設（一九三八年二月）であり、朝鮮青年を「皇軍の兵士」（徴兵制度）にまで仕上げる教育であった。「朝鮮人の皇軍兵士化」は楽観的な見通しを許さない、まさにその成否は「皇軍の純一無雑性を妨げない」皇国臣民の信念の養成にかかっていた。

二人の学務局長の思想の違いを端的に示せば、渡邊の植民地教育観には「欧米文明の一翼としての指導者日本」という観念があり、それに対して、塩原のそれには、戦時体制再編の危機意識が如実に反映した「欧米文明を超える指導者日本」という信念が確固として存在していた、というところにあるだろう。

渡邊は、一九三五年の朝鮮教育会主催の夏期大学の講習会で、以下のようなあいさつを述べていた。

「我が国のみ尊いといふ考へに陥らずに、矢張り広く知識を世界に求めて行くことが極めて大切であろうと思ふのであります。日本精神の優れた幾つかの特徴の中に世界の文化をよく咀嚼してそれを自分のものに為して行くといふその事柄が日本精神と申しますか、或いは大和民族と申しますか、さういうものの優れた所の性能も一つであるといふことを堅く信じてをるのであります。[12]」

また、総督府による住宅政策や民衆の健康管理について次のようにいう。

「今日下層階級の人々の為に、住宅改良とか、工場取締法の実施とか、健康保全の途を講ずることは、文明国の社会施設中、最も有力なるものとなつて居るのであります。……個人の健康は直ちに、社会の福祉国家の隆盛に至大の関係を有するものでありますから、私共が国家社会に対する義務として、当然に自分自身の健康管理に心掛けねばならぬと同時に、又国家は国民個々の健康に対し重大なる注意を払い保護を加ふるの必要が起こるのであります[13]」。

渡邊の考えは、日本精神による近代欧米教育思想の受容の主張であり、欧米近代教育思想を日本植民地支配に利用しようとする意図の表明であった。これは、朝鮮人の尊厳を認めるための欧米思想の受容ではけっしてなく、朝鮮植民地支配の合理化のための欧米思想の受容という意味であった。

渡邊の健康管理論は、もちろん、萬邦無比の皇民精神を容れる植民地身体の形成論なのであって、文明国(=福祉国家)の一員であるからこそ植民地支配が可能でもあり、正当化もされるという考え方であった。しかし、日中戦争の開始は、朝鮮植民地教育支配の思想の転換を迫った。これまでの学務局に曲がりなりにも存在した欧米思想の受容の精神(モラル)は許されることではなかった。

日中戦争勃発時、塩原は世界の思想状況を以下のように述べる。

「今や我々東洋人は、西洋文明の外形のみの絢爛さに惑わされて居るべき時ではありません。東洋人は東洋人として持つ所の本来の精神なり文明なりを強く振返つて見ると同時に、益々其の精髄を発揮して誤れる白色人の思想や文明を排撃し、東洋人として自覚を高調しなければならない」[14]。

これは、渡邊がいう欧米思想の排撃では国家・学問の進歩発展はない、という考え方の対極にある思想である。

陸軍志願兵制度実施の「決断」を経て、塩原は以下のようにいう。

「然るに志願兵制度が昨年からできましてあの数百人の青年が皇軍の中に入つて貫へるやうになつたといふことは何を意味するかと言えば、あの兵隊がはいつても我が軍の純一無雑性を少しも妨げない、皇国臣民の組織する陛下の軍隊たるの性質があれ等の者がはいつてもそのために少しも害せられない。純粋さが失はれない。害せられないとすればできるだけ多くのところから採つて来た方がいいのでありけます。従つてこれは内鮮を全く一体と認めてゐるところの証拠であります[15]」。

朝鮮人の皇軍兵士化、これは窮極の同化政策の姿であったろう。純一無雑性とは、朝鮮人民族としての固有のモラルを捨て去り、全く別の民族性に染まらしめること以外にはありえない。

渡邊豊日子から塩原時三郎への学務官僚における思想的変容は、植民地教育支配のモラルの内実と狂信化を検討する重要な素材となるように思われる。

## Ⅳ　中国占領地と「戦地の子供」――南支派遣報道部員・国分一太郎の場合

国分一太郎（一九一一年―八五年）の『戦地の子供』（一九四〇年）[16]を取り上げてみたい。

一九三七年七月以降、日本は対中国侵略戦争を本格化する。日本軍は、南京、徐州・広東・武漢などを次々に占領し、汪精衛政権と手を結んだ。一九三九年一月、国分は、南支派遣広東報道部員として赴任し、宣撫の任務にたずさわり、この『戦地の子供』を書いた。帰国は一九四一年であった。

従軍作家で『麦と兵隊』（一九三八年）で知られる火野葦平が、同書の「まえがき」を記し、「支那人をあたたかい目で凝視してゆく」と述べている。火野は、国分の『教室の記録』（一九三七年）に言及しつつ、以下のように書いている。

「『教室の記録』の中にはいたるところに意義深い示唆に富んだ文字が見られる。それは教育者を教へるところの尊い文字である。その本の中で『生活にぴつたりしない言葉、それで私達はいつも教育してゐたりするものだ。その言葉は軽々しいものだ』と国分君は反省する。それからぢかに子供とともに生きる生活の中に於て、時折り『子供の心にふれぬ日が多くてこの頃はいつも淋しい』と歎息をする。国分君が自分の身体にあるだけの情熱と良心を傾けて、形式的な円やかさでなく、生活に即し、子供の心奥にふれて生きたいと願う心はたぐひのない精神の美しさである。『教室の記録』の作者は、そのやうな心をそのまま抱いて戦乱の支那に渡り、変らぬ熱情をもつて支那人に対した。殊に支那の子供達に対した。このやうな真摯な熱情が遂にこの一冊の『戦地の子供』を生んだのである」[17]。

国分は、一九三〇年に山形の教師となり、生活綴方教師としての実践を行った。鈴木道太、村山俊太郎らとともに北日本国語教育聯盟を結成している。この間、教員組合運動に参加し、検挙されている。相澤ときと共著『教室の記録』[18]を出版するが、これが契機で懲戒免職となる。職を失い、国分は、南支派遣報道部員として広東に赴くことになる。『教室の記録』では、国分は、以下のように記している。

「生活にピッタリこないことば――それで私たちはいつも教育してゐたりするので。そのことばは実に軽々しいことばだ」(三二頁)、

「学校ことばで育てられかへつていく子は、うすぐらい庭で、わらしごとしてるおぢいさんにどんな『生活ことば』で言葉をかけられるであらうか」。

「国語読本のことばは、よしや生活的でなくても、それは国の意向といふ圧力で、強制的におぼへさせられてしまふ」(三三頁)、

「この次の綴方には学校生活にあつたかなしみ、いかり、よろこびなどについて、その時の生活をしつかり裁断して僕の前にもつてきてもらはう。子供の心にふれぬ日が多くて、この頃はいつもさびしい」(三九頁)。

ここには、国語読本にまつわる観念性と強圧性を批判し、生活と真正面に向きあう生活綴方教育実践の思想が見てとれる。

そうした国分が、「聖戦の実態」を宣撫するために、南支派遣報道部員として中国大陸に赴くわけであるから、明らかな思想転向を指摘できる。しかし、問題は、戦地の実態（子供）を国分がどのように描いたのか、その内容の吟味である。

国分は、『戦地の子供』の「子供のみなさんへ（序にかへて）」で、戦地の子供はどうしてゐるか、戦に負けた国はどんなに惨めなものか、を考えたり、さとったりすることを呼びかけている。そして、このアジア大陸をけっして戦地になどはいたしません、支那の子供たちを、もう決して二度と「戦地の子供」などにはいたしません、と心に決めることを願って書いた[19]、と述べている。

さて、注目したいのは、障がいをもった子どもたちを描いた「きのどくな人達」のところである。一部を紹介してみる。

「もつと驚いたのは、長堤の通でみつけた子供です。手も足も、あたりまへの人のやうにはありません。いつたいどうしてこんな風になつたのでせうか。小さい時の悪い病気がもとなのかもしれません。その子は、僕たちが小さい頃、草の生えた土堤をわざと、ころがつて降りた時のやうにして、自分の体をローラーのやうにころがしながら、自分の心の望む方向へ、横向に進んでゆくのです。とても元気な声を出して、道ばたにゐる人々をよけさせ、次々とところがつてゐるのです。

手もなく、足もなく、横にころがつて道をゆく。御飯をもらひに行くのかもしれません。こんなにしてまで、街をあるく位ですから、きつと父や母もないにちがひありません。

それでもりつぱに生きようとしてゐます。せつかくもつて生まれた命を、あくまでも生かさうと、ありたけの力をふるつてゐます。

これを見ては、道ゆく人々も、涙をこぼさずにはゐられません。地面によこたはつてゐるのですから、誰も目をとおしてながめますが、心の中では誰も見下げてはゐないでせう。なるべく広く道をあけてやつてゐます。

かうまでして生きてゐる、こんなに苦んでまで、人間のあつまりである社会（世の中）を好いてゐる――その少年を見て、私は心の中に何か強いものがわいて来るのでした。

私たちは生きねばならぬ。命ある限りは、自分たちの世の中を愛さねばならぬ――かういふことを考へさせられました[20]」。

「とにかくきのどくな人々です。

みなさんは、かういふ人々とも、新しい東アジアの友達として、力をあはせていかねばならないのです。

これらの気の毒な人々から、私たちが学ばねばならぬこと――それは先にもかきましたやうに『これでも生きていく、世の中をたのしんでいく』といふ強い心です[21]」。

『戦地の子供』は、全編、「占領者・支配者の憐愍と同情」[22]をもって書かれている。占領者の同情、この問題をどう考えるのか。

国分は、帰国後、一九四一年九月、『教育』に「アジア的人間像の創成」を書く。アジア的人間像とは、「東亜のこと、アジアのことを、いとも容易にわがことと考へ、いとも情熱的に祖国のことと一つにして考へ得る人間＝国民」のことである。中国大陸では、そうしたアジア的人間像の創成を裏切る現実があり、国分はその現実をつぶさに見てきたのではなかったか。「東洋人たるの自覚を忘却し」「欧米人に対しては先進民族としてこれを阿諛し」「肇国の大理想を忘れ、侮支拜欧の弊に陥つた事」として、国分はこうした日本人を、「不良邦人、非愛国者的人間」と蔑んだ。そして、南支派遣報道部編輯の「兵隊」の手記作品を読みながら、以下のような展望を記す。

「資本主義をいそいでとり入れた過去を持つ国では、大てい農民の解放を置忘れの形にしてしまふといふが、この大陸でもすべての百姓は貧しいといふこと。日本の百姓が貧しいといはれた程以上に貧しいといふこと。例へば、米が高価なために嘆く農民がゐるということ。つまり高い小作料を地主たる土豪劣紳や封建的支配者に納め、又は飯米を日常に用ひる商品に換へてしまひ、百姓が米を買つて食はねばならぬやうな状態になつてゐること。だからたださへ貧しい農民が、この戦争のため一層の苦渋をなめてゐるといふこと。米つくる人々に半斤一斤の米を分けて与へる宣撫がじつに効果をあげるといふこと」[23]。

国分の記述には、私たちが検討を怠ってきた重要な問題が隠されているように思われる。思想転向と植民地占領者の同情（モラル）の表明。検討の素材は、この国分の他にも収集可能ではないだろうか。占領者であるがゆえの社会認識のあいまいさと同情（モラル）との矛盾、とその破綻。私たちはこの問題のきびしい実証に入り込まなければならないであろう。

## V　京都学派「世界史の哲学」と教学官近藤壽治

最後に、国内に転じて、侵略の教育思想とモラルの問題を論じておこう。

一九四一年一二月八日、太平洋戦争（当時、「大東亜戦争」という）が勃発した。戦争勃発にあわせ、知識人による「大東亜戦争」の思想的意義を論じる座談会が二つ行われた。一つは、雑誌『文学界』に掲載された「近代の超克」（出席者は、小林秀雄、亀井勝一郎、他一三名）。もう一つが、雑誌『中央公論』に掲載された、京都学派四天王と言われた高坂正顕、高山岩男、西谷啓治、鈴木成高による座談会である。後に『世界史的立場と日本』（中央公論社、一九四三年）[24]として出版された。（「世界史的立場と日本」一九四一年一一月、「東亜共栄圏の倫理性と歴史性」一九四二年三月、「総力戦の哲学」一九四二年一一月）

ここでは、京都帝国大学文学部哲学科出身（一九一二年卒）で、京都学派の思想的影響を受けた文部省教学局の近藤壽治（一八八五年―一九七〇年）の教育思想を扱うので、後者の「世界史の哲学」を見てみよう。

「世界史の哲学」が取り出す中心概念は、西洋（ヨーロッパ）と非西洋（非ヨーロッパ）である。これまでにヨーロッパを中心とする「世界」概念が成立し、歴史はヨーロッパを中心とする統合と集中化の無限の過程と理解され、歴史は「西洋化の過程」と見なされてきた。ヨーロッパ以外の諸地域は西洋に服属されていく「世界一元論」という解釈が成立してきた、と「世界史の哲学」は説く。この「世界一元論」に異議を唱えるのが「世界史の哲学」である。今後の世界史はヨーロッパに普遍的価値が一元化されるのではなく、さまざまな「特殊的世界」の自立を前提にする世界多元化社会の解釈が到来するというのが世界史の哲学であった。東亜新秩序の建設こそは、この特殊的世界を体現するものであり、日本の指導の下にアジア諸民族が有機的な関係をもつことこそ、普遍的な価値を得るというのが世界史の哲学の説くところであった。

ヨーロッパ中心の単線的な歴史観に対抗する、真に多元的な歴史観の登場のように見えた。それが「世界史の哲学」であった。一元的歴史観から多元的な世界史像への移行、それが京都学派の主張のように聞こえた。根本的な歴史観の変更であり、日本の、そしてアジアの歴史的特殊性が尊重される、そうした思い込みを可能とさせるものこそ、「世界史の哲学」であった。日本は多元的歴史を切り拓く国家主体として観念される、そこにこそ世界史の哲学の核心的主張があったのだ。

特に、注視したいのは、この「国家の特殊的自立」にむけて、世界史の哲学が「モラリッシュ・エネルギー」（Moralische Energie）の重要性を論じたことである。

国家の存立追求の根底にあるものこそモラリッシュ・エネルギーであり、この世界史における特殊的使命に向けて国民を一致団結させ、国家を現実に創造していく活力となるものこそモラリッシュ・エネルギーであった。国家がモラリッシュ・エネルギーにたって活動するときには個人は国家に参与でき、国家への参与そのものが報酬であると実感でき、そうして国家に主体的に統合していくことが可能となる、と主張したのである。

自己のモラリッシュ・エネルギーを大東亜圏内のいろいろな民族に伝え、それを彼らの裡から喚び覚まし、彼等に民族的な自覚を与える、あるいは民族として主体性を自覚させる。京都学派の「世界史の哲学」は、モラルを武器にして、侵略戦争と植民地支配の意義を説いた、ということだろう。

京都学派の座談会は以下のようにいう。

**高山**：モラリッシュ・エネルギーの主体は僕は国民だと思う。民族といふのは十九世紀の文化的概念だが、今日は過去の歴史はたとひどうあろうと「民族」といふものでは世界史的な力がない。本当の意味で「国民」といふものが一切を解決する鍵になつてゐる。モラリッシュ・エネルギーは個人倫理でもなければ人格倫理でもなく、また血の純潔といふやうなものでもない。文化的で政治的な「国民」といふものに集中してゐるのが、今日のモラリッシュ・エネルギーの中心ではないかと思う。

**高坂**：さうなのだ。民族といふものも単に民族としてだけではつまらない。民族が主体性をもつた場合にそれはどうしても国家的民族の意味をもたねばならぬ。それが主体性をもたず、自己限定性をもたない民族、つまり「国民」にならぬ民族は無力だ。その証拠にアイヌみたいなものは結局独立した民族の意味をもたず、他の国家的民族の中に吸収されて了ふ。ユダヤ民族にしても結局さうなりはしないか。世界史の主体は、そんな意味で国家的民族だと思ふ。[25]

ヨーロッパ中心の普遍的な「世界」概念を否定し、それぞれの地域の特殊的文化主体性を尊重する多元的な世界史像を構想し、その多元性を担う国家こそモラリッシュ・エネルギーを保持しなければならない、という哲学に植民地侵略思想の核心があったのだということをまずは確認したと思う。この多元的世界史像の提起は結局、西洋ではない日本中心の世界覇権構想でしかなかったこと、そして、モラリッシュ・エネルギーを持ち得ない（弱小）国家は消滅して構わないという侵略戦争肯定論に直結していたことも重大だろう。

この京都学派の「世界史の哲学」の影響を受けた文部省教学局の近藤壽治の主張を見てみよう。近藤は、京都帝大卒業後（一九二二年）、欧米留学等を経て、一九二八年台北帝国大学に赴任し、『人間学と国民教育』（一九三三年）を著す。一九三四年、文部省督学官に転任、以後、教学局教学官を務め、『日本教育学』（一九三五年）を出版し、一九四三年には教学局長に就いている。[26]

際だった近藤の特長は、『臣民の道』（一九四一年）に対する彼の解説である。他の文部官僚が行った解説との違いは何か。それは、世界史は欧米文明の普遍化であるという文明の一元化支配観に対する徹底的な批判を行い、そうして『臣民の道』がいう世界新秩序建設の意義を論じた点にあった。

近藤は、「世界史の普遍的な見方」を批判する。「世界史は同一の方向に向かつて進みつつある」、あるいは「国民的な特殊性はこの普遍なるものへの進歩発展の段階にあるもの」という考え方を拒否した。『臣民の道』が説く新秩序建設（東亜共栄圏）は、世界史の普遍的な見方を否定し、西洋とは異なる多元的な社会の創造に寄与するというのだ。

「生命があり、現実的なものは必ず具体的なものであり、特殊的なものであるといふことも考へねばならない」。「そこに今日では文化がそれぞれ国家的な特殊性を有ち使命を持つもの即ち国民的な特色を持つて存在し得るものであるという見方になつて来た」と世界史の中の日本の特殊性を強調する。「日本人の建設する文化といふものは日本人の歴史、日本人の使命といふものに立脚した自主的なものでなくてはならぬのであります。この見方が正に世界史の転換といふことの重大な意味でなければならぬ」[27]。

この記述は「世界史の哲学」と全く同じものであろう。

「我が臣民の道といふものはこの意味に於て我が国の特殊なる道徳であると同時に世界の道徳に対しても亦普遍的地位と優越なる役割を持つものであるといふことを自覚し、確信を持つて居らねばならぬ」。「これは特殊にして普遍的なものであり、この道によつてこそ我が国民の所謂大国民たるの襟度と教養とを得ることができるものと信ずる」[28]。

太平洋戦争の勃発後、一九四二年五月、近藤は、より分かりやすい表現で、西洋一元史観を批判する。

「然るに近世に入つてからヨーロッパ各国が一つの世界といふものを形成して、所謂ヨーロッパ世界といふものを形成して、これに依つて文化或は科学技術が著しい発展を遂げ、特異な世界形成を整へるやうになつてから、ヨーロッパ世界が西洋世界であると考へられるやうになつた。更にはそれが総ての世界を支配するものであるといふやうになつて来た。従つて歴史的には世界といふものは地球上に色々多数の世界があり、それに相応した世界観があつたにも拘らず、現代に至つてはこのヨーロッパ世界が唯一の世界として地球全面を支配するやうに考へられて来た」。

「その結果はその文化史的な年代に於ても遙かに古く、又その人口に於ても遙かに多数を占めて居る東亜の、或は亜細亜の世界といふものは全然表面に出ることできず、其処に存する学問文化は世界的な真理として認められないやうな状況にあつたといふことが、軈て政治的、経済的には東洋の植民地化といふ形態を取つて現はれて来るやうになつた」[29]。

「大東亜戦争」の世界史的意義が、まさに、「東亜が一つの世界」であり、「世界存在」「優秀なる伝統」「特殊の文化」を世界に知らしめる契機であり、「真に正しい世界」「新しい世界」を創造する世界史的意義を有すると説くのであった。

こうして、後藤は、そのためにこそ、人間（モラル）の形成の問題を主張するのである。「根本たる八紘為宇の世界観こそ西洋の合理的経済的世界観の上位にあることを知り、これを建設発揚して行くといふことの意義を把握し邁進せねばならぬ」。「それにはどうしても人間の問題にまで進まねばならぬ。文化建設に携わり、国防の充実を図るといふ、人間自体の問題が第一でなければならないのである」とする[30]。「自主性をもつ国家は世界に適応するのみならず、進んで世界を造るのであります」「自主性をもたぬ国家は単に世界に適応することに終始し、世界秩序の建設に参与することもできない……のであります」。日本はアジアで唯一自主性を持った国家であり、自主性を持たぬ他のアジア諸国は日本に適応し、日本がみずからの国家の上に位することを当然とするのであった。自主性（モラル）の名による、侵略主義の肯定を説くのであった。[31]

モラルの感覚を歴史から引き出すことで、人々の自発性を誘い、そうして、政治を暴力と侵略の舞台に作り上げてしまうこと。京都学派の哲学と近藤壽治の教育政策思想は、モラルを歴史解釈の中心に据える植民地支配思想であったといえよう。なぜ、侵略と植民地支配のためにモラルを引き出す必要があったのか。そのモラルとは、いったい、どのようなものであったのか。京都学派の「世界史の哲学」と戦時教育政策思想との関連とともに、その内実について本格的な検討が必要になってきているものと思われる。

〔注〕

1 佐藤広美「植民地教育政策と教育科学」『総力戦体制と教育科学』大月書店、一九九七年、参照。近藤純子「蔡培火のローマ字運動——台湾日本教育史の一研究」『アジアの友』一九八六年一月、参照。
2 蔡培火「台湾の民族運動」岩波講座『教育科学』第二刷付録『教育』一九三一年一一月、二八頁。
3 同前、三一頁。
4 矢内原忠雄「蔡培火『日本々国民に与ふ』序」一九二八年三月、『矢内原忠雄全集』第五巻、岩波書店、一九六三年、四六二—四六三頁。
5 蔡培火『日本々国民に与ふ』香柏社書店、一九二八年、四七—五〇頁。
6 留岡清男「蔡培火著『東亜の子かく思ふ』」『教育』一九三七年一一月号、一二二—一二三頁。
7 蔡培火『東亜の子かく思ふ』岩波書店、一九三八年、一七六—一七七頁。

8　佐藤由美『植民地教育政策の研究［朝鮮・一九〇五年―一九一一］』龍渓書舎、二〇〇〇年、なお、佐藤広美「書評　佐藤由美『植民地教育政策の研究』」『日本教育政策学会年報　教育改革と教育政策』、第九号、二〇〇二年、参照のこと。
9　小沢有作「幣原坦論序説」『海峡』創刊号、一九七四年。
10　小沢有作「植民地教育認識再考――日本教育問題としての植民地教育問題―」『「大東亜戦争」期における日本植民地・占領地教育の総合的研究』科研費研究、槻木瑞生研究代表、二〇〇一年。
11　詳細は、この拙稿を参照してほしい。佐藤広美「植民地朝鮮における教育行政官僚の思想――渡邊豊日子と塩原時三郎を中心に」『「大東亜戦争」期における日本植民地・占領地教育の総合的研究』科研費研究、槻木瑞生研究代表、二〇〇一年、参照。
12　渡邊豊日子「朝鮮教育会主催夏期大学　開催の辞　閉会の辞」『文教の朝鮮』一九三五年一〇月、六―一三頁。
13　渡邊豊日子「健康の増進について」『文教の朝鮮』一九三三年一二月、三三頁。
14　塩原時三郎「東亜に於ける日本帝国の使命」『文教の朝鮮』一九三七年一二月、三〇頁。
15　塩原時三郎「国民精神総動員運動について」『文教の朝鮮』一九三九年八月、六頁、
16　国分一太郎『戦地の子供』中央公論社、一九四〇年。
17　火野葦平「国分君のこと」『戦地の子供』所収。
18　国分一太郎・相澤とき『教室の記録』扶桑閣版、一九三七年。
19　国分一太郎『戦地の子供』の「子供のみなさんへ（序にかへて）」。
20　国分一太郎『戦地の子供』九六―九七頁。
21　同前、一〇〇頁。
22　渡部宗助解説「国分一太郎　きのどくな人達」（中内敏夫編集・解説）『近代日本教育論集　第一巻　ナショナリズムと教育』国土社、一九六九年、国分のこの著作に関心を持ったきっかけは、渡部の解説にある。
23　国分一太郎「アジア的人間像の創成」『教育』一九四一年九月号、二四頁。
24　京都学派の「世界史の哲学」については、以下の文献が参考になった。酒井直樹「近代の批判：中絶した投企――日本の一九三〇年代」『死産される日本語・日本人』新曜社、一九九六年。吉田傑俊『「京都学派」の哲学』大月書店、二〇一一年。
25　高坂正顕・鈴木成高・高山岩男・西谷啓治「世界史的立場と日本」『中央公論』一九四二年一月、一八五頁。
26　近藤壽治については、第一章参照。
27　近藤壽治「臣民の道について」『日本教育』一九四一年一一月臨時特輯号、五九頁。
28　同前、六九頁。
29　近藤壽治「日本教育と興亜教育」『日本教育』一九四二年五月、一八頁。

30 同前、一九頁。
31 近藤壽治「日本世界観と教育」『日本諸学講演集』第三輯・教育学篇、一九四二年一二月、六三頁。

# 第五章　誰が植民地教育を批判したのか——矢内原忠雄の「同化主義」批判

## はじめに

矢内原忠雄（一八九三—一九六一年）は、『植民及植民政策』（一九二六年）のなかで、「私は朝鮮普通学校の授業を参観し朝鮮人教師が朝鮮人児童に対し日本語を以て日本歴史を教授するを見、心中落涙を禁じ得なかった」[1]と述べた。これは戦前における日本の植民地教育政策批判の一例としてあまりに有名である。もう一つ、矢内原の植民地教育政策批判を紹介したい。

前著とほぼ同じ頃に書いた論文「朝鮮統治の方針」で、矢内原は、日本の同化政策が「何が故に失敗したりといはるゝか」と問い、「原住民が悦服せざるが故である。何が故に悦服せざるか。彼等にとりて同化の強制は即ち圧迫に外ならないからである」と述べた。つづけて「他人をして強いて自己の如くならしめんとする。之れ他人の人格の侮辱である。その独立の侵害である。他人が自由に模倣するに任せよ。強制は圧迫である。且つ果して他人をして自己に同化せしめ得るやが疑問である。外形生活上の同化を以て心的同化と同視するほど、愚かなことはない」[2]と指摘した。日本帝国主義の「同化主義」政策に対する最も厳しい批判を展開した人物の一人として、矢内原が紹介される所以である。

矢内原は、『植民及植民政策』（一九二六年）、『植民政策の新基調』（一九二七年）、『帝国主義下の台湾』

（一九二九年）、『満洲問題』（一九三四年）、『南洋群島の研究』（一九三五年）、『帝国主義下の印度』（一九三七年）などの著作を次々と世に送り出した。彼は最後の『帝国主義下の印度』で、「人類社会に於ける圧迫の中最も主要なるものの一つは一国民若くは一民族による他国民の支配である。それが最も顕著に現はるるは植民地（属領）である」[3]と書いた。人間抑圧の最たるものである一民族による他民族支配、すなわち植民地問題に、矢内原は全力をあげて取りくんだのであった。そして、これらの書物のなかで、植民地の教育と文化問題にしばしば言及したのである。

植民地（教育）政策研究を積み重ねていた矢内原は、一九三七年、日本が中国との全面戦争に突入する時期に精力的に日本の国内における思想問題に触れる。「国家の正義」とは何かを論じ、現実の国家批判を展開し、戦争に対する日本人の批判精神の喚起を行った。彼は、いま、日本中はいたる所大騒ぎの状態であり、人心は興奮動揺しているが、こうした時こそ社会現象の表面を見るのでなく、静かに物事を考え、根底に厳存している社会の真実を見極める大切さを説いた。[4]三七年九月執筆の「国家の理想」（『中央公論』）で、矢内原は、日本の国家は、異論の存在を許さず、現実の政策に付和雷同的一致を強要していると批判し、「国家の正義」を論じた。

「国際間にありて強国が自国生存上の必要と称して弱国の権利利益を侵害することも又正義原則に反するものであり、国家の国家たる所以の本質に悖り、国家の理想を裏切り、国家の品位を害するものといわなければならない」[5]。

アジアの「弱国」の権利を著しく侵害する日本の国家の「品位」を矢内原は問題にした。同論文は、全文削除となり、それが原因の一つになり彼は東京帝国大学を追放される。彼は、その後も日本軍国主義のいかなる迫害にも屈することなく、日本の「同化主義」政策の批判者として戦前を生きぬく。

彼以外の多くの人々による植民地教育に関する言説は、その政策を肯定し、侵略戦争に協力する役割を担った。この点を踏まえれば、矢内原が国家を批判し、戦争に加担することなく生きぬくことができた意義は大きい。教育学者の五十嵐顕は、矢内原を戦前の支配的な教育学に対する最も鋭い批判者として捉え、彼の思想を時代の圧力に抗することのできた思想が宿るべき温床と評価した。[6]「思想が宿るべき温床」を準備した彼の「同化主義批判」（植民地教育論）は、ぜひ検討されなければならないのである。

しかし、その矢内原の、次の発言をどのように解釈したらよいのだろうか。彼は、戦前の日本の植民地教育政策をふり返り、日本の植民地統治がことごとく害悪であったとは思わないと述べている。

「日本の同化主義は皇室中心の民族主義であり、従つてその行き過ぎは絶対主義的権力により強制的統一、民族的自覚の抑圧となつたのである。私は日本の植民地統治がことごとく害悪であつたとは思はない。少なくとも経済的開発と普通教育の普及は、植民地社会に永続的利益を与へたものと思ふ。新たなる情勢下に置かれた日本の旧植民地は、日本の功罪を新たに検討し批判しつつあるだらう。ただ思想的同化政策の一項に至つては、旧植民地の何人も之を想起して好感をもつ者はいないであらう。遺憾ながら日本の同化主義は根底には、それだけの価値ある人類的・普遍思想がなかつたのである」[7]。

彼は、思想的同化という側面については問題があったが、経済的開発と普通教育の普及は旧植民地に永続的利益を与えたと述べている。思想問題＝同化と、経済開発・教育普及問題＝文明化、が分離されて論じられている。

思想問題と開発問題は、別々に分けて論じられることができるのだろうか。これでは、彼の植民地教育政策批判は、日本の同化主義政策の「行きすぎ」を批判しただけだったのではないだろうか[8]、という疑問がもちあがってくる。

植民地統治に対する肯定的な評価につながるこの発言は、なにも戦後になって突然に現れてきたのではない。それは戦前の矢内原に一貫して存在する考え方であった。一九三七年、矢内原は次のようにいう。

「同化主義は原住者をばその旧来の未開なる社会状態に放置することなく、その生活に関心をもち、これが開発教化を努むる点において父権的保護政策の一面を有する。又本国語の教育が統治上幾多の便宜を供給すること疑ひなく、原住者がこれによつて社会的活動の便宜と知識吸収の門戸を開かれることも又事実である[9]」。

矢内原は、同化主義は開発という名の文明化の側面を有していると捉えており、その点を肯定的に評価している。彼の同化主義批判には、日本の植民地教育政策全体を免罪してしまう重大な問題が孕まれていないか。彼の思想は「思想の宿るべき温床」としてだけ評価されては済まないのではないだろうか。

今日、植民地教育研究における論争課題のひとつに「植民地近代化論」がある。植民地政策がおよぼした植民地への「近代化」「文明化」効果に着目した議論が起こり、その議論に対して日本の植民地支配を肯定してしまいかねないという危惧の表明がなされ、論争が起きている。植民地近代化論をめぐる今日のこの論争は、新ためて、植民地教育支配の本質とは何かを問い、その全体像の捉え直しを提起している。

この植民地近代化論は、戦前における植民地への「他律性史観」や「停滞史観」とならび、まさに植民地教育の統治を肯定し、正当化する重要な理論的柱の一つであった。たとえば植民地朝鮮は、外国の外圧によってのみ動かされてきた歴史をもち、古代社会の段階にとどまっているので、日本の手で「近代化」「文明化」されなければならない、との考えによって植民地の統治政策が遂行された。[10]

戦後の植民地研究は、「内在的発展論」や「民族運動の抵抗」という視点にたって植民地（教育）政策とその実態を批判し、他律性史観や停滞史観を克服する努力を行ってきた。しかし、これに比べ、戦前の「近代化論」についての批判的な検討は十分ではなかった。最近の「自由主義史観」が生まれる社会的要因もここにある。「同化」の不当な実態を批判し検討することはもとよりであるが、それと関連させてさらに植民地教育政策における「近代化」「文明化」効果についての批判的検討、すなわち「同化」と「文明化」の関連に焦点をあてた検討が本格的に行われなくてはならない。

矢内原忠雄の植民地政策論に関する研究はけっして少なくない。[11] しかし、かならずしも、彼の「文明化論」との関連で「同化主義」批判が検討されているとは言いがたい。

あれほど当時にあって他にぬきん出て同化主義批判を行い得た矢内原であったにもかかわらず、なぜ、植民地政策における「文明化効果」に期待をよせてしまったのか。それは先に紹介した現実の国家批判にどのような限界を刻印することになっただろうか。すなわち民族差別の根源である天皇制の思想にどれほど対峙し得ていたかという問題である。

以下、「植民の文明化作用」の呪縛という視点から、彼の同化主義批判における陥穽を問題にしていきたい。文明化を口実とする植民地教育支配、はたしてこの問題に矢内原は真に立ち向かうことができたのだろうか。矢内原忠雄の植民地教育論はあらたな視角に立って再検討されなければならない。

## Ⅰ　「国家の理想」と天皇制

矢内原忠雄は、なぜ東京帝国大学を追われたのか。

植民地侵略戦争を遂行する日本国家に対する痛烈な批判を展開したからであった。彼の批判は、「国家の理想」（正義の原則）を力説する宗教者の謂いであったが、その分、人間の精神的活動に対する国家権力の抑圧を正面から問題にすることとなった。彼は、道徳の国家的利用を見抜き、権力による宣伝効果の悪弊を論じ、その危険性を批判しながら、なにより人間の精神の自由な活動と形成を擁護する論陣をはった。

一九三七年の日中全面戦争開始の年における、彼の「戦争と国家」認識に焦点をあてながら、以下検討をすすめていきたい。

彼は、一九三七年二月「支那問題の所在」を著し、中国が分裂と半植民地化の状態から脱却して統一と脱植民地化へ向かっていること、そして国民政府こそ中国の近代国家建設の担い手であることを主張した。ここでとくに注目したいのは、中国を統一民族国家として認めよ、とする彼の論点の内容である。

彼は、「支那人には商利の打算あるのみであつて国家心がないとか、或は支那人の国民性は個人主義であつて愛国心がないとかいふ如き観察は、封建的前資本主義的時代における支那社会の観察を永久化するものであつて、これを以て民族国家形成期における支那人の思想をば律するは根本的に誤謬であ」り、「その事は多くの説明を要せずして、今日支那全地に澎湃たりと言はれる抗日精神そのものがこれを実証する」として、当時、日本社会に根づよく存在する中国への侮蔑意識を批判する。そして、「支那問題の所在は、……その中心点は民族国家としての統一建設途上に邁進するものとしての支那を認識することにある」とし、「この認識に添ひたる対支政策のみが科学的に正確であり、終局において成功する実際的政策も亦これ以外にはな」く、「この認識に基きて支那の民族的国家的統一を是認しこれを援助する政策のみが、支那を助け、日本を助け、東洋の平和を助くるものであ」って、「この科学的認識に背反したる独断的政策を強行する時、その災禍は遠く後代に及び、支那を苦しめ、日本の国民を苦しめ、東洋の平和を苦しめるであらう[12]」と述べた。

これは明らかに軍部専制による独断的な中国政策への批判であり、戦争遂行を阻止する意思の表明であった。当時の世論一般が戦争の拡大を謳歌していた時であり、これは注目すべき発言である。

蘆溝橋事件が起きて後の八月三一日から九月二日にかけて、彼は「民族と国家」と題する講演を行う。矢内原が問題にしたい中心的なテーマは、国家とは何か、であった。「理想の国家」とはどういうものであり、その原則に照らして現実の国家、ないし日本とアジア諸国家の関係はいかに批判されなければならないか、ということが問題の核心であった。

「一つの民族が自己の利益のことばかり考えて他の民族の生存、他の民族の価値を顧みない時は、人類の発達世界文化の進歩に対して妨害物であり、反動であります。……民族はそれ自体として絶対的価値があるわけではない。人類の進歩、世界文明の発達に寄与するものとして、始めて民族の進歩的意味があるのである」[13]。

こうして彼は、多くの日本人が示す侮蔑的な中国認識を批判する。彼は、「支那人を見くびつて、支那人には国家思想はない、支那人は非常に実利的で、自分の一身の安全という事だけを考えている、自分の商売ができ若しくは金さえ貰えば国の政権は誰の手にあつても無関心だ、之が支那人の国民性だ、等と所謂支那通なる者が得意になつて言ふものがある」が、それは「支那人の社会意識の底流とその近代化の勢いとを見失つたもの」であるとする。「愛国心が最も熾烈になるのは、民族国家成立の時期であり、それは国内的には民族的統一を作り上げ、対外的には外国の干渉に対して民族的防衛に従事することでありますが、支那は最近正にその段階にある」のであって、「支那人には国家意識がないの、愛国心がないのといふ事は、それは独断であ」り、「之は歴史の進歩を弁へない思想」である。「支那は民族意識は満州事変の前と後とでは格段の差があるのであつて、今や統一的民族国家に対する要求が熾烈なる段階に到達したのである」[14]と述べた。

つづいて矢内原は、当時支配的な考え方であった道徳国家観、すなわち国家を道徳的に基礎付けようとする「国家の道徳説」を批判する。彼は、この説の最大の欠陥は、国家は最高の道徳であると述べながら、その最高である道徳の内容を明らかにしない、という点にあるという。「国家そのものが最高の道徳であり、従つて国家権力の命令そのものが最高の道徳律である」とされ、「人民は道徳的義務として何が何でも国家の命令に絶対的に服従しなければならぬ」という。こうした考え方は、国家以上に道徳を体現するものがないという考え方であり、非常な独断に立脚する。「国家は最高の道徳であつて、国家の上に立ちて之を規律するものは無い」のだから、「何が道徳であるかを規定するものは国家自身であ」り、「結局現実国家の命令が最高の道徳律である」。だからこそ「多くの専制主義が生み出され」、「国家の理想を論ずることが結局現実国家の弁護に帰着し」、「理想を述べ乍ら現実を弁護するという危険に陥るのである」と厳しく批判する。[15]

当時流布していた日本精神主義思想は、「国体」観念や「神話的日本精神」から日本民族の「指導性」を説明し、植民政策を無条件に肯定していた。彼は、これに我慢ならなかった。「民族精神をば民族の神話的起源に於て発見せんとすることは、歴史の所産をば歴史以前に依て解釈せんとするものであつて、その非科学的なることは明白である」と彼は述べる。「この種の民族精神の高調は民族現実の行動を科学的に説明する為といふよりも寧ろ神話を廻りて存在する超自然性、超歴史性、超批判的権威によつて現実の民族的行動を若しくは民族的指導者の行動を弁護する為に援用せられる」とする。「現実の具体的なる政権若しくは政策に対する批判は許さざる為の武器として、神話的伝説的権威を持ち来るのであ」って、結局「神話的民族精神は独断的政治のイデオロギーである」と論断する。「かくてナチス的、ファッショ的世界に於ける神話の復興があるのであ」り、「それは独裁政治の擁護であり、その衣服で」[16]しかないとするのであった。

日本精神主義のファシズムへの転化についても彼は、注意深い考察を行っている。「もし日本に於けるナチス的勢力が国民を統制指導して、日本国民の政治的及び精神的生活をばナチス的政策と思想に引き付けるならば、それだけ日本国民は自由を喪失するであらう」と日本精神主義思想のファシズム思想への転化の危険を指摘する。

当時の「全体主義的思想」は、自由主義的諸制度を個人主義思想の温床として排撃した。これに対し、矢内原は、自由主義的制度それ自体に欠陥があるのではなく、むしろ問題はその制度を十分に活用し運用することのできない日本人の思想的未成熟さにあるとした。人間の自由を重んじる思想を十分に形成してこれなかった点にこそ問題があると述べ、自由主義的諸制度そのものに欠陥があるのではなく、自由主義の不徹底な運用を問題にし、自由主義のいっそうの充実をもとめた。彼は、「日本は明治維新以来欧米諸国の文明と制度と思想を多く取り入れたが、個人の人格を尊重し之に基づいて人間の自由を重んずる思想の吸収消化が不完全なるまま、制度上の自由主義を採用」してきたとする。「欧米諸国に於ける数百年間の自由思想の涵養鍛錬なくして、自由主義の諸制度の運用に着手した」のが実態だとする。つまり自由主義的制度をその精神に即して本格的に運用できるように日本人自身を形成することは、これからの課題だと考え、今はその形成過程における過渡的段階だとする。だからこそ「かかる過渡的段階に於て制度運用上幾多の欠陥と弊害を暴露した」としても、「苟も個人の人格の尊重、自由の承認が人類の思想発達史の結晶であり、近代文明の精神的基礎である限り、ここに排撃せられるべきものは思想若しくは自由主義の諸制度ではなくして、その未熟であり不発達であり不教養」なのであって、「今日の日本に必要なものは、自由主義の涵養であつてその否定ではな」いのである。それは「議会政治の批判について然り、思想言論の自由について然り、国際協調の精神について然りであ」り、「自由」を救う者こそが真に日本を救う者であるとする。[17] 全体主義的統制主義者は、差別と貧困を生みつづける日本の資本主義の元凶を自由主義に押しつけたが、矢内原はこのまやかしを見ぬき、これに与することはなかった。

　理想を実現し、正義を貫くためには、現実の国家を批判することを恐れてはいけない。いわんや、それに追随し、自分の節を曲げ、時局に便乗する姿勢は厳しく戒められなければならない。矢内原はそのように考えた。彼は、「軍国主義に便乗する者は、それが資本家であれ、思想家であれ、無産政党であれ、基督教徒であれ、皆呪はるべきものであ」るとする。「日本の無産政党が満州事変以来軍国主義の尻馬に乗つたが為に、無産政党運動をどれだけ質的に堕落せしめたか」、「之は日本民衆の解放の為に私の最も歎ずるところであり」、「衆議院の代議士を十幾人か出したといふことを成功として、有頂天になるべきでは」ないとし、「尻馬に来つた、その馬から、振り落される時がもう来てゐる」と述べる。「況や基督教会がこの非常時の尻馬にのり」「日本国威の発揚は伝導上の便宜であるなどと、考えるに至つては言語道断であ」るとし、「その様な算盤勘定、その様な機会主義（オポチュニズム）は、神の真理と絶対相容れないものであ」るし、「信仰、殊に基督教信仰の純潔を守るべき必要は今日程大なることは」ないとした。

　彼は、「基督教は国家を批判するか否か」と問い、「国家に対して無批判なる基督教は世俗的基督教」でしかないと述べ、「国家の本質若しくは国家の理想と現実国家との区別をする事ができない者は聖霊《みたま》の剣の鋭さを有たないものであ」るとする。「基督教は勿論国家を認め」るが、しかし「理想の国家、国家らしき国家を認めればこそ現実国家の腐敗を責める」[18]と述べ、諸々の思想家の変節の過程を見据え、自らの信条を貫き生きんとする固い意志を表明した。国策加担の拒否が明瞭である。

　国家とは「社会正義の維持者」であった。国家の理想は「正義」を維持することでなければならない。正義とは他人の生存を害しない様にして自分が生存する、もしくは他人を生存せしめつつ自分が生存することであった。国際正義とは他国を存在せしめつつ自国が存在すること、自国が存在しつつ他国を存在せしめることであった。国家の理想は、「国内的には社会正義、国際的には国際正義の発揚」であった[19]。「我が愛する日本の国をば正義の上に建てたい、信仰による正義の国と為したい、指導者が自ら正義と呼ぶところではなくして、神が正義となし給ふその正義の上に建てたい！[20]」彼はこのように信条を吐露する。「国家の理想」（一九三七年九月）は、こうして書かれた。

「正義は国家に基底を与えつつ国家を超えて存在する客観精神である。換言すれば正義は国家の製造したる原理ではなく、反対に正義が国家をして存在せしむる根本原理である。国家が正義を指定するのではなく、正義が国家を指導すべきである。精神の世界に於ては国家が第一義的の決定権を有つものではなく、最高の道徳的権威たるものではない。国家の命令は法的政治的権力として国家構成員に対する強制力を有つけれども、現実国家自ら正義なりと声明する政策を以て当然に無謬の正義なりとすることはできない[21]」。

彼は、国家が正義を名乗り、無謬を説くまやかし、すなわち全体主義の危険性を衝く。すべてを包み込む全体主義的思考を拒否し、それを許す無批判的態度をことの他注意した。無批判的な態度は、政府の政策そのものによって形成されると述べ、こうした国民の愚昧化政策を矢内原は批判した。「現実政府はその具体的なる政策遂行上、国民中に批判者反対者なき事を以て最も便宜」とする矢内原は、「挙国一致とか、国民の一致後援とか言ふ事は、政府の最も要望する国民的態度であ」って、「この結果を人為的に作り出す為の手段として用いらるるものは、一に弾圧、二に宣伝」であるとする。弾圧は「批判力ある反対者の言論発表を禁止する」ことであり、宣伝は「批判力乏しき大衆に向かつて一方的理論のみを供給してその批判力を枉ぐること」であるとする。そして「この両者を大規模に、且つ組織的に併用することによりて、表面的挙国一致は容易に得られ、政府の政策は国民的熱狂の興奮裡に喝采さえ」されると説く。

「現実の国家」は異論を許さない。しかし「理想の国家」はむしろ異論の存在を歓迎し、異論や批判の存在こそ真の国家を建設する必要条件であると彼は述べる。[22]

> 「真の愛国は現実政策に対する付和雷同的一致に存するのではない。却つて付和雷同に抗しつつ国家の理想に基いて現実を批判する預言者こそ、国家千年の政策を指導する愛国者であるのだ[23]」。

こうした現実の国家に対する批判的姿勢の堅持は、けっして困難ではないとする。彼は、国民が現実に引きずられているかぎり現実政策の批判者にはなれないとしながら、「一たび国家の理想に自己の立場を置く時、その正邪の判断は国民中最も平凡なる者にも可能である[24]」と述べるのであった。

「現実の国家」を批判すれば、批判は当然に天皇制問題にぶつからざるをえない。では、この重要問題に矢内原はいかに対処したのだろうか。

「国体観念こそ日本民族の固有の特色である」。矢内原はそのように捉えた。

一九三三年の論文「日本精神の懐古的と前進的」はこの点で見過ごせない。矢内原は、文部省の思想問題研究会が発行した吉田熊次の『国民思想の確立』、田中義能の『日本文化の特色』、紀平正美の『国体の真意義』、安岡正篤の『日本の国体』四冊を評するこの論文で、復古的思想が再生産されつつあることを問題にし、日本精神を暴力でもって威嚇する近年の傾向を厳しく批判し、「宇宙的道義」の存在とその道義に基づく現実国家の批判を展開している。問題となるのは、そこに示される彼の天皇観である。彼は、日本国民がいかに天皇への宗教的敬虔さ（道徳性）を示し、皇室に対する敬虔なる宗教的尊敬（感情）を保持しているのか、その確信を表明しつつこの道徳性と宗教性をいっそう広大なる道徳性と深刻なる宗教性に発展させる、つまり「宇宙的神の権威」へと拡大・深化させることを主張している。つまり、天皇制の思想の「普遍化」「人類化」「国際化」＝道徳化を期待しているのであり、天皇教の普遍化国際化を展望した。[25]

一九三七年。「日本国民の皇室に対する観念はただ国家の権力者といふだけではなく、国家権力の主体であらせ給ふという意味で畏みまつるという事も勿論で」あるが、「それだけではなしに我々の血縁上の御本家、宗家としての親愛の念を有つてゐるという事が日本国民の特色であ」って、「我々は皇室に対し奉り、国家の主権者としてだけでなく民族の長として親愛なる念を有つている」と、日本の民族性なるものの特色を述べる。[26]日本民族における歴史の中心には「万世一系の皇室が有り給ふたといふこと」なのであった。[27]

「国体」を否定しない彼の現実国家批判は、国体と政体を区別し、国体の存在を前提にして政体を批判する手法であった。「かくして天皇は皇祖皇宗の継承者として日本国家の主権者であり給ひ、且つ日本民族の族長であり給ふ。日本民族は天皇の臣民であると共に、天皇の族員である。之が日本民族の伝統的なる民族感情であり、国体の精華である」。したがって、この伝統をいっそう発揚することは、天皇の主権者たる地位を確定することであり、「臣民翼賛の道を広める」ことこそ国民の義務であると述べる。だからこそ、臣民翼賛の道を狭めることは「専制主義の国体」なのであって、「帝国議会の権限を拡大し、機能を発揮せしむる事こそ、国体明徴の重要なる一面であつて、議会の権限を縮小し、若しくは議会を邪魔物扱いし、仇敵視することは却つて国体不明徴である。主権者たる天皇が臣民の代表者たる帝国議会の翼賛の道を広めつつ統治し給ふ事が、即ち我が国体の伝統である[28]」と述べるのであった。国体擁護の政体批判こそ彼の体制批判の方法的な立脚点であった。

日本帝国を中心とし、その外延に日本人をリーダーとする新たな民族的共同体を構築する「天皇中心の民族共同体」こそ彼の理想であった。矢内原は、朝鮮民族の日本人化は五〇年六〇年の期間ではとても無理な話であり、数百年数千年を要すると述べ、その実質的不可能を指摘する。しかし、日本民族と朝鮮民族が日本帝国という共同地域の中に、非常に長期にわたって共同の生活を維持していけば、朝鮮民族とも異なる、日本民族とも異なる両者を包括する高度な集団ができるかも知れないと述べている。その段階では「其の中に宗族が日本民族であり、他の民族的要素を取り入れて高度の集団組織に発展して行くだらう」と述べ、「過去に於いてアイヌ人だとか何とかいふものを取り入れて来た様に、今後他の民族を取り入れて更に高い発達をするといふ事が予測せられる[29]」とするのであった。この膨張主義を内にはらむ「天皇中心の民族共同体」の構想は、戦後の矢内原にも一貫する考えであった。

「異論」の存在を意義付け、「付和雷同的一致」を厳しく批判した矢内原。しかし、異論の不承認と付和雷同的一致こそ天皇制の原理そのものではなかったか。天皇教の普遍化と国際化こそ侵略戦争と植民地支配を推進する原理ではなかったのか。矢内原の「国家の理想」という主張は、天皇制を批判・否定すべきであったが、そこには越えがたき高い壁があった。

矢内原は、なぜ、膨張主義を内にはらむ天皇中心の民族共同体という観念から脱却できなかったのか。その原因はいったいどこにあったのだろうか。次に、彼の「同化主義」批判を検討し、そこにどのような理論的意義と弱点が内包されていたのかを明らかにすることで、この問題を考えていきたい。

## Ⅱ 「同化主義」批判――植民地教育論

『植民政策の新基調』(一九二七年)で、矢内原は帝国主義時代の植民政策の基本的特徴を捉え、その政策的行き詰まりを指摘するとともに、政策転換の方向性を示している。彼は、「資本主義的植民政策は本質上本国による植民地の利用搾取を目的とするが、そは植民地生産力の消耗を顧みざる直接の掠奪たりし時代より進みて、植民地生産力を涵養することによりてその利用価値を増大し且つ継続的たらしめんと努めるに至つた」と述べる。「かくて帝国主義的植民政策は本国が植民地を利用せんがために之を開発することを目的とし、その目的を達することによりて植民地自身を自己の競争者に仕立て」あげ、植民地において国民主義の興起を促し、しかも帝国主義的支配に対してはこの国民主義は抗争的たらざるを得ないとする。彼は、抗争の増大の原因は他にもあるとする。それは植民地住民の無産者化に基づく社会主義的運動であるとし、帝国主義による植民地の資本主義化の当然の結果であり、被植民者が無産階級に組織されるときは民族闘争と階級闘争とが結合して帝国主義的植民政策に抗争するにいたるとする。「要するに帝国主義的支配に対しては植民地の有産者運動も無産者運動も等しく国民的抗争の途に出づる」のである[30]。帝国主義的植民政策は、外国、植民地および本国民衆の抗争を醸成するのであるという。

植民地民衆政策は、抑圧政策か融和協同かの二つの道に分かれるとする。現実の植民地の経済的政治的軍事的利益の見地からいって、内心は抑圧主義者であっても敢えてこれを公言するものはなく、表面上は融和協同主義を唱えるとする。だから、今後の植民地政策の中心問題は、融和協同主義を表面的欺瞞から救い出して、理論的にも実際的にもその精神を徹底させることにあると述べる[31]。

帝国主義的植民政策は、「新基調」を要求される時代となったのであり、「人類の平和と発展とに適合すべき新しき主義による植民政策に譲らなければならない」のであった。

彼はこのように確信し、日本の同化主義政策を厳しく指摘していく。『植民及植民政策』（一九二六年）において、矢内原は台湾の公学校、朝鮮の普通学校を例にあげながら、植民地における形式上の「教育の機会均等」の実現を名目とし実際に現われる差別的実態を次のように指摘し、批判する。

「共学制度はたゞに同一の学校に学ぶのみならず、その試験制度、教科目、使用言語等に於て同一たるを意味する。而してその試験科目用語等に内地に於けると略々同一なるが故に、名は教育上の機会均等といへども、実は原住者の側に甚しき不利なりと言はねばならない。況んや制度上内地人は内地より遊学するを妨げざるをや。一般的共学制度の故に原住者は名義上の機会均等を得、実質上は教育機関――その大部分は彼等の租税を以て支持せらる――利用の機会を失ふの嫌ひがある」[32]。

教育内容についてはどうか。「民族的背景、民族的性格を無視せる教育は、知識を与ふるによりて却つて社会的害悪を来たらす。それ故に同化主義の原住者教育は、教育そのものの効果に於ては勿論、植民地統治の実際上の便宜よりいふも決して多くの効果をもたらすものではない」と述べ、各民族が保持する固有の文化の尊重を説き、その点を無視する「同化主義」を厳しく批判する。朝鮮普通学校における歴史枚育のあり様を矢内原は次のように捉えた。

「普通学校に於ける日本歴史及地理の教授は大正九年に新設せられたものであるが大正十一年に至りて右の如く朝鮮に関する事項を一層加味することになつた。併し乍らそは尚日本歴史及地理の一部として挿入的に教授せらるゝに過ぎず、朝鮮歴史朝鮮地理を主とする教科目を存しないのである。私は朝鮮普通学校の授業を参観し朝鮮人教師が朝鮮人の児童に対し日本語を以て日本歴史を教授するを見、心中落涙を禁じ得なかつた[33]」。

植民地住民への日本語の不当な強制、矢内原はこの点をことの他重大視した。彼は、「言語の普及を以て直ちに種族間の融合同化であると為すは非常なる即断である」とし、「言語は社会生活の形式に過ぎないからその変更を以て直ちに心的変化を来たすものではな」く、「且つ原住者の言語も歴史的存在を有するものであるから之が使用抑制はその反抗を招く」と述べ、日本の国語救育政策を問題にする[34]。

「教育は原住者の文明を高むるが、文明の伝達必ずしも被教育者の心を得ない」と述べる矢内原は、「政治的目的の為めに利用せらるゝ宗教又は教育は往々『人民の阿片』であり、そはあらゆる社会的害毒の中の最大害毒となるが故に、植民者と原住者との宗教的接触に関しては何等の政治的強制利用若くは妨害あらざるべきである」と述べ、日本の植民地宗教政策を批判する。彼は、台湾・朝鮮に建てられた官幣大社朝鮮神社・台湾神社について、「神社が植民者たる内地人に対して有する意義は之を知るに難くない。私はたゞ朝鮮人若くは台湾人の之に対する感慨を聞かんと欲する」[35]と述べ、神社宗教の植民地への押しつけを問題にした。

同じ時期、少なくない朝鮮人から「感激と感謝」をもって迎えられたという論文「朝鮮統治の方針」において、矢内原は、朝鮮における中央行政は「総督の独断専制」であると厳しい指摘を行う。とくに朝鮮人に対する参政権不承認の例をとりあげて、彼は「かくの如き植民地統治制度は広き世界にも類例乏しきものである。殊に面積人口歴史に於て小規模ながら植民地に就て見れば、恐らく世界唯一の専制的統治制度である」[36]と述べた。

彼は同じ論文で、朝鮮の普通学校の教科書は内地の国定教科書と同じ基調で書かれており、歴史も地理も内地の歴史地理の教科書を主としてこれに朝鮮の材料を点綴せるに過ぎないと述べる。教授用語は朝鮮語の時間以外はことごとく日本語を強制しているとする。その結果、法制、習慣、教育、言語等の内地化、すなわち「同化主義」が朝鮮人の生活秩序を攪乱し、社会的不安を醸成したことは争われないと述べ、それゆえに一九一九年（大正八年）の独立万歳事件の後をうけての施政方針の変更に際して旧慣尊重の一項目を掲げざるを得なかったし、それ以後の普通学校における朝鮮語教授の実施は当然であったとする。そして次のように述べる。

「之等のことはすべて不注意なる同化政策の誤謬をば、独立騒優事件なる高価なる犠牲の後始めて体験せるものである。朝鮮は日本と別個の歴史的社会として取扱はねばならない。政策による同化は不可能である。故に同化政策は誤謬である。既に一社会として同化するを得ず[37]」。

台湾の教育についてはどのようにみていただろうか。台湾の教育制度の変遷を総括して、彼は次のようにいう。

「大正十一年の新教育令以後は中等程度以上の諸学校を全部統一し内地人本島人の共学を実施することによりて、台湾の学校系統を全部内地化すると共に、事実上之を内地人の為めの教育機関に変質せしめたのである」。

なぜか。中等学校の入学試験は、小学校（内地人）と公学校（本島人）の卒業生に対して、完全に同一なる試験を小学校の卒業の程度において施行するからである。国語の使用能力に歴然たる差があり、他の科目も国語で答える制度では本島人が不利になるのは明らかであり、国語修身歴史などにおいて国体観念を問う試験問題が出される以上、そのハンディキャップは歴然であって、「教育制度の同化により事実上本島人は高等専門教育を奪はれたるに類する」と断言する。彼は「大正十一年迄は本島人の教育程度を低からしむることによりて内地人を指導者的支配者地位に置かんとしたが、今や本島人を高等教育参加そのものを制度上平等となすことによりて事実上甚しく制限し、之によりて内地人の支配者的地位を一層確保した」[38]とするのである。

言語同化政策については、蔡培火著『日本々国民に与ふ』（一九二八年）における台湾人の言語同化政策批判に強い共感の意思を表明しながら、その民族的抑圧性について論じる。彼は、「多くの植民地に於て普通教育の教授用語は土語と為し、高等教育は本国語と為す」にもかかわらず、「然るに我総督府は公学校の最初より教授用語は日本語と為し、漢文（台湾語）はたゞ随意科として毎週二時間課するを得るものとし、中等程度以上の学校にありては漢文も又日本式の読み方に於て教授」しているとし、「斯くの如き方法は少なくとも普通教育に於ては、文化伝達の手段として却つて労多くして功少なきものと言はざるを得」ないと述べる。なぜこうした国語強要政策を行っているのか。その最大目的は「同化」にあるとする。しかし「言語の同化を以て民族的同化と同一視すべからざることは理論上及植民地の実験上疑ふ余地無きに拘らず、我政府は此の至難事を敢行せんとしつゝある」と批判する。「生活を以てせず友愛を以てせず、たゞ学校の国語教育を以て本島人の同化を計るは、樹によりて魚を求むるの類である」[39]。矢内原の言語同化政策への批判は、事実に基づいて明瞭であり、痛烈であった。

一九三〇年代以降も、矢内原の同化主義批判はいささかもゆるまない。一九三七年、被植民民衆の母語を剝奪し、日本語を押しつける同化政策は、表面的な同化を狙う非科学的言語政策であると批判する。彼は、「言語は思想の表現並びに伝達の手段であつて、言語が思想を生むのではな」く、「思想の同化は社会生活の共同と文化交流の自由とによつて生ずるのであつて、言語の共通はただその一手段たるに過ぎ」ず、「而して思想的精神的同化を計るためには、社会生活上の圧迫、差別待遇を能ふ限り減少し、文化や思想の発表交換を能ふ限り自由となさねばならない」とする。「極端なる同化的教育政策に基き原住者の言語を圧迫するが如きは、社会生活上の共同及び文化流通の最大妨害であつて、原住者の反感反抗を刺激し、精神的感情的融和を妨ぐるものであ」って、「国語教育によつて原住者を本国化しようといふ政策はこの思想と言語の関係を転倒し、且つ表面的の同化を強制することによつて心理的同化を妨害する非科学的政策」であると述べる。台湾総督府の文教局長が述べた日本字を以て日本語を教えなければ日本の国民精神、すなわち「君に忠、親に孝」を教える事ができないという発言を捉え、「『忠』といひ『孝』といひ、その文字及び読み方は支那から伝はつたままであり、若し文字及びその発音によつて国民精神の同化があるものとすれば、日本人を以て支那人に同化せられたものとなすべき奇妙なる自殺的結論になるではないか[40]」と述べ、文教局長の国語教育政策観の矛盾を鋭く衝く。

矢内原は、民族相互の文化的尊重を主張し、政治的支配に従属する官僚的な同化政策を批判する。彼は、「政策的に移住者の急速なる大陸化を計ることも、原住者の急速なる日本化を計ることも共に不可である」とし、「実際生活上の接触交渉ある以上、両者は次第に相互の言語風習其の他文化内容を知り合ひ、その相互的尊重の上に社会的融和が成立する筈であ」り、「之は人々の生活上の必要より出づる自然の結果であり、政策としてはこの文化的交渉疏通上の妨害を除き便宜を供するに止まるべく、人為的に一方の文化の他方への同化を強要することは避けねばならない」とする。「殊に軍事的政治的経済的支配者若しくは指導者の地位にある者が官僚的教育によりて原住者を同化しようとする事は、政治の便宜といふ点は別にして、教育そのものの効果を減殺し、民心の融和悦服を獲る所以ではない」と述べ、「言語其の他の教育はそれ自体としては価値ある文化施設であるけれども、之を政治の手段として官僚的に実行する時は、その授けたる教育により却つて教育者に反抗する事を教える結果になる」[41]と、民族的抵抗の必然性を論じた。

被植民者への日本語の教育（強制）は、経済的開発のために被植民者を利用し、「同質化」するためであって、したがって彼等と日本人とを「平等化」することをけっして目的としない。矢内原はこの点を鋭く見抜いている。彼は、「台湾人若しくは朝鮮人、アイヌ若しくは南洋群島民に先づ日本語を教へ、これによって彼等に日本精神を所有せしめ」ることが大前提であって、「社会的政治的自由は彼等がかくして凡て日本語を語り、日本精神の所有者として日本人になり終わつた暁の事であるといふのが、我が植民地原住者同化政策の根本的精神である」[42]と述べる。日本語教育という同化的植民政策は、「植民地人に対して経済的及び社会的同化を要求すると共に、政治的権利の同化を拒否するを特色とする。換言すれば経済的及び社会的生活においては本国人と同一内容たらしむると共に、政治的には本国人と同一なる権利の賦与を拒むもの」であったのだ[43]。矢内原は、政治的自由の権利の否定という日本語教育の本質を端的に示した。

矢内原は、こうした同化主義批判を、徹底した事実の究明において行った。それは「客観的分析に基づく事実関係の把握は、あらゆる実際的政策の基礎たるべきものである」（『植民及植民政策』の「序」）との信念からであった。そしてこうした事実の解明は、日本人ばかりでなく、植民地民衆にも当然に求められてよい事柄であった。矢内原は、同化主義を批判する力をなにより被植民者自身にもとめた。

「事実の正確なる認識は解決の第一歩である。内地人にとりても朝鮮人に於ける政治的経済的社会的事実の認識、その正直なる植民地事実の認識が、朝鮮問題解決の第一歩たるが如く、そのことは朝鮮人にとりても同じく必要である。それ故に私は、朝鮮人の間より朝鮮に於ける社会的発展の事実に関する学問及び論究の興らんことを希望する」[44]。

## Ⅲ 「文明化の使命」という呪縛

しかし、これで矢内原の「同化主義」批判の検討が終わるわけではない。むしろ、検討すべき主要な内容はこれからはじまる。以下に紹介するように、彼の言説は、これまでの同化主義批判を覆すに足る内容が含まれていた。いったいこの問題をどのように考えたらよいのだろうか。

矢内原は、欧米の帝国主義的植民地統治についての分析を試みている。そのなかには日本の植民地政策を肯定する言説がある。たとえば次のような一節である。

「フランス本国より地理的に遠隔であり経済的関係も余り密接でないところの印度支那の如きは、日本がフランスに代つて統治経営すれば、日本の植民地的要素をも満足し、又印度支那自体の開発といふ点から見ても一層有効ではないか」[45]。

彼は、「日本が朝鮮その他の植民地に対し財政的補助を継続する事実の中には、……経済的及び文化的開発のための父権的保護政策の意味が包含せられてゐると思はれる」とし、「フランスの場合に比し日本の植民地に対する財政的補助が継続する事実を以て、我国の植民地の相対的不開発を推論することは固より不当であり、事実において我が植民地の経済的発達の速度はフランスの植民地に比し概して頗る高いのである」[46]と、日本の植民政策における「開発的側面」、あるいは「保護政策的側面」を強調する。

こうした発言は、けっして例外的要素ではなく、彼の植民地政策論の重要な構成をなした。彼は、「同化主義は原住者をばその旧来の未開なる社会状態に放置することなく、その生活に関心をもち、これが開発教化を努むる点において父権的保護政策の一面を有する」と述べ、「又本国語の教育が統治上幾多の便宜を供給すること疑ひなく、原住者がこれによつて社会的活動の便宜と知識吸収の門戸を開かれることも亦事実である」とする。また、「朝鮮人は季朝五百年の封建的搾取政治の下に貯蓄、労働の刺激を失ひ、依頼心強き怠惰の民族の如くに見られて来たのであるが、日本の統治下における社会的生産関係及び生活関係の変化は彼等の心理的性向にも変化を促した」とし、「殊に近年の資本家的企業の発達に伴ふ貨幣経済の浸透とそれへの適応手段としての普通教育とは彼等をば勤勉なる賃金労働者として仕立てつつある」[47]と述べる。さらに、「一般的に日本の植民地統治の特色たる官治的内地延長主義は、統治費用増大の反面において、産業及び教育に対する父権的保護の積極性を有するものと考へられるのである」とするのであった。

なぜ、こうした植民政策における「開発」や「保護」の側面が強調されるのか。矢内原には、もともと、植民政策における「政治的従属関係」を「植民の本質的属性」とはみなさないという考えがあった。彼は最初の著作『植民及植民政策』のなかで、次のような「植民の文明化作用」を説いた。

「植民はたゞに地球の人口支持力を増加するのみならず、又人類経済生活の内容を豊富にする。即ち、植民は人類の利用し得る天然資源の地域を拡大し、労働及び資本の生産力を増し、国際的分業を発展せしめ、以て人類の経済をその生産及び消費の種類並に数量に於て複雑化し進歩せしむ。植民により新なる種類の便宜有用娯楽装飾用の各種財貨が人類の消費に加へられた。……植民はそれ故に消費及び生産の単純なる増加といはんよりも寧ろ新しき生産の創造であり、単なる市場の延長といはんよりも寧ろ新なる購買力の創造である。之によりて旧社会の経済が発展するのみならず、植民地も亦労力資本及び進歩せる経済組織の輸入を受けて、新に世界経済に引き入れられる。而して人類全体より見て労力及び資本のより生産的なる分布が達成せられるのである。……国際的分業の拡張に伴ふ生産総額及び種類の増加。かくて植民の効果は、量的及び質的意味に於ける人類経済の発達![48]」。

矢内原は、同書で、植民本国と植民地との「政治的従属関係」を植民の本質的属性と見なしてはいなかった。彼は、植民地統治における「従属主義」や「同化主義」を厳しく批判し、平和的な「自主主義」の採用を提唱する。しかし、植民そのものの「文明化作用」については疑いの念を抱いてはいなかった。植民問題が「民族問題」であることを見抜けなかった決定的弱点を指摘される所以である。

植民政策における「開発」と「同化主義」の関連について、矢内原はたとえば次のようにいう。

「植民地の近代化は、植民地人が本国語を学習する程度の如何に拘らず社会的経済的に進捗して、植民地人の政治的自由の意義と要求とを刺戟するを避け難い。ここにおいてか同化的植民地政策はそれ自身の矛盾点に到達し、産業及び教育に対する父権的保護政策は政治及び軍事における官治的専制主義によりて補強せられざるを得ない[49]」。

矢内原は、植民にともなう民族的紐帯の破壊や自然環境の荒廃に対して楽観的であったわけではない。彼はイギリスのインドに対する植民地統治について、「英国繁栄の裏面は印度人搾取と貧困とである[50]」と述べ、「英人の誇称するPax Britannica（ブリテンの平和）の長き支配の下に、印度民衆の社会的経済的地位の向上の行はれたること極めて少きは怪しむべき事実である」とし、「印度人現在の貧困無智に対して英国の統治は重大なる責任あるものと言はねばならないであらう[51]」と、その植民支配の帝国主義的性格を糾弾する。「英国の統治は印度の経済的発達に対して歴史的なる意義を有すると共に、資本主義的搾取に加ふるに植民政策的圧迫、即ち資本主義的植民政策の圧迫を包含するものであつた」と述べ、「帝国主義は国民運動に対し感謝を強要する権利無きことは、恰も頭をなぐられしことによりて発奮成功したる者に対して殴打者が感謝を要求する権利なきが如くである[52]」とするのである。文明論の装いをこらした開発によって植民地支配を正当化することに単純な同意を与えていない。一方的な開発の押しつけに身構える姿勢を忘れてはいない。

彼は、『帝国主義下の印度』で、「南洋群島民の迷信では、虹を凶兆なりとする。あの美しい虹を凶事の兆候であるといふは吾人に取りては解し難き事であるが、併し彼等には彼等としてこの聯想を合理的ならしむる社会的経済的生活関係の基礎があるのであらう。異なりたる社会の事情は、その社会の内部に入りて見なければ解し難い[53]」と述べ、民族固有の文化を相対化させて評価しようとする考えを提示している。

したがって問題は、彼が民族固有の文化の尊重や、異民族問の文化交流について、どのような考えをもっていたのか。その検討が重要になってくる。

矢内原は、「強者優者の文化を発達せしめ、弱者劣者の文化は之を衰滅せしめることが、人類文化の向上発展に寄与する所以ではあるまいか」ということの問いに答えることができないならば、「原住者教化政策は単に経済的・政治的利益の侍女として随伴的地位を認められるに過ぎず、本国の物質的利益の促進者として若しくは少なくともその装飾として効果ある限り、その範囲内に於いて容認せられるのみであって、原住者の教化それ自身が自主的文化目的たり得ざるにいたるであらう[54]」と述べている。彼が出したその回答は、「未開民族の発達可能性」への認識と信頼であり、文化的個性の尊重であった。

未開民族の精神的能力が自然的原因によって制限されているという認識は誤りであり、「未開人は決してかくの如き意味に於ける精神的無能力者ではなく、むしろ未教育の小児若しくは農民に比すべきものであることは、多くの実例によりて知られて居る」とする。「彼等は保護教化によりて向上せしめ得る精神的能力の所有者であり、その現在未開なるは自然的原因によるのではなくして、歴史的社会的なる原因に負ふものであ」って、「歴史的社会的なる原因に基く未発達は、歴史的社会的に政策を以て発達せしめ得るであらう」とするのである。「即ち教化政策確立の為めには、先づ未開種族若しくは民族に発達可能性あることを認識せねばならない」。

また、「世界に存在する各民族各種族は自然的及び歴史的原因によりて、各自の精神的個性、文化的特徴を具有する」のであり、「諸民族は人類としての一般的性質を普遍的に共有すると共に、他面に於て各自の特色を保有し、一を以て他を全然置き換へることを得ない」。「この事実に基きて、すべての民族若しくは種族は生存の価値を有し、人類の文化に対する積極的寄与を為し得るのである」[55]とする。

彼は、各民族各種族にそれぞれの文化的個性があること、そしてすべての民族及び種族の文化に発達可能性があること、この二つの事実こそ世界文化の複雑性ならびに新鮮性を維持し、文化に進歩と活力をもたらす所以であるとするのであった。文化の発達段階を「差異」として捉え、その段階差を捉えて優越視したり、劣等視してはならないと彼は考えた。彼は文化の段階差を文化表現の相違として捉えるべきとし、表現形式が異なるからといって他民族を劣等視することは、植民政策上における重大なる錯誤であるとした。

では、この言説は、自己の文化を最高のものとみなす自民族中心主義から抜け出す可能性を真に所持していたのだろうか。

たしかに未開の住民たちの文化の理解をうながしている。しかし、それは真に西欧中心の「単系的な価値序列社会」[56]を克服し得ているとはいえなかった。矢内原は、先の論述に続けてすぐに、「文化把握の性格を洗練し、表現の形式を向上せしめることは、民族文化の進歩発達を来らしむる所以である」と述べてしまっている。「植民地原住者に対する文化政策の根本は、彼等の文化の把握及び表現の特殊性を尊重しつつ、之が洗練向上を援助促進するといふことに存する。ここに原住者文化に対する本国文化の働きかけの意義を生じる」というのだ。「植民地に対する本国文化の伝播は本国人の必要又は便宜を満たすものであることは言ふまでもなく、文化帝国主義、即ち民族的優越感の強要である場合も少なくない」としながらも、「他面に於いて本国文化の伝播は原住者文化向上に不可欠なる要素であって、その与ふる刺戟及び助力によりて、原住者文化の進歩発達が促進せらるる点は頗る大である」[57]と結論する。

民族固有の個性的把握や民族の文化的発達可能性という指摘は、それが十分に深められず、すぐに「洗練された文化」による援助と促進という課題にすり替えられてしまっている。ここに決定的に抜け落ちている点は、「文化交流」という概念であり、「文化変容」への注意深い認識である。異なる文化が出会うとき、そこに交流が起き、文化はそれぞれ変容を余儀なくされる。抑圧と強制を拒否する文化交流は自文化の変容を潔しとし、自己否定の契機を内包し、また相互に自己発展する可能性を肯定する。[58]

矢内原の上記の文化相対主義的把握は、自己と他者の文化的関係を深く問うことをしていない。はたして自文化中心主義を鋭く問いかける他者認識がそこにあるのだろうか。他者を鏡として自己の姿を映し出す文化的営為の契機をもち得ているだろうか。アジア諸民族とその文化を鏡として、日本の文化を正し、帝国主義的文化の否定を論じ得ていただろうか。人類の価値発展に対する単系的序列認識の枠を超え、対等な文化的関係を創出するには多くの問題を残した言説であったという他ないのである。

それは、次の三つの彼の発言に端的である。

一つ目。矢内原は、フランスと日本の植民地統治政策を比較し、フランス植民政策には人権思想の宣伝・

宣布という理念が存在したのに対し、日本はそうした普遍的要素をほとんど持たず、「日本国民精神の優越性」なる信念に頼ったとして、日本植民地統治を批判する。「フランスの同化政策は十八世紀末の啓蒙哲学並びにフランス革命思想に根拠するものであつて、人間はその出生境遇の差別に拘らず理性の所有者として凡て同一であり、従つて植民地原住者も亦フランス人と同一なる天賦人権即ち人間としての自然権を保有するものであり、原理的にはフランス人と同一の人間として、政策的にはこれをフランス人に化し得べき人間として見るのである[59]」と述べ、「フランスの同化政策には右の如き哲学的背景がある」のに対して、「日本の同化政策の思想は何であらうか」と問うている。また、戦後の発言として、「フランスの場合その根底に横はつた思想は、天賦人権・万人平等の普遍的・人類的なるデモクラシーであ」り、「その政策の行き過ぎの弊害は、理解せざる自由、要求せられざる解放、発達程度の低き植民地原住民に対し時期早尚に賦与したことにあつた[60]」と述べるのであった。

矢内原の日仏の植民地政策比較の要点は、フランスの「同化主義」は、フランス革命の理想を普及適用しようとする人道主義的要素を含み、それと比べ日本の「同化主義」は、「一視同仁」思想などきわめて国家主義的であり、それゆえに簡単に軍国主義と結びついたという点にあった。

しかし、両国の植民地政策の本質は、市場圏の拡大であった。その意図の下で、異文化の変容を強要し、本国への同化を強制したのであり、その点では何ら本質的な違いはなかった[61]。

しかも、重要なことは、フランスの啓蒙主義には、もともと植民地支配を正当化するイデオロギー、すなわち「文明化の使命」論が含まれていた。コンドルセは、植民地への人権宣言を唱道した代表的人物であった。「人権の祖国」とされるフランスの植民地支配は、なにも矢内原がいうように人権賦与の「尚早」といった問題で植民地支配を招いたのではなく、人権の理念のうちに植民地支配を肯定する「文明化の使命」論が組み込まれていた結果であった。フランスの民衆は人権の祖国であるからこそ「人権を宣布するものとしての植民地支配」を許したのである。[62]

さらに大切なことは、フランス啓蒙主義には、文明が植民地主義に転化する可能性を予測し、異国文化の自律性への認識や土着の風俗習慣を尊重するという考えも、同時に存在していたことである。ディドロやルソーは、未開の風習を西欧的基準で判断することの傲慢さと、一方的な開発による土着文化の破壊の危険を告発し、文明が文化イデオロギー的統合を果たしてしまうことを告発していた。[63]矢内原は、こうしたフランス革命思想を重層的に把握する視点を欠落させていたといわなければならない。矢内原は、フランス革命思想を日本の植民地統治における「同化主義」批判のために利用したが、それでは不十分だったのであり、そうではなく日本の「同化主義」批判を真に徹底させるために、フランス革命思想そのものの内在的で批判的な検討にすすみ出るべきであった。

二つ目。それは、南洋群島統治への肯定的評価と他方における台湾・朝鮮統治への厳しい批判的態度との差異がどうして生まれたのか、という問題にあらわれる。彼の「委任統治方式」への甘い評価の問題である。

彼は、『南洋群島の研究』で、「同化主義」の実態を指摘するのであるが、その批判の厳しさは、台湾・朝鮮における「同化主義」批判とは比べものにならないほど弱い。彼は、「凡ての学科の教授用語にもすべて日本語を用ひ、助教員たる島民が授業を担当する場合にも島民語を用ひしめない」とし、「往々にして島民の風習や思想について理解浅き教育を施すの弊害を招くことなしとせず、前述の徹底せる国語教育方針と相俟つて、島民社会の特殊性に対する考慮の不足を感ぜしめる」[64]と述べた。実際、ミクロネシアの子どもたちは初等教育レベルまでしか就学を許されず、これは明らかに委任統治条項に反していた。日本人移民の子どもたちは上級学校に進学が可能であったが、住民たちは「公学校」で、簡単な日本語教育を習い、手工芸の技術を身につける低度実業教育を受けるにとどまった。限られた日本語教育では、卒業後ほとんど読み書き能力を身につけることができなかった。ミクロネシア人は、社会的にも、経済的政治的にも低い地位におかれる運命を甘受する以外になかった。

しかし、なぜであろう。『南洋群島の研究』では、台湾の教育制度分析で見せた民衆における教育の機会均等原則への著しい侵害の指摘や、朝鮮分析で見せた朝鮮人の民族的尊厳を踏みにじる同化主義への怒りの声は聞こえてこない。

国語普及政策（日本語の押しつけ）に対する認識も、島民社会の特殊性への考慮の不足という指摘にとどまり、全体として公学校は島民社会の近代化の有力な拍車であり、近代化への適応能力を賦与し訓練する進歩的役割を果たしているとの認識が示される。「日本の統治は大体独逸の政策を継承したのであるが之を更に大規模に発展せしめ、治安の完全なる維持、資源の開発、財政の独立、行政規模の拡大、日本人の移住、学校病院の増設、島民生活の近代化、島民人口衰退傾向の阻止等、その成績は決して軽少ではないのである」と述べ[65]、「人種的軽蔑の僻見少く、比較的親切寛大に島民に接することに於て、日本時代は独逸時代に比して優れる」[66]と結論する。

矢内原は、日本統治下における島民人口保護の必要は、委任統治制度の理想的目的である「文明の神聖なる使命」によって根本的に基礎づけられるとし、日本の統治がはたして「文明の神聖なる使命遂行」の理想を如何なる程度に深刻に意識して行われているか否かは別として、「少くとも一通りの善意に於て島民人口の保護、福祉増進の施設を実行しつつあることが承認せられる」のであって、「日本に代ふる如何なる国家を以てするも、それが現実国家である限り、恐らく純粋に原住者保護を唯一若くは最主要の目的として植民地統治を実行し得るものは無いであらう」[67]と、日本の委任統治政策を擁護する。

矢内原には、委任統治の概念が「民族自決」と「帝国主義」を和解させる試みであったという批判認識がなかった。「文明の神聖なる使命」に疑義を差し出す基本的態度は彼には見あたらない。支配する国が「進歩」しており、支配されている国が「遅れている」という前提こそ、委任統治の考え方ではなかったか。日本は委任統治領を手に入れてから東南アジアへの関与の度合いをいっそう深めていった。委任統治は「隠れた併合」であり、偽装された植民地支配といってよかった。「文明の神聖なる使命」を果たすことで、日本は「一等国」としての威信を高め、実質的に軍事的経済的利益の獲得を行った。

南洋群島の「同化」政策が、他の日本の植民地政策の趣旨と異なっていなかったことを部分的に矢内原は見抜いたにも関わらず、「委任統治」の粉飾を暴き出すことができなかったのである。

三つ目。最後にキリスト教伝導論にみる日本人の優秀性の賞賛について。彼は、キリスト者が海外伝導に熱意をもたないことを批判し、「我植民国民として政治的経済的文化的に有能なる業績を示し」てきたが、「ひとり宗教に於いては樺太北海道のアイヌに対しても、南洋土人に対しても、はた朝鮮台湾人に対しても、日本人教会による伝導は殆どない」と述べ、植民地獲得とキリスト教伝導を肯定する。「昔は島民部落互に争闘を事とし、性質稍獰猛であったが、基督教の感化を受け、今日に至つて温順である」「南洋群島民の今日最も必要とするものは、活発なる生命力の注入である。人間たる品位を自覚し向上せしむる努力発奮の精神である」[68]。宗教の問題が、文化程度の問題として論じられ、個人の内面的な信仰よりも、道徳的な人格の向上に力点が置かれていた。これは国内における自由主義を擁護する記述とはかなりの違いである。個人の内面的精神的活動の自由を尊重せよという、国内に向けての言説は、被植民者へは適用されていない。異邦伝導＝文明の伝達＝植民、との等式が端的に示されるのである。

矢内原の言説には、帝国主義的植民地化に直情的に反発するキリスト者としての正義感が伝わってくる。一方的な開発による土着文化の破壊の危険を告発する人道主義者の姿として面目躍如の観がある。しかし、この告発は未開の風習を西欧的基準で判断する「オリエンタリズム[69]」から脱却できていない。「開発という名の文明」そのものを疑問視することはなかった。列強による植民地支配が「文明化」という口実によって行われたという事実に徹底して批判的に立ち向かうこと、矢内原はこの問題に大きな課題を残したのである。

## おわりに

矢内原は、各民族の平等とその歴史・文化の多元性を主張しており、文化相対主義をとり得たかに見える。しかし、それは真に自己の文化を最高とみなす自民族中心主義に対抗しえる内実をもちえただろうか。

彼の主張は、現実には日本民族が「指導民族」であり、それは太古の昔から同化と融和を繰り返してきた日本人の優秀性を裏付けることに結果し、万世一系の天皇が統治する皇国の偉大さを証明するためのものへと収斂してしまったのではなかったのか。日本の植民地教育支配が、皇国を中核とする支配――服従の垂直的上下関係の階層秩序の構築を原理にすすめられたとすれば、[70]矢内原の「同化主義」批判はこの原理に真正面から立ち向かう力を待ち得たとはいえなかった。「日本国民」を西欧列強と肩を並べる文明国民に仕立てあげるため、文明から脱落する人々を排除・差別し、あるいはまたあらためてこれらの人々を天皇を中心におく価値一元的階梯秩序に同化・上昇・包摂していく日本近代社会のしくみ（日本オリエンタリズム）を批判しうる理論的枠組みを、彼はもちあわせていなかった。彼の「植民地開発論」は、「皇国の優秀性」史観と密接不可分の関係にあったといわなければならない。

植民地教育支配における「文明化」問題を、天皇制思想の支配にからめてあらためて問い直していくこと。矢内原忠雄の植民地教育論の今後の課題はここにある。

〔注〕

1 矢内原忠雄『植民及植民政策』（『矢内原忠雄全集』第一巻、岩波書店、一九二六年）三二五頁。以下『全集』と略する。
2 矢内原忠雄「朝鮮統治の方針」（『植民政策の新基調』『全集』第一巻、一九二七年）七三二頁。
3 矢内原忠雄『帝国主義下の印度』（『全集』第三巻、一九三七年）四六五頁。
4 矢内原忠雄『民族と国家』（『全集』第一八巻、一九三七年）二七七頁。
5 矢内原忠雄「国家の理想」（『全集』第一八巻、一九三七年九月）六二八頁。
6 五十嵐顕「戦後教育改革の精神――矢内原忠雄にそくして」（名古屋大学教育学部『教育改革研究』第六号、一九八七年）。

7 矢内原忠雄「管理下の日本」(『全集』第一九巻、一九四八年一〇月) 四〇八頁。

8 田中和男「地域研究としての植民政策——矢内原忠雄におけるオリエンタリズム」(同志社大学人文科学研究所『社会科学』四七号、一九九一年)。

9 矢内原忠雄「軍事的と同化的・日仏植民地政策比較の一論」(『全集』第四巻、一九三七年二月) 三〇三頁。

10 橋谷弘「日本の植民地支配は『善政』だったのか」(『近現代史の真実は何か』大月書店、一九九六年)。

11 浅田喬二『日本知識人の植民地認識』(校倉書房、一九八五年)。『日本植民地研究史論』(未来社、一九九〇年)。「戦前日本における植民政策研究の二大潮流について」(『歴史評論』第五一三号、一九九三年一月)。村上勝彦「矢内原忠雄における植民論と植民政策」(『岩波講座　近代日本と植民地　四　統合と支配の論理』一九九三年)。楊井克巳「矢内原忠雄先生の学問的業績」(東大『経済学論集』第二八巻第三号、一九六二年)。長幸男「矢内原忠雄の学問と思想」(『思想』一九九六年三月)。

12 小林文男『中国現代史の断章』(矢沢書房、一九八六年)。幼方直吉「矢内原忠雄と朝鮮」(『思想』一九六五年九月)。「信仰の論理と政治の論理——金教臣と矢内原忠雄の場合」(『仁井田陞博士追悼論文集　第三巻』一九七〇年)。戴国煇「細川嘉六と矢内原忠雄」(竹内好・橋川文三編『近代日本と中国』下、朝日新聞社、一九七四年)。高崎宗司『「妄言」の原型』(木犀社、一九九〇年)。宮田光雄「平和主義を支える日本の柱」(『日本平和論体系　第十巻　矢内原忠雄』日本図書センター、一九九三年)。涂照彦「「南北問題」の課題と方向」(『アジア経済』一九七七年一一月)。五十嵐顕『「わだつみのこえ」を聴く』(青木書店、一九九六年)。

13 矢内原忠雄「支那問題の所在」(『帝国主義研究』『全集』第四巻、一九三七年二月) 三三九—二四〇頁。

14 矢内原忠雄「民族と国家」(『全集』第一八巻、一九三七年九月) 三〇二頁。

15 同右、三五二—三五三頁。

16 同右、前掲、二六三—二六四頁。

17 矢内原忠雄「民族精神と日支交渉」(『全集』第一八巻、一九三六年一二月) 五九五—五九六頁。

18 矢内原忠雄「ナチス協定と自由」(『全集』第一八巻、一九三七年一月) 六〇九—六一〇頁。

19 矢内原忠雄「民族と平和とのために」(『全集』第一八巻、一九三七年一月) 五八八—五八九頁。

20 矢内原忠雄『民族と国家』前掲、三二五頁。

21 矢内原忠雄「民族と平和とのために」前掲、五八四頁。

22 矢内原忠雄「国家の理想」(『全集』第一八巻、一九三七年九月) 六二七頁。

23 同右、六三二—六三三頁。

同右、六四二頁。

24 同右、六四五頁。
25 矢内原忠雄「日本精神との懐古的と前進的」(『全集』第一八巻、一九三三年一月)。
26 矢内原忠雄『民族と国家』前掲、三〇〇頁。
27 同右、三四八頁。
28 矢内原忠雄「民族と伝統」(『全集』第一八巻、一九三七年四月)六二一頁。
29 矢内原忠雄『民族と国家』前掲、二九五頁。
30 矢内原忠雄『植民政策の新基調』(『全集』第一巻、一九二七年)五二三頁。
31 矢内原忠雄「植民政策に於ける文化」(『全集』第五巻、一九三九年四月)三二一—三二二頁。
32 矢内原忠雄『植民及植民政策』(『全集』第一巻)、三二四頁。
33 同右、三二五頁。
34 同右、三二六頁。
35 同右、三二七頁。
36 矢内原忠雄「朝鮮統治の方針」(『植民政策の新基調』前掲)七三九頁。
37 同右、七四一頁。
38 矢内原忠雄『帝国主義下の台湾』(『全集』第二巻、一九二九年)三四六—三七四頁。
39 同右、三五〇—三五一頁。
40 矢内原忠雄「軍事的と同化的・日仏植民政策比較の一論」(『全集』第四巻、一九三七年二月)三〇四頁。
41 矢内原忠雄「大陸経営と移植民教育」(『全集』第五巻、一九三八年一月)一一五—一一六頁。
42 矢内原忠雄「軍事的と同化的・日仏植民地政策比較の一論」前掲、三〇一頁。
43 矢内原忠雄「朝鮮統治上の二三の問題」(『全集』第四巻、一九三八年一月)三二四頁。
44 矢内原忠雄「小なる感情と大なる感情」(『全集』第二三巻、一九三一年)三四〇頁。
45 矢内原忠雄「植民政策より見たる日仏」(『全集』第五巻、一九三七年二月)三〇七頁。
46 矢内原忠雄「軍事的と同化的・日仏植民地政策比較の一論」前掲、二九四頁。
47 矢内原忠雄「朝鮮統治上の二三の問題」(『全集』第四巻、一九三八年一月)三二三—三二四頁。
48 矢内原忠雄『植民及植民政策』前掲、一九七—一九八頁。
49 矢内原忠雄「朝鮮統治上の二三の問題」前掲、三二五頁。
50 矢内原忠雄『帝国主義下の印度』前掲、四七二頁。

51 同右、四七二頁。
52 同右、五六九頁。
53 同右、六一六頁。
54 矢内原忠雄「植民政策に於ける文化」(『全集』第五巻、一九三九年四月)三一八頁。
55 同右、三一九頁。
56 姜尚中『オリエンタリズムの彼方へ』(岩波書店、一九九六年)。
57 矢内原忠雄「植民政策に於ける文化」前掲、三一九―三二一頁。
58 西川長夫『国境の越え方』(筑摩書房、一九九二年)。『地球時代の民族=文化理論』(新曜社、一九九五年)。『国民国家論の射程』(柏書房、一九九八年)。
59 矢内原忠雄「軍事的と同化的・日仏植民地政策比較の一論」前掲、二九九頁。
60 矢内原忠雄「管理下の日本」(『全集』第一九巻、一九四八年一〇月)四〇八頁。
61 清川雪彦「近代日本の植民地政策」(『岩波講座 開発と文化 二 歴史のなかの開発』一九九七年)。
62 杉田淑彦「「人権の祖国」の植民地戦争」(『岩波講座 世界歴史 二五 戦争と平和――未来へのメッセージ』一九九七年)。
63 石井洋二郎「思想としての開発」(『岩波講座 開発と文化 二 歴史のなかの開発』一九九七年)。西川長夫『国境の越え方』(筑摩書房、一九九二年)。『地球時代の民族=文化理論』(新曜社、一九九五年)。『国民国家論の射程』柏書房。一九九八年。
64 矢内原忠雄『南洋群島の研究』(『全集』第三巻、一九三五年)三三一―三三二頁。
65 同右、四一〇頁。
66 同右、四一一頁。
67 同右、四一二―四二二頁。
68 矢内原忠雄「南洋群島の伝導」(『全集』第二三巻、一九三三年)三二一―三二二頁。
69 エドワード・W・サイード『オリエンタリズム 上・下』(板垣雄三・杉田英明監修 今沢紀子訳)、(平凡社、一九九三年)。
70 尹健次『民族幻想の蹉跌』(岩波書店、一九九四年)。『日本国民論』(筑摩書房、一九九七年)。

そのほか、次の文献を参照した。

山内昌之「福沢諭吉とスルタンガリエフの視点によせて」(『岩波講座 開発と文化 二 歴史のなかの開発』一九九七年)。

姜尚中「丸山真男における〈国家理性〉の問題」(『歴史学研究』一九九七年九月)。

酒井直樹「丸山真男と戦後日本」(『世界』一九九五年一一月)。

今泉裕美子「南洋群島委任統治政策の形成」(『岩波講座　近代日本と植民地　四　統合と支配の論理』一九九三年)。

木畑洋一「ヨーロッパから見たアジア太平洋戦争」(『戦後日本　占領と戦後改革第一巻　世界史のなかの一九四五年』岩波書店。一九九五年)。

山室信一「アジア認識の基軸」(古屋哲夫編『近代日本のアジア認識』緑陰書房、一九九六年)。

マーク・R・ピーティー「日本植民地支配下のミクロネシア」(『岩波講座　近代日本と植民地　一　植民地帝国日本』一九九二年)。

芝原拓自「対外観とナショナリズム」(『対外観・日本近代思想体系　十二』岩波書店、一九八八年)。

ひろたまさき「日本近代社会の差別構造」(『差別の諸相・日本近代思想体系　二二』岩波書店、一九九〇年)。

イ・ヨンスク「「同化」とはなにか」(『現代思想　教育の脱構築』一九九六年)。

ピーター・ドウス「植民地なき帝国主義」(『思想』一九九二年四月)。

# あとがき

矢内原忠雄の植民地教育論を検討しようと思ったきっかけは、故五十嵐顕先生からいただいた葉書であった。一九九四年八月一六日付けとあるから、今から五年近く前のことになる。

その葉書のなかで、五十嵐先生は「実践的（あるいはプラグマチック）にいえば、あの侵略体制、侵略戦争、侵略精神、侵略的行動様式――この中で私もまた絞首刑死を遂げたかもしれない――に抗してたたかい生きた人として、私はドイツでも日本でもいわゆる信仰者、信条者がいたのは、何に拠ってなのかを考えるからです。日本の若い無教会信仰者のたたかい。どうしてたたかえたのか。矢内原の植民地批判の裏側に、彼の教育信条・教育研究をみるべきです。五〇―一〇〇枚の論文を書くべきです」と書いておられた。

五十嵐先生は、周知のように、晩年近くになって、戦前に軍国主義と侵略精神を身につけた自らの戦争責任を痛切に反省しはじめる。そして、自らは行えなかった侵略主義批判を、なぜ同時代の矢内原忠雄はできたのか、を深く問うことになった（『「わだつみのこえ」を聴く』青木書店、一九九六年）。五十嵐先生の「矢内原はどうしてたたかえたのか」の問いに、ぜひ応えなくてはならない。そう思いはじめて以来、矢内原植民地教育論は私の重い宿題であった。

矢内原はどうしてたたかえたのか。彼の植民地教育批判論を分析する核心はここにあった。本論で述べたように、東京帝大を追われた直後の『教育』や『国家学術雑誌』（一九三八年一月）に書いた日本語の強制や皇民化政策に対する批判論文は、その点で注目に値する。それはたとえば同時代の教育科学研究会に集う教育学者や教育行政官の思想と行動、すなわち教育国策に協力し植民地教育政策を肯定する言説との違いは歴然であった。矢内原は、時局に便乗する機会主義と思想信条の無節操の横行をその時代の特徴にあげ、転向現象にきびしい注視を求めた。

戦前の教育学者の軍国主義への協調と侵略主義精神を、時代の責に帰することなく批判することのできる存在として矢内原の植民地教育論は稀有の価値があった。それは五十嵐先生の指摘通りであった。

しかし、矢内原を読みすすめていくうちに五十嵐先生の指摘に学ぶだけでは捉えきれない矢内原の弱点が気になりはじめた。それは、「文明の名による同化」という近代日本の植民地教育政策に矢内原は真に立ち向かうことができていたのかどうか、という疑問であった。人々を「文明と野蛮」によって分割する、近代社会特有の差別問題に対する矢内原の認識についてであった。本論の後半は、この問題に充てられた。矢内原は、この「文明と同化」問題の関連を考えていなかったのではない。「文化帝国主義」という用語を用い、支配者の「優越」に対する被植民者の「劣等」という差別を正当化するイデオロギーを問題にしており、文化相対主義を尊重する態度を示していた。

しかし、矢内原の決定的な弱点は、文明の名による植民地支配（文明の傲慢さ）を真正面に問題にしえなかったことである。日本国民を西欧列強と肩を並べる文明国民に仕立て上げるために、文明から脱落する人々を排除・差別し、あるいはまた、新ためてこれらの人々を序列的に同化・上昇・包摂していった近代日本の国家体制というものを、批判的に捉えたとは思えないのである。文明化を推進する、この天皇を中心におく一元的価値階梯秩序（日本オリエンタリズム）は基本的に矢内原の視野の外にあった。異質的他者との対話と交流を通して自己を豊かにする可能性、すなわち対等平等なアジア認識は彼の文化相対主義にはきわめて不十分にしか存在しなかったのではないだろうか。

矢内原に対するこの種の批判は、今日の時点からする「高みの批判」では決してない。矢内原の植民地教育論は、こうした批判を受けとめる地点のすぐそばまで到達し得ていたのであり、彼の可能性に対する批判的認識なのであって、外在的批判だとは思っていない。むしろ文明の名による同化という植民地支配を肯定する近代の差別の論理（イデオロギー）を、矢内原に即して厳密に析出して批判的分析を加えることこそ今日ますます必要になってきているといえよう。

五十嵐先生からの「問い」を超え出た論文になってしまったが、新たな問題が生じてしまったことを先生にお伝えして、私の意を汲んでいただこうかと思っている。

# 第六章　教育の植民地支配責任を問う――小沢有作を手がかりに

## はじめに

一九九八年に、日本植民地教育史研究会の初代代表であった小沢有作は、『研究年報』の創刊号（「20世紀の遺したもの」一九九八年、皓星社）で、「教育学の植民地支配責任」を問う不十分な現状を論じ、その原因を戦後日本の教育学研究とその体制にあると述べた。植民地教育を行うには、植民地主義を支え正当化する原理と思想が必要であった。戦前日本の教育学は植民地教育を支える重要な役割を担っていた。だから、戦後の教育学には、植民地支配（植民地主義）の責任が問われなければならなかった。小沢は、その責任がどのようなものであったのか、いかにそれを問うべきなのか、そして、なぜ、その問いが困難なのか、指摘したのであった。

それから二〇年になる。私たちは、この課題をどこまで深めることができたのだろうか。原初に立ち返って、新ためて、教育（学）の植民地支配責任を考えてみたい。

私は、小沢有作が教育の植民地支配責任をどのように考えようとしたのか、を述べてみる。検討した小沢の著作は次の五点であった。

①「日本植民地教育への視点」『岩波講座　現代教育学五』一九六二年

②『民族教育論』（明治図書、一九六七年）に所収の、

第一部「民族教育と教育」の中の「第一章アジアにおける日本教育の位置」

第二部の「日本の植民地主義教育」

③『大東亜共栄圏』と教育――十五年戦争下におけるアジア侵略のための教育構造」『全書国民教育　激動するアジアと国民教育』明治図書、一九七三年

④「澤柳政太郎の植民地教育観」『澤柳政太郎全集　別巻』国土社、一九七九年

⑤「植民地教育認識再考――日本教育問題としての植民地教育問題」『「大東亜戦争」期における日本植民地・占領地教育の総合的研究』科研費報告書、槻木瑞生研究代表、二〇〇一年

## Ⅰ　対外教育政策と対内教育政策の有機的把握――「日本植民地教育への視点」

小沢は、日本の植民地支配における教育がはたした役割の重大性を論じていた。この点は特筆に値する。教育と教育学のはたした植民地支配責任の重大性である。これは欧米の植民地支配責任と比べ、いっそう重い問題であるということであった。小沢は次のように言う。

「露骨な政治的隷属・経済的搾取を行いながら、それに徹しきれず、『一視同仁』のオブラートで包みこもうとするところが、外見的にはイギリスの植民地支配の方法とは異なっている。それだけに、民族の経済的基盤の破壊だけでなく、民衆一般にまでおよぶ文化的精神的な伝統・生活・態度の破壊を企てて、いっそう始末に負えないものとなる。教育がことさらに重視される由縁である」。

日本の植民地支配にとっていかに教育が重大な責任を負っていたのか、その端的な指摘がなされている。日本の植民地教育は、植民地民衆の文化と思想に真っ向から対立し、民族の内面生活を踏みにじる精神的暴力であるだけでなく、それを民衆とその子どもの一人ひとりにまで及ぼそうとした。一方、日本の国内の教育は、植民地支配民族として自己形成することに全力をあげて奉仕するものであり、他民族に対する侵略と支配という不道徳・非人間性が日本人には道徳であると教え込んできた。その責任の所在の追求を求めていたものである。

この日本の植民地教育支配と教育学の関係について、小沢が端的な指摘を行っている点も見逃せない。第一に、日本の主要な教育学はまず、植民地教育を是認したということである。その結果、教育における人民と諸民族との連帯の立場を喪失したこと。

第二に、植民地の教育を学問的認識の外におく教育（史）認識の方法が伝統化されたこと（講壇教育学者の日本教育史叙述には植民地教育へのスペースはほとんど割いていないという事実！）。あるいは、植民地教育についての学問的認識は、それをもっぱら教育行政官に委ねたことである。教育の専門家が植民地教育行政の担当者になって、支配者の立場からその専門的知識を実際化し、その経験をまとめて植民地教育への研究関心を成立させていった（伊沢修二や幣原坦、など）。

教育学のほとんどは植民地教育に関心を払わず、時に、必要に迫られて植民地教育礼賛の時論を草することはあっても（澤柳政太郎ら）、批判の見地を提起することはまずなかった。かえって、他分野の矢内原忠雄が同化主義教育を批判していたとする。

これは教育学における植民地支配責任のあり様がどのようなものであったのか、の指摘としてきわめて早い時期のものであろう。植民地支配に対する教育学における、無関心、排除、是認の実態の指摘であった。

この一九六二年論文でもう一つ注目しておきたい点は、戦後における植民地主義的教育支配意識の残存を述べたことである。植民地主義・人種主義の心情は持続して敗戦後（戦後）も活動を続けたのである。日本人の多くは、そして、その教育学は、敗戦がもつ日本・朝鮮両民族間の政治的関係の変革という歴史的意味を把握し得なかったとの見解は重大であると思う。

## Ⅱ　アジア教育侵略論の横行期をどう見るのか――『民族教育論』と「『大東亜共栄圏』と教育」

『民族教育論』は、小沢の博士論文であり彼の代表的作品である。日本民族の教育認識の歪みを問い、その責任と変革を迫るものであった。

「日本近代一〇〇年の歴史は、アジアの人民を犠牲にし、その流した血をすすりながらふとってきた歴史である。」「日本とアジアの関係はつねに加害者と被害者の関係であった。」「アジアの上に日本をおく、日本近代史のあゆみかたと現状は、日本の国民・子どもにアジアへの無関心、偏見、蔑視をうえつけ、〈脱亜〉の思考形態を定着させた」。

このように小沢は近代日本の侵略主義的な歴史を問題にし、以下のように日本民族の教育課題を提示する。「こうしたアジアを軽視し視野にいれないものの考えかたとその歴史をかえていく思想変革は、日本国民がとりくまねばならない教育課題となるであろう」。

『民族教育論』において、小沢は、日本植民地主義の教育を「アジア諸民族にたいする教育侵略の犯罪」と定義する。「教育侵略」という用語の登場である。小沢は、その後、しばしばこの言葉を使っている。

この教育侵略には二つの側面がある。一つは、アジア諸民族に対する侵略・破壊であり、もう一つは、日本人民の国民教育を他民族抑圧を是とする方向へのねじ曲げであった。すなわち、教育侵略における「植民地アジアの教育」(＝対外教育政策)と「本国日本の教育」(＝対内教育政策)という二つの側面の有機的統一的把握がきわめて重要であると小沢は問題を提起した。教育の植民地支配責任は、日本国内の教育と教育学のあり方と本質を明らかにすることで真に達成されるということでもあった。

『民族教育論』では、朝鮮植民地教育の通史を述べる章がおかれ、その記述は植民地教育の思想史的分析という色合いが濃い。植民地教育政策の思想を扱う故にこそ、支配責任を問う論文になっている。ここでは、この章を締めくくる最後の一節「教育研究における朝鮮教育認識」の記述を紹介する。

小沢は、東大の教育行政学者である阿部重孝や文部官僚の澤柳政太郎(京都帝大・東北帝大の総長であり、新教育の成城小学校設立者、など)の植民地教育認識を取り上げ、「澤柳や阿部の比較的事物に即してものを考究する教育研究者もふくめて、日本の大多数の教育研究者は抑圧民族の立場にたってアジアと日本の教育問題をとらえることになれていた」と厳しい指摘を行っている。そして、次のように言う。「講壇教育学は朝鮮教育を学問的対象の外においてきたし、幾多の民間教育運動は朝鮮の植民地教育を自己と関係するものとは考えなかった」。

「日本帝国主義が朝鮮を植民地として支配した時代には、朝鮮民族の国民教育の抑圧・破壊と日本人民の国民教育の腐敗とが有機的な教育的関係をもってむすばれており、それは日本帝国主義による両国人民の教育の支配という共通の原因から発している。それゆえ、朝鮮民族への教育侵略＝同化主義教育を肯定することは日本の国民教育の腐敗を自ら招く態度につながり、反対に、日本の植民地主義教育に反対する朝鮮人民の民族教育の運動を支持することは、ただちに日本の教育に内在する帝国主義的性質をただそうとする努力になってあらわれる」。

教育の植民地支配責任の向かうべき基本的課題の提示として、十分に参考にしてよい言及ではないだろうか。

論文「『大東亜共栄圏』と教育」（一九七三年）は、日中戦争から太平洋戦争にいたる戦時下の植民地教育全体の思想問題を扱っている点で興味深い。小沢は、この時期を大東亜教育圏論が流行した数年間と特徴づけ、「アジア教育侵略論の横行期」と見ている。その一例に、一九三六年に作られた、日本の教育学者を広く動員した政府官製版「日本諸学振興委員会」の活動を分析している（その教育学部門が今日の「日本教育学会」結成の直接の母体である）。

小沢は、植民地教育に関心を示す教育学者は少なかったが、大東亜共栄圏の流行とともに、教育学者も先をきそってそれを論じだしたとする。伏見猛彌、倉沢剛、海後勝雄、楢崎浅太郎を先頭に、石山脩平、海後宗臣、平塚益徳など多数の教育学者がアジア支配に奉仕する教育を鼓吹したと述べる。城戸幡太郎、留岡清男など教育科学研究会の指導者も、その列に加わった。小沢は言う。「ニュアンスのちがいはあったとはいえ、大東亜共栄圏を認めたうえでの諸論議は、すべてアジア教育侵略論の性格を刻印されるものである。このような侵略の教育論は敗戦とともにぴたりととまり、忘れさられて、その侵略（鼓吹）の責任は自他において問われることなく二十五年の時をけみしている」。

私は、この論文を三〇年以上前に読んでいるはずだが、この一文はひどく心に響いた記憶がある。特に、重視したいのは、小沢が倉沢剛（総力戦教育の理論）と海後宗臣（化育論）の論説の違いを指摘したことである。倉沢の総力戦論は「教育侵略者の空想計画の珠玉」であったが、「侵略の権力論理をそのまま教育論理にうつしかえたような論議」としたのに対し、海後宗臣の化育論は、その侵略性の中に「大東亜諸住民の生活編成」のための教育編成論があったと述べていることである。「生活編成のための教育」という考え方は戦後の海後宗臣の考え方につながるが、化育論は大東亜共栄圏の建設の目標にすべて収斂されていく点で決定的な違いがあるとする。生活編成のための教育編成（化育論）は、アジア民衆のためではなくて、日本の支配をつよめるためのものにほかならなかった。海後の化育論の責任は重たい。倉沢の構想より海後の構想の方が植民地教育支配にとってより実際に即して有用だった、と小沢は結論づけている。

これは教育理論に内在させて侵略支配責任を解く指摘であったろう。二〇一一年刊行の、日本諸学振興委員会に関する大部の研究書『戦時下学問の統制と動員　日本諸学振興委員会の研究』（東大出版会、駒込・川村・奈須編、八〇〇頁）は、残念ながら小沢のこうした指摘に迫る分析に進み出ていない。この本全体に対する私の最大の疑問点は、戦争責任とともに教育学の植民地支配責任をどう解くのか、という問題関心の薄さである。これほどまでの大作に仕上げて、戦時下の教育学の全体像を検討したにもかかわらず、では、戦後教育学はどのような反省を経て成立してきたのか（戦後教育学の成立過程）、とくに、戦後教育学は教育の植民地支配責任をどう反省しようとしたのか、などについての有意義な見解がほとんど示されていないままなのである。一九七三年の小沢の指摘は、まだ、生き続けていると言える。

## Ⅲ　植民地近代化論の矛盾――「澤柳政太郎の植民地教育観」と「植民地教育認識再考」

一九七九年論文「澤柳政太郎の植民地教育観」は、大正期自由主義教育思想における植民地主義を指摘した点で、戦後の大正デモクラシー期教育研究に対するインパクトが大きかったのではないだろうか。それまでにも中野光や堀尾輝久らによる帝国主義あるいは天皇制ファッシズムの視点によって大正期の自由主義教育の弱点を指摘する研究はあったが、小沢はそれを一歩進めて、植民地教育支配という観点からその根本的問題性を論じた。

澤柳の教育観は、人間の教育の個性化と民族の教育の個性化が分離背理していると小沢は述べた。人間形成と民族形成の統一的把握ができておらず、国内教育においては自由主義であっても、朝鮮教育に向かっては侵略主義の顔をもっていたというのだ。

日本植民地教育史研究会は、この小沢の指摘に学んで、それをさらに深めるつもりで、「植民地教育こそ新教育でなければならなかった」という仮説を立て、二〇一〇年に「シンポジウム　植民地と新教育――

一九二〇年代を中心に」(『植民地・こども「新教育」』植民地教育史研究年報一四号、二〇一一年、皓星社)を行った。植民地主義者にとっては、生活、文化、言語に大きな壁(困難)があったからこそ、児童中心主義・生活主義が必要であり、支配の最先端ではその利用が不可避であったのではなかったか。実験場であった植民地だからこそ、新教育が適応できたのではなかったのか。だから、ある程度植民地に浸透したがゆえに大正期の児童中心主義は「似而非」児童中心主義にならざるを得なかった、という仮説であったかと思う。

植民地と新教育というテーマは、戦後の大正期新教育運動研究に大切な視点を投げかけたものであったと思う。

二〇〇一年論文「植民地教育認識再考」は、自らの植民地教育史研究を再整理し、今後の課題をいくつか提示している貴重な論考である。

小沢は、ここで、二つの「責任意識」の欠落を述べている。一つは教育の戦争責任であり、もう一つは教育の植民地支配責任である。小沢は、この二つを次のように言う。

「日本の戦後教育において植民地教育の後遺症が残ったのは、なぜであろうか。その決定的要因は、戦後日本教育の出発点において、日本の教育行政官、教育研究者、教師らが戦争責任を痛感し、戦争のための教育を反省したけれども、植民地支配責任については、頬被りして、というより気づこうとすることなく過ごし、したがって植民地教育の実行に対して反省することがなかった点にある」。

教育の戦争責任についてはある程度反省があったが、教育の植民地支配責任については反省ができてこなかったという。私は、この小沢の見解には賛成できないが、教育の戦争責任と植民地支配責任の違いのあることを端的に示してくれた意義は大きいように思う。両者の違いを明確に論じた論文はこれまで存在したのだろうか。二つの責任論を追求することは、私たちのこれからの課題なのではないだろうか。

小沢は歴史修正主義者（歴史教科書問題などで登場した）の言説を取り上げ、植民地近代化論の問題点を深く追及しなければならないと述べている点は重要である。

近代化への貢献を言い立てて、植民地支配を免責しかねない言説はこれまでにもあって、特段目新しいことではない。「文明化」としての近代化は植民地支配の当初から言われてきたものだと小沢は述べる。大事なのは、今日的な新たな装いの近代化論であろう。

参考にすべき論点の二つを紹介しておきたい。第一は、近代化貢献論者は天皇制の植民地支配責任を問うことを避けるということである。近代化論者は、近代化ばかりに論点をずらし、植民地教育における天皇制イデオロギーへの同化という問題を無視するか、意図的に隠す、という指摘であった。

第二に、植民地におけるインフラの整備という近代化の貢献論に関する矛盾の所在である。小沢は言う。「もとより知識や技術やシステムには普遍性があり、植民地時代にトレーニングされたそれらを独立後の社会発展に役立てたのであるが、その功績は独立した主体の活動に帰することであって、植民地支配の成果に属することではなかろう」。

指摘は明快である。植民地支配において社会システムの近代化は欠かせない。誰のための近代化であるのか。植民地主義者のためなのか、被植民地住民が欲する近代化なのか、どうか。そこが問われるだろう、と小沢は述べていた。

教育における植民地支配責任は、以上、述べてきたような問いに応えることで果たされていくように思うのである。小沢の植民地教育論に学ぶ必要性を感じる。

## おわりに——怒りと悲しみ

教育における植民地支配責任を考える、という問題の設定はいったいどのようなことなのだろうか。日本の植民地教育史研究に携わる人間であれば、この問いは当然のことであり、誰でももてる問いなのだろうか。それとも、敢えて問わなければならない「問い」なのだろうか。

最後にひと言記しておきたいことは、小沢の文体ににじみ出る植民地主義に対する怒りの表現である。被抑圧者に寄りそう徹底した共感的な態度。共感から生まれる悲しみの心情をためらわずに吐露する文章。私は、何かこの小沢の文体と植民地支配責任を問うこととの関連がありそうな予感をもっている。他の実証主義的論文やマルクス主義や社会科学の論文には見られない小沢の怒りや悲しみの気持ちが挟まれた文体に、植民地支配責任を問う根源的な力があるような気がしてならないのだがどうだろうか。

# 第二部　植民地教育と私たちのいま

——日本植民地教育史研究会とのかかわりから

# 第一章　日本植民地教育史研究の蓄積と課題

この文章は、日本植民地教育史研究会がはじめて行った研究集会（一九九八年三月二八日、國學院大學）でのものである。テーマは、「日本植民地教育史研究の蓄積と課題――朝鮮・台湾・「満洲」の場合にそくして」であり、三つの地域をそれぞれ専門にする三人の方（井上薫・北村嘉恵・大森直樹）に報告をいただいた。報告者には、あらかじめ準備した次のようなシンポジウム開催の趣旨を通知しておいた。

植民地教育史研究の蓄積を振り返ってみよう。研究のあゆみを一九四五年以前（植民地領有時代）と以後に分けてみる。

## I　戦前におけるあゆみ――統治の学として

植民地領有とともに研究は始まる。現地の研究と中央の言説がある。現地の研究については、台湾は伊沢修二、朝鮮は幣原坦、「満洲国」は嶋田道彌などによって担われてきた。総じて、それらは植民地統治のための研究であった。

一方、植民地統治の批判の研究として、矢内原忠雄や細川嘉六らのものがある。教育の分野では、李北満らの新興教育運動に批判の研究がみられる。

さらに、植民地統治の是非の判断はさけつつ、統治の方法に対する「科学的」批判を主要な目的にした城戸幡太郎や留岡清男ら教育科学研究会の研究があった。

## II 戦後のあゆみ――反省の学として

『学生八〇年史』（一九五四年）は、「外地の教育」と表記するなど戦前の統治の学の性格を残存させた。しかし、他の研究の多くは、「日本植民地教育」の認識を有し、系譜的には帝国主義（教育）批判を継いだ。植民地支配は誤りであり、くり返してはならぬとして「反省」を行った。

戦後五〇年の研究史を、研究者の「世代」的特徴としてまとめてみると、以下のようになる。

第一世代。『近代教育史』（一九五五年）からはじまる。教育政策やイデオロギーをフォローし、「反帝」の立場から植民地教育を批判する。朝鮮と台湾が主たる研究対象であった。

第二世代。現地の学校、教科書、教師、生徒など教育実態を個別に研究する。教育文化の浸透と反撥に関心を寄せる点に特徴があった。「満洲国」、東南アジア占領地に対象が拡大する。

第三世代。研究方法の再吟味を目論む。カテゴリーの再検討と総合的視野の志向をみせる。被植民地側の研究への目配りも行う。

これに加えて、言語学の側における植民地の日本語教育研究が起こり、植民地教育関係資料の編集と復刻、そして被植民地側との共同研究の開始なども新しい傾向として注目される。

伊沢修二以来、植民地教育研究の歴史は、一世紀を超える。その研究史の整理は重要である。植民地教育への心性とはいかなるものであったのか。「研究史」の研究を必要とするようになったのだ。今回のシンポジウムはその手始めである。

## Ⅲ　シンポジウムのねらい

本研究会の会員は、以上の三世代からなる。これがおもしろいところである。

今回のシンポジウムでは、第三世代からパネラーをお願いした。存分に先行研究を論じ、それを超える道行きを示していただきたい。

日本植民地教育全体の基礎と特徴を、オーバーレビューすることも必要であるが、今回はむしろ、植民地教育のおのおのに対する個別研究の蓄積を振り返り、研究上の課題を探ることを主眼としたい。

パネラーには、〈私の研究〉を軸にして、そこから見た「蓄積と課題」を主観的、かつ大胆に論じていただきたい。火付け役を演じてほしい。

報告と討論を共有できるようにするために、以下の四つの柱に沿って話していただければ幸いである。

1、私の関心と研究の視点・方法

2、先行研究から学んだこと、乗り越えたいと思っていること。先行研究には、日本と相手国の双方がある。

3、植民地教育のカテゴリーの吟味。たとえば、同化——日本・韓国、皇民化——台湾、奴化——中国・北朝鮮、などカテゴリーとして用語がいろいろ用いられている。また、カテゴリーの内容を精密・細密化して使用すべきという意見もある。自分の研究に即して、私はこのような用語（カテゴリー）を、このような内容を込めて使うと、提示していただきたい。

4、今後、私たちは何をすべきか。考えていることがあれば自由に論じてほしい。たとえば近年の「自由主義史観」の論点の一つに植民地教育の見直し論がある。それをどう見るのか。あるいは、日本近代教育の構成は、植民地教育がほとんど抜け落ちている。植民地教育をどう有機的に組み入れて日本近代教育史の全体像を構成していくのか。あるいは、日本植民地教育の「通史」を描くにはどのような手法がよいのか。

思いつきが大切である。熟したものを望んではいない。どのような考えでもいいので、どうぞいろいろと提言していただきたい。

# 第二章　植民地支配責任は語られなかった――『新しい歴史教科書』批判

## はじめに

「新しい歴史教科書をつくる会」（会長：西尾幹二電気通信大学教授）編の『新しい歴史教科書』（扶桑社）が検定合格し、二〇〇二年度用の教科書として使用可能となった。

『新しい歴史教科書』は、アジア侵略戦争を肯定し、アジア植民地支配を正当化する記述のためになみなみならぬ努力を注いでいる。戦争と植民地加害責任を否定し、植民地支配の実態の無視と軽視を行っている。

このアジア侵略の肯定のために用意された論拠は、「植民地近代化論」と「アジア解放論」であった。日本の「進出」は、中国、朝鮮、台湾の「近代化」を促進したのであり、アジアへの日本の「進出」は、欧米白人帝国の植民地支配からの「アジアの解放」を促した、というわけである。

この近代化論とアジア解放論の底には、中国に対する敵視、朝鮮に対する蔑視が横たわっている。この点も見過ごせない。

近代化論とアジア解放論は、「大国の論理」（国益主義）によって根拠づけられている。「国益主義」を最大最高の価値におき、米国とロシアを敵視し、レイシズム（民族優越主義）とナショナリズムを強調する。

『新しい歴史教科書』は、植民地支配責任の否定と国益主義がセットになっていた。

この教科書の執筆者たちは、自ら描く歴史を「国民の物語」と呼び、「国民の物語」を教えることが歴史教育の課題であるとした。「国民の物語」を語ることで、植民地支配責任が否定されているわけである。なぜ彼らは「国民の物語」、つまり「物語」（ストーリー性）を導入し、歴史を語る手法において「物語」を採用したのであろうか。そしてその「物語」とは実際のところどのような「語り」となって現れたのだろうか。

大江健三郎は、この教科書を指して、「おおっぴらに書き手の個人的感情が表現されている」（『世界』二〇〇一年六月）と評した。読めば誰でも感じるであろう情念の噴出である。「国民の物語」は、大げさな言葉が再三にわたり登場し、生な感情の吐露があちこちに現れている。

そこで、本章は、この「国民の物語」（＝生な感情の吐露）と植民地支配責任の否定との関係を問うことを課題としたい。植民地支配責任を否定するためには、どうしても情念の噴出をもってする記述とならざるを得ない、この必然性を明らかにしようとすることである。

言葉を換えれば、今日、ナショナリズムを起こすためには「物語」という手法が必要だったのであり、ナショナリズムは巧みに「物語」を利用しようとした、ということの究明である。

『新しい歴史教科書』は、各地方教育委員会における教科書の採択審議を待たず、前代未聞にも市販されてしまった。書店に平積みにされた同教科書は、「ベストセラーの勢い」である。さまざまな購入動機があろうが、かなりの人々がこの教科書へ共鳴を示すことも確かなのであろう。歴史記述における「物語」の導入の理由を明らかにすることは、なぜ、この教科書に共鳴するのか、の探求にもつながるであろう。

## Ⅰ　文体とナショナリズム――「形容詞」と「修飾句」のオンパレード

『新しい歴史教科書』の特徴の一つは、「文体」にある。「物語」風に語るその語り口は、大げさであり、時に滑稽である。形容詞と修飾句のオンパレードである。

この文体に注目するとき、ある重要なことに気づかされる。

以下に紹介する記述を、読者はいかに受け取るであろうか。傍線部分を意識して読んでいただきたい。

### （一）太平洋戦争について

「一九四一（昭和一六）年一二月八日午前七時、人々は日本軍が米英軍と戦闘状態に入ったことを臨時ニュースで知った。

日本の海軍機動部隊が、ハワイの真珠湾に停泊する米太平洋艦隊を空襲した。艦は次々に沈没し、飛行機も片端から炎上して大戦果をあげた。このことが報道されると、日本国民の気分は一気に高まり、長い日中戦争の陰うつな気分は一変した。第一次世界大戦以降、力をつけてきた日本とアメリカがついに対決することになったのである。

同じ日に、日本の陸軍部隊はマレー半島に上陸し、イギリス軍との戦いを開始した。自転車に乗った銀輪部隊を先頭に、日本軍は、ジャングルとゴム林の間をぬって英軍を撃退しながら、シンガポールを目指し快進撃を行った。五五日間でマレー半島約一〇〇〇キロを縦断し、翌年二月には、わずか七〇日でシンガポールを陥落させ、ついに日本はイギリスの東南アジア支配を崩した。フィリピン・ジャワ（現在のインドネシア）・ビルマ（現在のミャンマー）などでも、日本は米・蘭・英軍を破り、結局一〇〇日ほどで、大勝利のうちに緒戦を制した。

これは、数百年にわたる白人の植民地支配にあえいでいた、現地の人々の協力があってこその勝利だった。この日本の緒戦の勝利は、東南アジアやインドの多くの人々に独立への夢と勇気を育んだ」（二七六―二七七頁）。

この記述の語りは、武勇伝や政談を語る講談調に乗せればよいのかもしれない。

次に引用するのは、ある別の教科書の、太平洋戦争勃発にかんする記述である。『新しい歴史教科書』とその文体に注意して、比べていただきたい。読みはじめるや、この教科書が何ものであるか、すぐにお分かりいただけるだろう。

「昭和一六年一二月八日、しのびにしのんで来たわが国は、決然としてたちあがりました。忠誠無比の皇軍は、陸海ともどもに、ハワイ・マライ・フイリピンをめざして、一せいに進攻を開始しました。勇ましい海の荒鷲が、御国の命を翼にかけて、やにはに真珠湾をおそひました。水づく屍と覚悟をきめた特別攻撃隊も、敵艦めがけてせまりました。空と海からする、わが猛烈な攻撃は、米国太平洋艦隊の主力を、もののみごとに攻撃しました。この日、米・英に対する宣戦の大詔がくだり、一億の心は、打つて一丸となりました。二重橋のほとり、玉砂利にぬかづく民草の目は、決然たるかがやきを見せました。……昭和一七年を迎へて、皇軍は、まづマニラを抜き、また破竹の進撃は、マライ半島の密林をしのいで、早くも二月一五日、英国の本陣、難攻不落をほこるシンガポールを攻略しました。その後、月を重ねて、蘭印を屈服させ、ビルマを平定し、コレヒドール島の攻略がなり、戦果はますます拡大されました。相つぐ大小の海戦に撃ち沈められた敵の艦船はおびただしい数にのぼつてゐます。……

この間、三国同盟は、一だんと固められて、独伊も米国に宣戦し、日本とタイ国との同盟が成立して、大東亜建設は、さらに一歩を進めました。今や大東亜の陸を海を、日の丸の旗が埋めつくし、日本をしたふ東亜の民は、日に月によみがへつて行きます。すべてこれ御稜威と仰ぎ奉るほかありません」。

これは、第五期『国定教科書　初等科国史　下』一九四三年版（一七八―一八一頁）である。

両者にみる「語り」の共通性。「語り」としての歴史物語への志向。大げさな文体と滑稽にさえ感じさせる言葉の使用・乱用。

『新しい歴史教科書』は、戦前国定教科書の『国史』の再来ではないのか。『国史』の修正再版である。ちっとも「新しく」はなかったのだ。

『国史』の記述は、引用最後の部分で、「日本をしたふ東亜の民」としている。戦前の教科書は、けっして、アジア民族の「独立」を目指した、とは書かない。「日本をしたふ（慕う）」アジア民衆の涵養＝アジア人の日本化こそがねらいであった。アジアの人々の「独立」を助けたというのは、「つくる会」なりの『国史』教科書の修正であり、作為的発展であった。

もう一つ、同じような比較をしてみたい。『新しい歴史教科書』に一貫してみられる特徴を見極めたいからである。

## (二) 日露戦争について

今度は、『国史』の記述からはじめよう。傍線は筆者のものである。

「わが聯合艦隊司令長官海軍大将東郷平八郎は、四〇余隻の艦隊率ゐて、これを迎へ撃ち、ここに皇国の興廃をかけた大海戦が、折から風烈しく波の高い日本海上に、くりひろげられました。この日を待ちかまへたわが将兵は、司令長官の激励にこたへて勇戦力闘、決戦二昼夜にわたつて、敵艦一九隻を撃沈し、五隻を捕らへ、敵司令長官を俘虜にしました。わが損傷は、きわめて軽微で、世界の海戦史に例のない全勝を博しました。しかもこの際、わが将兵は、溺れる敵兵を救い、俘虜を慰めるなど、よく皇軍の面目を発揮したのであります。

日露戦役は、世界の一大強国を相手にする大戦役で、日清戦役に比べて、はるかに大きく、また困難な戦でありましたが、わが国は御稜威のもと、挙国一体、連戦連勝して、ロシアの野心をくじき、大いに国威をかがやかしました。……しかも、この連勝によつて、わが国は、世界における地位を、諸外国にはっきりと認めさせるとともに、東亜のまもりに重きを加え、これまで欧米諸国に圧迫されて来た東亜諸民族の自覚をうながし、これを元気づけたのであります」(一四二―一四四頁)。

では、『新しい歴史教科書』の方は、どうか。

「ロシアは劣勢をはね返すため、バルト海を根拠地とするバルチック艦隊を派遣することに決めた。約四〇隻の艦隊は、アフリカの南端を迂回し、インド洋を横切り、八か月をかけて日本海にやってきた。東郷平八郎司令長官率いる日本の連合艦隊は、兵員の高い士気とたくみな戦術でバルチック艦隊を全滅させ、世界の海戦史に残る驚異的な勝利をおさめた（日本海海戦）」。

「日露戦争は、日本の生き残りをかけた壮大な国民戦争だった。日本はこれに勝利して、自国の安全保障を確立した。近代国家として生まれてまもない有色人種の国日本が、当時、世界最大の陸軍大国だった白人帝国ロシアに勝ったことは、世界中の抑圧された民族に、独立への限りない希望を与えた。しかし、他方で、黄色人種が将来、白色人種をおびやかすことを警戒する黄禍論が欧米に広がるきっかけにもなった」（二二二―二二三頁）。

「世界の海戦史に残る驚異的な勝利」（『新しい歴史教科書』）と「世界の海戦史に例のない全勝」（『国史』）という日露戦争「勝利への賛辞」。「世界中の抑圧された民族に、独立への限りない希望を与えた」（『新しい歴史教科書』）と「欧米諸国に圧迫されて来た東亜諸民族の自覚をうながし、これを元気づけた」（『国史』）という日露戦争の「意義づけ」。『国史』執筆者が今に生き返って西尾幹二らにのり移って書かせたのか、ともわず空想させられる。それほど両者は似ている。

それにしても、『新しい歴史教科書』にみる「有色人種」「黄色人種」「白色人種」という用語。あからさまなレイシズムが日に飛び込んできて、驚かされるし、恐怖すら感じる。この完全なるレイシズムの主張は、国定教科書『国史』ですら記述をためらったのではないのか。この点では、『新しい歴史教科書』は『国史』の上手をゆく。

### (三) 天皇制について——明治憲法と教育勅語

二つの教科書は、明治憲法の発布の日、一八八九年二月一一日の紀元節当日の様子を記述している。

「この日は前夜からの雪で東京市中は一面の銀世界となったが、祝砲が轟き、山車が練り歩き、仮装行列がくりだし、祝賀行事一色と化した」(『新しい歴史教科書』、二二四頁)。

「この日、天皇は、……盛儀が終わると、青山練兵場の観兵式に臨御あらせられました。民草は、御道筋を埋めて、大御代の御栄えをことほぎ、身にあまる光栄に打ちふるへて、ただ感涙にむせぶばかりでした。奉祝の声は山を越え野を渡つて、津々浦々に満ち満ちたのであります」(『国史』、一一三―一一四頁)。

明治天皇が国民(臣民)に憲法を授け、国民(民草)がそれを祝い、言祝ぎする。二つの教科書は、情感こめて、明治憲法を記述する。『国史』の明治憲法観の一端が『新しい歴史教科書』に確実に転移している。『新しい歴史教科書』は、教育勅語の全文を掲載する。あわせて、その横に、二九ヶ所の用語について注釈を載せて、勅語の理解を助けている。「朕」「皇祖皇宗」「肇ムル」……、さらに「国体」「淵源」……そして「拳々服膺」「御名御璽」まで。

気になる「一旦緩急アレハ」以下の部分は、以下のような説明となる。

「万一国家に危急の事態がおこった場合には、正義にかなった勇気をふるいおこし、国家・公共のために尽力」し「天地と共に窮まりない」「天皇をいただく日本国の運」を「たすけること」（二一五頁）。

教育勅語については、「初等科　修身」（巻四、第六年）をのぞいてみよう。その『教師用教科書』（一九四三年）には、教材の目的・趣旨、あるいは教師がどのように指導すべきかの心得が記載されているが、注目すべきは、『新しい歴史教科書』同様に、「特に次の諸点に留意する」として、「朕」「皇祖皇宗」から「国体」「緩急」「顕彰」、さらに「拳々服膺」「庶幾フ」までの、三五個の用語説明が載っていることである。『新しい歴史教科書』は、この『初等科修身教師用教科書』の踏襲ではなかったか。

『教師用教科書』は、「一旦緩急アレハ」以下の文言を、「万一危急の大事が起こつたならば、大義に基づいて勇気をふるひ一身を捧げて皇室国家の為につくせ。かくして神勅のまにまに天地と共に窮まりなく宝祚（あまつひつぎ）の御栄をたすけ奉れ」（『続・現代史資料　教育　二』みすず書房、一九九六年、四六一—四六二頁）と、説明していた。『新しい歴史教科書』は、「皇室国家の為につくせ」を「国家・公共のために尽力する」と言いかえて、ここでは勅語解釈を矮小化してしまっている。

### （四）『国史』編纂の意図——「物語風の歴史たらしめる」

『初等科国史』編纂には、それまでにない特別な編纂意図があった。『初等科国史　教師用教科書』にはその意図が明瞭に書かれている。
国史の目的は「皇国臣民たるの自覚に培い、皇国の歴史的使命を感得してこれが遂行の覚悟に導くにある」とし、そのために「ただ徒らに史実を羅列してこれを記憶させるのいひでなく、どこまでも肇国の精神の要諦を明らかにすることでなくてはならない」と述べる。皇国の歴史的使命を「感得」させるためには、ただ史実の羅列を記憶させるだけではいけないとする。「一貫した国史」を児童に教えること。そこにねらいを置いた場合、いかなる歴史叙述の工夫があり得るのか。『教師用教科書』は、史実の解釈を漸進的に精密にしたと述べ、上の巻は「国史物語の色彩」を濃厚にし、下の巻では解釈の深化を図ったとした。「史話から史説へ」、「史的感動から史的理会へ」進むように工夫したとする。
そのねらいのために「国史読本」という体裁をとったのであり、「歴史の叙述、その表現が国史教科書の一大生命である」と自ら特徴づけた。そして、次のようにいう。

「初等科国史を国史読本になぞらへたやうに、新教科書は、その表現に於いて、国語の教科書にかなり接近したものといへる。しかも、その文体は、新たに敬体口語を採用し、児童をして親しみ易からしめるやうにした。このことは、国史を物語風の歴史たらしめる企図に、与って大いに力ある点である」（『初等科国史上　教師用』一九四三年度以降使用、『近代日本教科書教授法資料集成』第七巻、東京書籍、一九八三年、三三三―三四一頁、傍点は引用者）。

一貫した国史をめざし、そのために、国史を「物語風」にあらためるという「一大生命」になる歴史叙述を行ったこと。第五期『国史』は、新たな工夫を試みていた。

しかし、児童に対する「親しみやすさ」とひきかえに、『国史』は徹底した歴史的事実の歪曲を行い、客観的な歴史記述を放棄した。こうして皇国史観は徹底され、完成したのである。

日本ナショナリズムは、「物語」を巧みに利用していた。ナショナリズムは、「語り」を重視し、「物語」を伴って登場してきた。

「物語」が皇国史観（ナショナリズム）に結びついた歴史に注視すべきである。そして、今また、「物語」は、新たなナショナリズムに結びついて、われわれの前に現れてきた。

「つくる会」の理事であり、『新しい歴史教科書』の執筆者の一人である坂本多加雄学習院大学教授は、歴史教育の課題は「国民形成の物語を教えること」であるとする（『歴史教育を考える』ＰＨＰ新書、一九九八年、六二頁）。物語の強調。ストーリー性の導入。歴史はストーリーそのものであるという考え方が坂本によって主張されていた。『新しい歴史教科書』には、この坂本の考え方がストレートに反映されている。

『初等科国史』から『新しい歴史教科書』へ。日本ナショナリズム版「歴史物語」がまたぞろ復活してきたのである。『新しい歴史教科書』は、歴史叙述における『国史』の再来であった。

一体なぜ、「つくる会」は「国民の物語」を欲したのか。彼らの「物語」に込めたねらいは何か。そして、「国民の物語」がなぜ、情念の噴出にならざるを得なかったのか。次にその問題を考えてみよう。

## Ⅱ　「国民の物語」とは何か

このような大げさな「文体」が、なぜ、現れたのだろうか。

彼らは、『新しい歴史教科書』は、「国民の物語」（彼らは「大きな物語」ともいう）でなければならないと考えた。その意図は何であったのか。

まず、『新しい歴史教科書』における、次の文章に特別の注意を払いたい。

「歴史を学ぶのは、過去の事実について、過去の人々がどう考えていたかを学ぶことなのである」「過去の事実を厳密に、そして正確に知ることは可能ではないからでもある。（歴史は科学ではない。）」（　）部分は、検定意見により削除。

「歴史を学ぶとは、今の時代の基準からみて、過去の不正や不公平を裁いたり、告発したりすることと同じではない。過去のそれぞれの時代には、それぞれの時代に特有の善悪があり、特有の幸福があった」。「歴史に善悪を当てはめ、現在の道徳で裁く裁判の場にするのはやめよう」（六―七頁）。

史実の確証をはじめから放棄していることに気づかされる。史実の実証ではなく（歴史は科学ではない！）、個人の考え方を重視するということ。次に、現在という基準からの判断の回避であり、「歴史は再審のくり返し」とみる考え方の拒否であった。

「国民の物語」はこうした考え方によって記述されていた。はたして、史実の確証を放棄するような研究姿勢で個人の考え方を分析するなどということが可能なのかどうか。つねに現在にしか生きられないわれわれが、現在の価値判断を超えて、時代の超越者となって過去を分析することなどできるのだろうか。こうした不可能なことを無理矢理押し通そうとするがゆえに、彼らの歴史記述はいきおい生な感情の吐露となってしまい、情念の噴出となって結果したのではないだろうか。このような予想が成り立つ。

以下、彼らの意見を、少していねいにみていこう。

## (一)「国民の物語」への欲望

「国民の物語」(大きな物語)への欲望は、今日の、グローバリゼイションと冷戦構造の崩壊のなかでの社会の変容によってもたらされたといってよい。グローバリゼイションによって、人々のアイデンティティーは揺らぎはじめ、人々は不安感の解消と癒しを求めだす。「国民の物語」、しかも「大きな物語」の立ち上げが、こうして起こりはじめたのではないのか。

先の坂本多加雄は、『歴史教育を考える』の終章を閉じるところで、戦後の日本人の多くは「人類」とか「市民」といった普遍的な立場に立つ「われわれ」を想定し、現実の日本の過去に臨んできたと述べ、それを批判し、「輪郭を失い『人類』や『市民』に拡散してしまった日本人のリアリティの再生の糸口が見つかればよい」(二〇八—二〇九頁)とし、自分たちが望む歴史教育の役割を主張している。

坂本の主張は、単純な復古主義ではなく、すさまじい勢いで日本社会を捉えるグローバリゼイションに対応するものと考えてよいだろう。

「つくる会」の生みの親の位置にあり、ともに協力関係をつくってきた「自由主義史観研究会」に所属する教師たちが、歴史教育の現場の必要性から「物語」性の導入を強く要請してきた、という背景があることも見過ごせない。

坂本の著作に強く影響を受け、「国民の物語」に支持を表明する「自由主義史観研究会」に所属する教師たちの意見を聞こう。

埼玉県の小学校教師斉藤武夫は、坂本が『日本は自らの来歴を語り得るか』（筑摩書房）で述べる「専ら自らを批判したり反省することそれ自体を『国民』の来歴とすることは、どこか尋常でない」し、「日本という『国民』の立場を将来に向けて積極的に方向づけるような『われわれの物語』を構想する」という意見に賛意を示しつつ、「米ソ冷戦構造が崩壊したとき、この国もまた自らの来歴を語らなくてはならない場所に押し出されてしまった」と自らの意見を述べ、「明治以後のこの国の大きな物語を構想する」近現代史を捉え直す視点を主張した（「『われわれの物語』をどう構想するか」『近現代史』の授業改革』一、明治図書、一九九五年九月、五―六頁）。

もう一人、秋田県の高校教師津川威智夫を紹介する。津川もまた、自己のアイデンティティーを求めている。津川は、「私が自国の来歴を知りたいと思うのは、『日本とは？』『日本人とは？』『自分とは？』を知りたいからであり、しかも客観的に……知りたいのではなく、自己を肯定するために知りたい」と述べ、「自分の存在と生を肯定するのに役立たない歴史というものを、私は考えられません」とする。そのための歴史教育は「ストーリー」でなければならないという。「歴史＝ヒストリーはストーリーです」「歴史の歴史たるゆえん、歴史の醍醐味は、ストーリーにある」と津川はいう(「『大きな物語』の崩壊とマルクス主義歴史家たち」『「近現代史」の授業改革」四』、明治図書、一九九六年六月、五―六頁)。

二人の教師は、アイデンティティーの揺らぎとその不安感の解消を求めている。「つくる会」会長の西尾幹二は、現代人の不安感をさらに強く描き出す点で、大きな特徴がある。不安と自己喪失、精神的な故郷喪失状況の強調である。彼は、『国民の歴史』(産経新聞社、一九九九年)の最後の章「人は自由に耐えられるか」で以下のように述べている。

「われわれは事実の前に言葉を失って立ち尽くし、ポッカリ開いた心の中の空虚を、空虚のままに風にさらしつづける不安に耐える勇気を持っていなくてはいけない」(七六〇頁)。

「誰にでもこのような風に吹かれたような生への空虚感、生の全体を包んでいる退屈感に襲われることが起こりうるのである」(七六六頁)。

ここには、深いニヒリズムが漂う。

現代人がかかえる危機意識と不安感、それに教育現場における危機感と無力感から、「国民の物語」が求められている。アイデンティティーの危機に直面し、その間隙を縫って、ナショナリズムが立ち現れて来ているることがわかる。西尾にいたっては、深いニヒリズムに原因して、「国民の物語」とナショナリズムが叫ばれていた。

危機意識や不安感が、ニヒリズム(西尾)に突き動かされて、「国民の物語」を呼び出してきた、といえよう。

## (二) ナルシズムとしての「国民の物語」

では実際のところ、「国民の物語」はどのような物語であったのだろうか。

「物語」の歴史叙述の手法は、近年の歴史学において盛んに論じられ、取り入れられてきている「構成主義」、すなわち解釈の立場を強調する手法である。歴史とは過去における出来事の復元ではなく、解釈されることによって存立するという考えである。「国民の物語」は、新しさの装いを凝らして登場してきた（成田龍一「『歴史』を教科書に描くということ」『世界』二〇〇一年六月）。

構成主義は、客観主義と法則主義を重視してきた戦後歴史学に対して、近年の新しい潮流となる社会史研究がとりうる手法であった。しかし、社会史は、「国民の物語」と異なり、「小さな物語」を志向し、現状に対する別の可能性の提示を意図する現状批判が少なからず内包されていた。

これに対し、「国民の物語」は、史実の確証を軽視し、「大きな物語」を志向し、しかも過去と現状をずるずるべったりに肯定する、そのような構成主義（解釈主義）となっていた。

まず、西尾と坂本の考えを聞こう。

西尾は、「歴史は現代に生きるわれわれの側の構成物である」とし、「われわれは複数の諸事実のなかから真実を探り出し、再構成する権利を有している」と述べている（『国民の歴史』、一一九頁）。

坂本は、「国民の歴史は物語として再構成される」（『歴史教育を考える』、四六頁）とし、「国民形成の物語を教えること」が歴史教育の課題であるとする。その「国民の物語」は、「個人の物語以上にフィクション性が強い」（六二頁）と述べ、解釈をフィクションに置き換えている（フィクションとしての解釈主義）。

先の高校教師の津川は、次のようにいう。

「歴史の歴史たるゆえん、歴史の醍醐味は、ストーリーにあると考えます。現在の学校の歴史教育では、子供たちはその醍醐味を味わえません、国民も国の来歴の物語をもてません」「人間社会の事実（歴史）の因果関係を真に客観的な事実として確立しようとしたら、絶望するしかない。だから歴史には大きなストーリーが必要なのです」（前掲、五―八頁）。

これが、それぞれの論者の、自らの「構成主義」に対する説明である。ここにみられるように、彼らの「国民の物語」の手法は、十分に説明されているわけではない。はっきりしていることは、坂本のフィクション性の強調、あるいは津川がいう客観主義への絶望＝ストーリー性の期待にみられるような、彼らの歴史に対する不可知論的立場である。「国民の物語」は不可知論を前提にしている。西尾が「神話」を強調するのも、その謂いであろう。

したがって、いざ、物語という歴史を具体的にいかに記述するかという説明の段になると、彼らの物言いは途端にあいまいになる。たとえば、坂本が次のように述べているところである。

「歴史教科書はオーソドックスでなければならない」「われわれ日本人は、ある程度共通する漠然とした日本史のアウトラインを持っている」（『歴史教育を考える』、四二頁）。

「もちろん伝統というものは、つねに新しい要素を含みつつ形成され続けるものであるから、その時々の研究水準を織り込み、様々な点においては修正もなされながら、われわれの判断の基準として継承する」「歴史教育の大きな課題とは国民意識の養成であり、そうした国民意識は、まさしくこうしたオーソドックスな歴史の共有に基づいて成立する」（四五頁）。

坂本が正直に告白する、「漠然としたアウトライン」。オーソドックスな日本史とはどのようなものか、修正されながら蓄積された判断基準とは何か。そこは不明である。漠然としたアウトラインによって「国民の物語」が描かれる、とは、結局何も表現していないことと同じではないのか。

こうしたあいまいな記述がある一方で、ひどく明確な主張がそのすぐあとに出てくる。

坂本は、「国民という存在は、それ自体は目に見えないものであって、観念的な存在であり、そうした観念を形作るものこそ、国民の物語に他ならない」という。坂本は、国民とは観念の存在であり、「観念の形成」こそ「国民の物語」の目的であると述べる。「国民の物語」は、「個人の物語以上にフィクション性が強い」のであり、結局、「国旗やシンボル、各種の儀礼を介してありありと目に見える形で現前する」という（六二頁）。

坂本は、ベネディクト・アンダーソンの「想像の共同体」論を逆手にとる。国家は想像上の存在であり、想像上でしか認識できない、だから想像（フィクション）を形成することが、歴史教育の課題となる、というわけだ。これを端的に言いかえれば、「日の丸」に収斂する「国民＝国家の物語」を創造することが歴史教育の課題となる。坂本はこういっていることになる。

フィクションを形成すること、それが「国民の物語」のねらいであった。

したがって、その物語の記述にあたって、「過去の人々がどのように考えていたのか」という当事者性の強調も、「当事者にとっての真実性」のみが極端に描きだされることになる。当事者にとっての真実性は、他者に開かれない、共有されない真実性であり、それは真実性の名に値しないだろう。そこにあるのは「自己愛」（ナルシズム）ということになる（岩崎稔「忘却のための『国民の物語』」『ナショナル・ヒストリーを超えて』東京大学出版会、一九九八年)。

自己愛にとりつかれた「語り」は、一方的になり、饒舌になり、強迫的な「語り」になる。「大げさな語り」は、自己愛がもたらしたといえよう。

## おわりに——当事者とは誰だ

『新しい歴史教科書』にとって頼るべきは、「当事者の真実性」(自己愛)であるといった。最後に、この「当事者」の問題性について触れたい。

「つくる会」は、「現在の価値観から判断するのではなく、当事者の生き方に注目する」ことを強調する。この方法の「落とし穴」は何か。

坂本は、「過去の人々の生活やそれを支えた信条というものに踏み込んで理解する」(四〇頁)ことの重要性を述べ、過去の人々への「共感の能力」を強調し、「過去の人々は何を思いどのように行動していたか」「その時代に生きたかのように感じ取ることができなければ、歴史の教育は効果をあげたとは言い難い」と述べた(『歴史教育を考える』、一三九頁)。

西尾は、「歴史は、過去の事実を知ることではない。事実について、過去の人がどう考えていたのかを知ること」であり、「できるかぎり過去の人の身になってみる想像力」(西尾幹二『歴史を裁く愚かさ』、PHP研究所、一九九七年、二六三頁）が重要であり、「歴史というものを、今日の観点で見てはいけない。歴史は、当時のシチュエーション、その時代の状況で見なくてはいけない。また、歴史を善悪や道徳の観念だけで見てはいけない。あくまで歴史は、過ぎ去った時代の必然性においてとらえられるべき」（二四四頁）と述べた。

一見もっともらしいこの言説の問題点は何か。

彼らにとって「当事者」とは誰のことか。そこが問われなければならない。坂本・西尾の物語＝フィクション＝作為によって、何が排除され、何が隠蔽され、何が忘却されようとしているか、が問題にされなければならない。どのような物語の記述であろうとも、それは選び取る主体の判断が働くのであり、ある物語が選択され、ある物語が排除される、それは避けがたいことである。問題は、その選択を自覚し、その基準を明らかにすることである。そこが「つくる会」は全く不確かである。

結局、彼らは、歴史のなかで抑圧されたものを否定し、隠蔽しているのではなかったのか。

「私たちは彼らの（朝鮮や中国の人々のこと——引用者）視点によって自らの来歴を語ることはできない」（前掲）と、先の小学校教師斉藤は率直に述べている。

彼らは被植民地住民の身になって想像力を働かせているのだろうか。被植民地の人々の生活信条に踏み込んで理解する努力を行っているのだろうか。そうした人々の思いを感じ取ることをしたのか。

当事者とは誰か、が問われなければならない。

さらにいえば、当事者に注目することは当事者を肯定することとは違う、ということである。当事者に共感することは、当事者の生き方をそのまま肯定することではない。当事者の認識の可能性と問題点・限界を指摘することがなにより重要である。「当事者の悩み・迷い」から、現実化した流れとは違った「可能性」の検出を行い、現状を批判的に克服する未発の契機を探求する作業がすすめられるべきではないだろうか。場合によっては、当事者の屈服を指摘し、それを厳しく批判する必要がある。坂本がいう、そのときどきの研究水準を織り込み、判断に修正を加えていく、という言葉の真の意味はこうした研究作業にこそ当てはまることなのではないのか。

歴史の記述とは、現在からの再審のくり返しであり、西尾がいうように今日の観点からみてはいけないものでもないし、道徳的判断を回避しなければ成り立たないものでもない。

歴史の記述は、出来事を何度でも再審に付し、書き直すことである。そこにあるのは、正当な再審と不当な再審だけである。現代からの過去の判断が、直ちに「不当な断罪」になるのではない。侵略戦争は悪という思想は、なにも現代の「後知恵」ではなく、当時に生きた人々にそうした考えは存在したし、被植民地者はまさにそのように思っていたのではないのか（高橋哲哉『歴史／修正主義』岩波書店、二〇〇一年）。

過去の人々への共感の能力。『新しい歴史教科書』が期待するこの能力は、植民地侵略戦争を肯定し、そのイデオロギーに妥協・屈服した日本人の生き方を肯定する方便に利用されている。この点をしっかり見抜く必要がある。

植民地支配責任は、生な感情の吐露と当事者への共感の押しつけという「国民の物語」によって、あからさまに否定された。「新しさ」の装いは、『国史』の塗りかえでしかなかった。『新しい歴史教科書』を、採択させてはならない。

# 第三章　植民地教育支配と天皇制

このシンポジウムのテーマ「植民地教育支配と天皇制」は、欧米帝国主義国家の植民地教育支配と日本のそれはどのような違いがあるのか、ということが主題となるものと思われる。そこで問題となるのは、天皇制の教育支配とは何であったのか、ということだろう。欧米帝国主義国家の植民地教育支配の特色を考えることによって、天皇制国家の植民地教育支配とは何であったのか、ということが浮かびあがってくれば成功だと考えた。

日本の植民地教育支配を天皇制問題と絡めて見た場合、どのような問題が現れるのか、その点を考えることで、古沢常雄氏、佐藤尚子氏、李省展氏の報告に対しなにがしかの論点が提起できればと思いながら、指定討論者として報告を行う。

## Ⅰ「天皇制と植民地教育」というテーマは、何を問題とするのか

まず一つ目は、植民地教育というものが、国内（内地）以上に狂信的な天皇制教育を推進していた、とい

う事実が検討されなければならない。植民地では、国内の教育以上に天皇制を強化する教育を行った、あるいは行わざるを得なかった、という事実があるわけで、そういう点では植民地教育を分析することで天皇制教育の実体や本質という問題がより鮮明にわかるという問題である。

また、植民地から国内（内地）への「逆流」と言われているが、植民地において実験的に行われたり先行して行われたものが、国内に逆流して戻ってくるということがあった。たとえば、国民学校令第一条（一九四一年）にある「国民学校ハ皇国ノ道ニ則リテ初等普通教育ヲ施シ国民ノ基礎的錬成ヲ為スヲ以テ目的トス」という目的規定にある「皇国ノ道ニ則リテ」は、植民地朝鮮における塩原時三郎学務局長時代（在任期間は、一九三七年七月から一九四一年三月）の「皇国臣民教育論」を取り入れたとも言われている。塩原は、第三次朝鮮教育令を制定し、「忠良ナル皇国臣民ヲ育成シ」（一九三八年三月）との目的規定を入れ、「皇国臣民の誓詞」を作り、「皇国臣民体操」（一九三七年一〇月）などにとり組んだわけである。「皇国臣民教育論」→「国民学校論」という逆流の事実。

塩原を語るある評伝は、次のような興味深い指摘を行っている。

「この教育の諸規則や誓詞にある『皇国臣民』といふのは、謂はば塩原の新造語であり、彼の炯眼を示すものである。今でこそ盛に内地でも使はれてゐるが、当時は珍しい熟語であつた。……昭和十二年かに出た文部省の『国体の本義』でさえも、国民とか臣民とかの語はあるが、皇国臣民の語はない。筆者もこれは朝鮮なるが故に必要であつて、内地では特にその要なしといふのであらうかと思つてゐたが、最近は内地で盛に用ひられ、国民学校令に『皇国ノ道ヲ修練』等が見えて居り、昨年夏文部省から出た『臣民の道』には巻頭から盛に『皇国臣民』の語が使はれてゐるのを見ると、内地でも必要がなかつたわけではないといふことが分つた。わづか用語の問題であるが、三年前にとやかく論議された語が、今日はこれでなければならないやうになるのも不思議な世の移りといはねばならない」

（岡崎茂樹『時代を作る男　塩原時三郎』一九四二年、一六三―一六四頁）

あるいは、宮城遙拝など様々な儀式の面でも、植民地の教育が先行して行ったと考えられる。そういう事実が詳細に調べられる必要があるだろう。

よく指摘される例でいえば、沖縄が引き合いに出されるが、沖縄は各府県に先だって御真影や教育勅語が下賜されている。沖縄は、「琉球処分」（一八九七年、明治一二年）によって沖縄県として政治的には統合されるが、なお忠誠の一元化のためには特別な措置が必要であると考えられ、一八八七年（明治二〇年）九月一六日に、他府県に先立ち沖縄の師範学校に「御真影」が「下賜」され、一八八九年には首里中学校や小学校にそれが及び、一八九〇年には各小中学校に教育勅語が「下賜」されていた。

このように、同化政策の推進という課題に応じて、天皇制教育が率先して、ある場合には狂信的に行われたという事実があるだろうと思われる。そういう点で、植民地教育と天皇制問題を考えることは大切なはずである。中央一周辺という用語を使えば、異なる文化の接触地である辺境周辺であればあるほどナショナリズムが発動し、まさに天皇制教育という問題が先鋭化してくる、と言えるのではないだろうか。以下の記述を参照してほしい。

「一般にナショナリズムは、国民国家の中心で生成され周辺へと拡大する運動として認識されがちだが、教育史の事実は、ナショナリズムをもっとも強烈に醸成する基盤は異質な民族が交渉し合うマージナルな領域においてであることを示してくれる。ナショナリズムは、中心化の運動であり、その基軸を中心においていることは事実だが、その運動はむしろ周辺から中心へと展開するのである。『植民地化』と『逆植民地化』が進行するマージナルな周辺領域こそが、ナショナリズムのエネルギーがもっとも熱く生成し運動する舞台なのである。戦前においても皇居や国会からもっとも遠い所でナショナリズムは最大のエネルギーを発動していた」

（佐藤学「教育史像の脱構築へ――『近代教育史』の批判的検討」『教育学年報第Ⅱ期六号　教育史像の再構築』世織書房、一九九七年、一三二頁）

二点目は、同じことの別な表現かもしれないが、つまり「天皇制と植民地」というテーマを扱うことによって、「植民地アジアの教育」と「本国日本の教育」というように、有機的統一的に把握することができる。そういう課題を自覚することである。

小沢有作は『民族教育論』（明治図書、一九六七年）で、以下のように述べている。

「日本の支配階級は、アジア諸民族を植民地化したために、一方でアジア諸民族にたいする教育侵略破壊をすすめると同時に、他方で、日本人民の国民教育を他民族抑圧を是とする方向にねじまげてきたのである。これはひとつの事実の二つの側面である。こうした教育史的事実をみとめるならば、われわれにとって、『植民地アジア』の教育と『本国日本』の教育とを有機的統一的に把握するという教育（研究）上の観点を獲得することが、大いに必要になってくる。そして、このような方法的視点は、他民族抑圧をその本質のひとつとする帝国主義という政治的立場がもとめる教育事業を考えることからみちびきだされてくるのではないだろうか。またとくに、植民地領有支配の政治的社会的現実から規定されておこるアジアと日本とにおける教育事業であるから、これを『植民地主義の教育』というひとつの観点で統一させてとらえてみることが妥当なのではあるまいか」（二一一—一二頁）

三点目は、日本の「同化政策」を問題にする場合に、「同化＝皇民化」と述べて、皇民化という用語をあえてくっつけて述べる、その問題の解明ということである。なぜ「同化」だけにとどめないで「皇民化」ということをわざわざ言うのか。そこに欧米の同化政策とは明らかに違う意識が働いているわけで、日本独自の「同化教育」思想の究明ということが当然意識されているだろうと思われる。

四点目は、日本の植民地教育支配というのは、これもいろいろな人が言っているが、たとえば矢内原忠雄も言うわけだが、軍隊あるいは警察と密接な結び付きを示している、そこがフランスやイギリスとは違う特徴的傾向だという点である。

おそらく天皇制の原理（理念）を植民地支配の原理に当てはめることによって、かえって大きな矛盾を背負い込んでしまい、天皇制イデオロギーの虚偽性が顕在化し、権力や暴力を要請することになるという問題がここにはある。つまり、天皇制イデオロギーの虚偽性という問題。欧米帝国主義が利用したキリスト教理念とは違って、天皇制は支配イデオロギーとしての脆弱性を内包しているという問題があるから、軍隊や警察と密接に結び付かざるを得なかったということである。「片手に武器、片手に教育勅語という教師の姿」(小沢有作)。そういう天皇教とキリスト教ないし西洋近代思想との比較を通して、日本の植民地教育支配が軍隊警察と密接な関係をもつところの暴力性の究明になっていくのではないかと思われる。

参考までに、矢内原忠雄の指摘を紹介しておこう。

「台湾人若しくは朝鮮人、アイヌ人若しくは南洋群島島民に先づ日本語を教へ、これによつて彼等に日本精神を所有せしめよう。社会的政治的自由は彼等がかくして凡て日本語を語り、日本精神の所有者としての日本人となり終つた暁の事であるといふのが、我が植民地原住者同化政策の根本的精神である。それはフランスにおける如き自然法的人間観(人間はその出生境遇の差別に拘らず理性の所有者として凡て同一であり、従つて植民地原住者も亦フランス人と同一なる天賦人権即ち人間としての自然権を保有するものであるということ—引用者)に基くものではなく、寧ろ日本国民精神の優越性の信念に基くものであつて、その意味においてフランスの同化政策よりも更に民族的、国民的、国家的であり、従つて軍事的支配との結びつきはフランスにおけるよりも一層容易である」

(「軍事的と同化的日仏植民地政策比較の一論」『国家学会雑誌』一九三七年二月、『矢内原忠雄全集 第四巻』、三〇一頁 傍点は引用者)

五番目は、三番目と四番目から言えることだが、なぜあれほどアジア諸民族の文化的精神的伝統を破壊したのか、文化を抹殺できたのか、という問題である。異質なものを無視し、否定する、それがまさに天皇制の支配原理であったわけだが、それを考えることになっていくものと思われる。

六点目、これは今日よく流布されている「植民地支配は被植民地国の近代化に貢献した」という問題に関係する。たとえば、「自由主義史観研究会」の人々や「新しい歴史教科書をつくる会」の人々が主張する、「植民地支配は近代化に貢献した」「植民地支配は悪い面をもっていたかもしれないが、少なくとも被植民地国を近代化した」という問題性をどう解くかということである。

小沢有作が前々から述べていたことだが、じつはこれら近代化論者は「天皇制の植民地支配」を決して問題にしないということだ。近代化論の問題の核心は、「天皇制イデオロギーの犯罪性」を隠蔽してしまうということである。近代化論が持っている陥穽というか、落し穴というか、それをきちんと見抜くことが、「天皇制と植民地」というテーマなのではないのか。植民地教育支配は決して被植民地国の「近代化」を否定しないのであり、植民地支配の手段として「近代化」を大いに利用するわけである。

そういう点で、「近代化への貢献」というイデオロギーのもっている偏向性を考えていくためにも、「天皇制と植民地教育」というテーマは重大ではないだろうか。

## Ⅱ 「同化＝皇民化」思想とは何か

そこで特に、「同化＝皇民化」の問題を、もう少し考えていきたい。つまり、日本の同化政策と欧米の同化政策のどこがどう違うかということについて、あらためて考えてみたい。

欧米の「同化」政策は、――欧米といっても、アメリカとフランスとでは違うし、イギリスとフランスでは違う。そこはていねいに分析する必要がある――重要なことは、欧米の同化政策は「人種と文化の違い」を前提にするということである。そこが日本とは明らかに違う。肌の色が違う、文化も大きく異なる。つまり「文化的異質性」を前提にした上で、「同化政策」をすすめるわけである。そこが日本の同化政策と明らかに違うというのが一つ。

次に、理念としては、要するに建前としては、とくにフランスは特徴的だと思うが、「平等化」と「人権の拡張」を植民地に敷衍するというか、つまりフランス人権思想・革命思想を普及拡大するために植民地に入っていく。そういう建前の上では「平等化」を志向していくというのが、欧米帝国主義国家の同化政策だろうと思われる。人権の普遍化（＝文明化）を植民地教育の正当性の根拠にすえるのだ。

それに対して日本の同化政策はどうかというと、文化的異質性というものは後方に退いて、むしろ「文化的人種的近親性」が強調される。それはずいぶん早い時期の、たとえば伊沢修二の同文同種論に現れていた。もともと中国人と日本人はともに漢字を使い、人種的にも同じであり、宗教も一緒だ、ということが非常に強調される。あるいは朝鮮では、同祖論、あるいは同系論が強調された。これも早くから言われていて、日本と朝鮮は、文化的異質性は小さく、むしろ人種的に同祖同系で似ているんだ、そのように論じられて、植民地支配が出発していく。だから朝鮮を同化できるのだ、同化が許されるのだ、ということである。

これは欧米との違いが鮮明であって、植民地住民と宗主国の人々との「平等化」ははなから考えられていない。「平等化」ではなく、「同質化」が徹底した目標となるといえる。同種、同系、同祖だから、同質化（＝同化）を徹底して執拗に追求していくことが最重要課題となるわけである。

だから、台湾や朝鮮の植民地統治の最終時期における被植民者への参政権の付与の論議でも、結局、参政権は実際には施行はされないが、「万民輔翼」だということが強調されて、参政権の付与が認められる議論になっていく。先の朝鮮総督府の学務局長塩原時三郎がそう主張している。皇国臣民教育が徹底されたならば、まさに朝鮮人は日本人へと同質化されたのだから選挙権も与えられてよいであろう、その場合は、朝鮮人と日本人が「平等」だからということではなく、まさに「同質」だということが根拠だった。

ただし、欧米と日本が共通する面もあるわけで、「文明化の使命」をはたすという点では、共通している。日本は朝鮮や中国からみれば近代化の先を行っているため、その優位性を強調するということである。その点ではまさにオリエンタリズムが利用される、つまり「日本的オリエンタリズム」ということだ。文明の名によって自己の植民地支配を正当化するということの点においては、欧米も日本も同じであったということだ。

だから、植民地教育支配の初期から中期にかけては、同文同種論、同祖・同系論と近代化論、それに天皇制イデオロギーのトライアングルというか、三者の使い分けを行っていたのではないだろうか。しかし、一九三七年の日中全面戦争以降は、特に四一年以降のアジア・太平洋戦争以降になると、これら三者の使い分けというよりは、「一視同仁」「皇国臣民」「八紘一宇」という天皇制イデオロギー思想一本になってきてしまう。つまり、反オリエンタリズム思想に収斂していくように思われる。天皇制イデオロギーへと完結するという姿になっていくのではないだろうか。

たとえば、その使い分けと収斂という事で言えば、次の例が適当だろう。

朝鮮の宇垣一成総督時代の学務局長である渡邊豊日子（在任期間は一九三三年八月から一九三六年五月）は、これは「内鮮融和」の時代である、「欧米文明の一翼としての指導者日本」ということをかなり強調したりする。渡邊の朝鮮植民地教育政策論は、産業経済政策と教育政策との有機的関連を重視する点に特徴があり、同化=皇民化政策の一部に自力更正運動という民衆における自発性の形成を持ち込み、欧米近代の教育思想を利用しようとした。たとえば、渡邊は次のように述べている。

「我が国のみ尊いといふ考へに陥らずに、矢張り広く知識を世界に求めて行くことが極めて大切であらうと思ふのであります。日本精神の優れた幾つかの特徴の中に世界の文化をよく咀嚼してそれを自分のものに為して行くといふその事柄が日本精神と申しますか、或ひは大和民族と申しますか、さういふものゝ優れた所の性能も一つであるといふことを堅く信じてをるのであります」

「今日幸ひ日本主義が非常に高調され、日本精神が高調されることは非常に喜ばしいことではありますが、若しこれを履き違えて、外来の思想、外国の思想を総て排撃して、研究するに足らぬといふ態度を採りましたならば寧ろその招来する所は非常に恐るべきものではないかと思ふのであります。国家の発達学問の進歩は或ひはそれに依つて停止するのではないかと思ふのであります」

（「朝鮮教育会主催夏期大学開催の辞」『文教の朝鮮』一九三五年一〇月、六―一三頁）

渡邊は、このように言って、欧米近代の教育思想を学ぶ姿勢を強調したりもする。

ところが、先の塩原のように一九三七年以降、つまり「内鮮一体」の時期になると、明確に欧米近代思想を否定して、「欧米文化を超える指導者日本」という言い方が露わになる。塩原の植民地教育論は、戦時体制再編の危機意識が如実に反映していた。彼は、徹底して欧米文化を否定・排撃して、日本精神を朝鮮植民地に断固導入しようとの意図が鮮明であった。彼は上からの徹底した皇国臣民化教育を断行した。彼は以下のように述べている。

「思ふに、白色人が犯し来つた世界征服の迷夢を事実に於て精算させ、其の野望が彼等の有つ文明観念なり文化原理から出たものであるとすれば、我々は之を打破つて之に代るべき新しい文化原理を打建て、いかなければならない」

「今や我々東洋人は、西洋文明の外形のみの絢爛さに惑はされて居るべき時ではありません。東洋人は東洋人として持つ所の本来の精神なり文明なりを強く振返つて見ると同時に、益々其の精髄を発揮して誤れる白色人の思想や文明を排撃し、東洋人として自覚を高調しなければならない」

（「東亜に於ける日本帝国の使命」『文教の朝鮮』一九三七年一二月、三〇―三一頁）

渡邊の同化政策思想は、国体思想と近代化論を巧みに融合し使い分けていたが、塩原は明らかに国体論と皇民化思想一筋で押し通し、すごみをきかせているように思える。

一九四一年以降、大東亜共栄圏時代の教育学者の言説は、反オリエンタリズム思想を中核におきはじめる。しかし、その言説のなかには、「欧米近代思想」を超えようとする独自の論理を編み出す努力が含まれており、あまりに馬鹿げたものとして無視してよいというものではない、きちんと批判しておくべき「内容」をもっているのだということが確認されてよいだろう。

資料的にもおもしろい内容のため、煩わしさを厭わずいくつかの言説を紹介しよう。

国民精神文化研究所の研究所員であった伏見猛彌は、欧米近代のオリエンタリズム思想を取り出し、それを批判することで、日本の「同化＝皇民化」政策の正当性を論じていた。

「ヨーロッパの近代文明は、多くサラセン帝国から得られたものであるが、教科書には殆どサラセン文明は無視されてゐる。サラセン帝国の文明はアジア文明であつて、ヨーロツパがアジア文明の影響を蒙つたといふが如き史実は、少なくともヨーロッパの児童には取り入れられ得ないのである。

又、彼等の教科書にはコロンブスのアメリカ発見を、新大陸の発見と教へてゐる。即ちコロンブスが発見する以前に、アメリカ大陸に生活してゐた人間と、その文化を一切否定してゐるのであつて、最近のアメリカ大陸に対する研究、インカ帝国の遺跡に関する調査は、南北アメリカの原住民の相当高い文化を物語り、更にそれがアジア民族より出たものであることすら、想定されつゝあるのである。さうした研究、調査を故意に黙殺して、新大陸の発見と教へてゐるところに、ヨーロッパに於ける学校史の政治性が認められるものと思ふ」

「近代の歴史として更に驚くべきことは、彼等が過去三百年に亙るヨーロッパのアジア侵略の史実を、教科書に於て何と教へてゐるのであらうか。西洋文明の東漸と教へてゐるのである。さうした教科書に就いて学んだヨーロッパの子供は、近代史は未開野蛮なアジアを我々が啓蒙して行く歴史であると理解するのであるから、政治的には教科書をさういふ風に編纂することが絶対に必要であつたのである」

（『世界政策と日本教育』、一二六—一二七頁）

そして、植民地における初等教育の就学率の比較を通して、次のように述べている。

「建国十年目の満州国は四・五パーセントであり、統治四十年目の朝鮮は七・二パーセントであり、五十年の台湾が十一・五パーセントとなつてゐるのである。これらの数字を統治三百年にして僅か三パーセントの蘭印や、二・八パーセントのインドに比較すれば、その政策に根本的な相違があることを否定し得ない。台湾には近く義務教育が施行せられる筈であつて、その教育の普及状況は、既に文明国の域に達してゐるのである。即ち日本の場合はほゞ五十年の統治を経れば第一流の文明国と同一程度の教育程度にまで高まつてゐるのが従来の政策であつた。斯の如き政策は従来の米英流の植民地に於ては、全くその例を見ないのである。

従つてこれらの統計は明瞭に日本の外地教育政策が欧米の植民地政策と、根本的に異なつたものであつて、異民族をも完全に皇国民として、一視同仁に取扱つてゐることを物語つてゐる」（二二〇頁）

伏見は、欧米の「植民地教育政策」に対し、日本の「外地教育政策」を対置して、日本には「植民地教育」という概念が成立しないことを述べ、その根拠を「一視同仁」の天皇制統治原理に求めていた。

東京帝国大学助教授の海後宗臣は、欧米近代の近代学校の実生活から遊離した「桎梏」を指摘しつつ、大東亜共栄圏建設のための教育（錬成＝皇化）の意義を以下のように論じた。

「大東亜の諸地域に於いては教育の基盤としての実践生活が至重な意味を担って我々の前に展開されているのを見ざるを得ない。我々は米英蘭人の如き植民地支配者として彼等に代って、これ等の諸地域に臨まんとするものではない。米英蘭人は大東亜圏内の諸地域をその支配下に置き、住民中より欧米文化に傾いた少数者を選び出してこれを本国と同様な形をとった学校を用意して、自国の言語と文化とを用いて教養を与え、更にこれを本国の文化に浴さしめて遂に自らの意のままに駆使し得る本国化された知識人を造り上げ、これを仲介としてこれ等の地域を運営して来ているのであった。米英蘭人はかかる諸地域の知識人はこれを近代学校の框内に封鎖し、多くの住民はこれを学校より除外して原始の状態に放置して顧みなかったのである。従って米英蘭人は単なる有識な支配者としてこれ等の地域に足場を置いていたのであって、実践生活への直接な結びつきをしていなかったのである。

然るに大東亜の解放戦は単にこれ等の諸地域の住民をその米英蘭人による被支配の桎梏より解放するのみではなくして、これに生活の歓喜を与え、彼等自らの足をもって立たしむるにある。即ち実践生活者としての新しい編成を賦与することによって厖大な住民を皇化に欲せしめなければならない。……実践生活に根を下した教育方策であってこそ、新秩序建設への途を築くことができるのである」

（海後宗臣「新秩序への教育方策」『文芸春秋』一九四二年三月、『海後宗臣著作集』第一巻所収、東京書籍、六三三―六三四頁）

海後は、「皇化」（天皇制原理）こそが「教育の実践生活化」であると述べ、皇化という実践は植民地教育に必要不可欠であると述べていた。

文部省の普通学局に勤務する近藤壽治は、『臣民の道』（一九四一年）を解説するなかで、日本の同化政策の正当性を以下のように述べている。

「我々は往々過去に於て即ち明治以来世界の文化といふものが同一のものであり単一なものであつて、それぞれ特殊な具体性を持つたものはその普遍的な同一性の制約されたものであるといふことを考へて居つた傾が相当に強かつたのであります。言ひ換へて見れば世界史は同一な方向に向つて進みつゝあるものであつて、国民的な特殊性といふものはこの普遍なるものへの進歩発展の段階にあるものであるといふ風に考へて居つたのであります。それは要するに世界史の普遍的な見方といふものからくる文化の見方であります。併しながら歴史が生きたものであり、文化が具体的なものであるとするならばかゝる世界共通的な普遍性を以て真理とすることであつてはならないのであります。何となれば普遍的なもの、抽象的なものはそれ自身存在し得ないものであるからであります。生命があり、現実的なものは必ず具体的なものであり、特殊的なものであるといふことも考へねばならないのであります。そこに今日では文化がそれぞれ国家的な特殊性を有ち使命を持つもの即ち国民的な特色を持つて存在し得るものであるといふ見方になつて来た理由があるのであります。日本人の建設する文化といふものは日本人の歴史、日本人の使命といふものに立脚した自主的なものでなくてはならぬのでありまます。この見方が正に世界史の転換といふことの重大な意味でなければならぬと存ずるのであります。我々は世界の出来事を共通普遍なものへの進歩の程度の相違に依つて起る過程であると眺めて居ることはできないのであります」

（近藤壽治「臣民の道について」『日本教育』一九四一年一一月、六〇頁）

近藤は、世界文化の一元的な進歩史観を否定する。ここではこれ以上、近藤の主張を紹介することは避けるが、近藤は、日本の国体思想こそが世界文化に代わる「具体→普遍」を達成できると、何の根拠を示すことなく述べていた。

最後に、南方圏の同化政策を論じた舟越康壽をとりあげよう。

「同化政策にせよ、協同政策にせよ、欧米の植民地教育政策は彼等の植民地政策の原理に基づいてゐるのものであつた。欧米の植民地政策の原理とは即ち侵略主義、換言すれば資本主義的搾取主義である。この原理に基づいて、同化政策は土著民を、強制的に欧米化しようとするものであり、協同政策は表面土著民の旧習を尊重しつゝ、その実は土著民の文化を低級なる程度に留めておく一種の愚民政策であつたと見られ得る。

如上の如き欧米の植民地教化政策に対して、我が日本の教化政策は如何なる構想をもつべきであらうか。

欧米の教化政策の原理がその植民政策の原理たる帝国主義に即してゐる如く、我が国の教化政策がわが政策がわが国対南方政策にその原理をもつべきは理の当然である。然らば日本の対南方政策の原理は如何。それはあへてあげつらふまでもなく、八紘為宇の国策に基づき、南方諸民族を欧米の制圧より解放して、彼等の伝統を復活せしめ、その文化の向上発展を庇護しつゝ日本を指導者とする大東亜共栄圏の確立に積極的に参加協力せしめるにある。従つて日本の対南方政策は欧米のそれが資本主義的隷属と搾取に存したのとは異なり、あくまで利己的政策を排し、南方民族との共存共栄、大東亜共栄圏の確立といふ協同の大理想の実現を企図するものであることが銘記されなくてはならない。」

（舟越康壽「南方文化圏と植民教育」一九四三年、三八一―三八二頁）

舟越は、欧米の同化政策には「協同政策」段階があって、この協同政策は被植民地住民の習慣や固有の文化を踏まえる同化政策であるとしているが、それも結局は帝国主義の侵略搾取主義の外皮であると批判している。この批判点は注目するが、それに代わる日本の「南方政策」については、またもや何の根拠も示すことなく南方民族の共存共栄を推進すると述べてしまう。

これらすべての言説は、天皇制（皇民化思想）を欧米植民地主義に対置してアジアを解放する原理であることを述べている。植民地教育であることを隠蔽し、欧米帝国主義からのアジアの解放をもたらすものとして天皇制イデオロギーが利用されていたことがわかる。同化から皇民化へ。植民地支配イデオロギーにとっていかに天皇制思想が重要であったのか。少しは理解が得られただろうか。

以上、不十分な内容を覚悟の上で、天皇制と植民地教育支配の関連について述べてみた。今後とも、このテーマを執拗に分析検討していきたいものである。

**〔参考文献〕**


1　小沢有作「植民地教育認識再考――日本教育問題としての植民地教育問題」
槻木瑞生代表科学研究費報告書『「大東亜戦争」期における日本植民地・占領地教育の総合的研究』二〇〇一年三月。

2　佐藤広美「植民地朝鮮における教育行政官僚の思想――渡邊豊日子と塩原時三郎を中心に」槻木瑞生代表科学研究費報告書『「大東亜戦争」期における日本植民地・占領地教育の総合的研究』二〇〇一年三月。

# 第四章　国定国語教科書と植民地

## Ⅰ　はじめに

中田敏夫氏の台湾国語教科書、北川知子氏の朝鮮国語教科書、宮脇弘幸氏の南洋庁国語教科書の、それぞれの分析を聞きながら、植民地教科書の比較分析ができる時期がはじまったことを実感する。私は、相互の議論がかみ合う論点を引き出そうと思ったが、当日、それはできなかった。ここでは、これまで、日本国内の国定教科書において植民地がいかに記述されてきたか、その分析（関心）の成果について、簡単な整理を記しておきたい。今後、植民地教科書の比較分析のための方法や視点が深められることを願っている。

## Ⅱ　国定教科書のなかの植民地記述について

国定教科書のなかの植民地記述を分析した研究に、以下の四点をあげることができる。

①小沢有作「日本植民地教育政策論——日本語教育政策を中心にして」『人文学報』第八二号、一九七一年
②小森陽一「国定国語教科書における植民地教材」『成城学園教育研究所　研究年報』第八集、一九八五年
③入江曜子『日本が「神の国」だった時代——国民学校の教科書を読む』岩波新書、二〇〇一年

なお、資料集として、④佐藤秀夫編『日本の教育課題一「日の丸」「君が代」と学校』東京法令、一九九五年、がある。日の丸・君が代に限定された教材を扱っているが、植民地の記述を知る上で重要な文献である。

小沢論文は、すでに三五年前のものである。小森は、文学研究者であり、入江は作家である。「国定教科書のなかの植民地」というテーマが、これまで、いかに、教育学者・教育史研究者にとって遠い課題（テーマ）であったかが、ここから推測される。

しかし、研究成果の継承は大切であり、以上の文献は、重要な問題と視点を提起しており、今後の植民地教科書の比較研究にとって共有すべき論点をもっている。

参考までに、小森が記した教材の事例を再掲しよう。

第二期
巻一一　第9課　台湾より樺太へ（書簡体）
　　　　第24課　樺太より台湾へ（書簡体）
巻一二　第15課　南満州鉄道（紀行文）
第三期
巻七　第12課　大連だより（中学二年生の口語書簡）

巻八　第10課　朝鮮人参（理科+伝承）
巻一〇　第13課　京城の友から（児童の口語書簡）
巻一一　第3課　上海（紀行文・地理的教材）

第四期
巻八　第3課　呉鳳（「台湾蕃人」首取の風習について）
　　　第4課　大連だより（小学四年生の書簡）
　　　第5課　朝の大連日本橋（詩）
　　　第21課　ホノルルの一日
巻九　第19課　京城へ（児童の視点からの紀行文）
　　　（第28課　国語の力）
巻一〇　第6課　南洋だより（口語書簡）
　　　第11課　朝鮮の田舎
　　　第26課　「あじあ」に乗りて（児童の一人旅）
巻一一　第17課　樺太の旅（紀行文）
　　　第22課　欧州航路（書簡・口語）
巻一二　第4課　支那の印象（紀行文）

第五期
よみかた四　第10課　満州の冬（児童の作文）

初等科一　第22課　支那の子ども（作話）
初等科一　第4課　支那の春
初等科二　第8課　南洋（作話）
初等科四　第4課　大連から（口語書簡）
初等科五　第5課　スレンバンの少女（実話風）
初等科六　第5課　朝鮮のゐなか
　　　　　附録2　愛路少年隊
初等科八　第3課　ダバオへ
　　　　　第15課　シンガポール陥落の夜
　　　　　（第20課　国語の力）

## Ⅲ　国定教科書のなかのアジア観・言語観

①の小沢論文は、国定国語教科書におけるアジア観を分析した最も早い研究ではないだろうか。小沢は、『日本教科書体系・近代編・国語』（講談社、一九六二年）を使って分析している。

小沢は、明治の検定期を含めて検討し、その特徴として、第一に、アジア進出の拡大が忠実に反映されているとを指摘する。すなわち、日清戦争後の「台湾」の登場から、日露戦争後以降の「朝鮮」「満州」が加わり、日中戦争から太平洋戦争にかけて中国と東南アジアにおよぶとする。ただし、アジアの範囲が日本の直接支配のおよぶ地域に限られていることに注意をうながしている。

第二に、戦争と結びつけられた記述であるとする。たとえば、朝鮮の場合、侵略の正当化に力点がおかれ（明治後半）、ついで朝鮮の風物の紹介となり（明治末から大正期）、最後に同化の成果がさりげなくたたえる内容に転じる（昭和期）、とする。

小沢は、日本人にとって母国語の大事さを強調する（「国語の力」）一方で、台湾人、朝鮮人が「国語」としての日本語を常用している現状を知らせ、当然視させるものが国語教科書であったとする。アジアの子どもたちが、日本語学習の意欲をもち、片言の日本語を話し、日本語を慕っている模様を示しているとする。母国語をうばう側にたつ言語教育であって、母国語をうばわれる側の痛苦にたつ立場ではない、と主張していた。

②の小森論文は、言語教育観を軸に検討した点で特徴がある。小森は、第四期の国定国語教科書における決定的な言語教育観の転換を指摘し、一方で国語教育におけるその「進歩」的側面が、他方では植民地におけるきわめて侵略的な「力」としての国語観を準備したものであったと述べる。言語支配→感性の支配→行動の支配、という国語教科書における言語教育思想の強調であった。第四期は、児童の感性を媒介にして言語教育をすすめる方法への転換を示しており、感性を刺激する記述がもつその植民地主義の浸透という役割の大きさを指摘するのであった。

たとえば、第四期と第五期に登場する「朝鮮の田舎」について、こう述べる。

「貞童という朝鮮の田舎の少年においては、いわば感性それ自体、自然に対する知覚の枠組それ自体が日本化してしまっていることをこの場面は語っている」

「徹底した『国語』教育によって推進されていた植民地における言語教育の目標があった」

「言語を支配することで、その民族の自然感性それ自体を日本に同一化させることがそれである」

「支那の子供」（第五期の「よみかた四」）については、「当初現地語でしゃべっていた段階では無統制であった集団が、日本の兵隊の車を皆で押していくという共同の行動と、日本語のしかも『日の丸』の歌を歌うことで統率がとれていくといったきわめて意図的な構成」が付与されている、と。

小森は、国語教科書の論理と思想は、言語支配から感性支配へ、そして行動の支配へといったきわめて明確な言語政策だったのであり、それが高学年になればなるほど、よりイデオロギー的色彩を強めていくことになると、指摘した。「一連の植民地教材は、このような侵略的意図を、友情・親子の愛・連帯といった児童の感受性に直接訴えるコミュニケーションの成立をドラマの軸とすることで、半ば無意識の領域に浸透させる機能を果たしていたのである」という。

小沢論文から三〇年後の、③の入江の仕事はどうか。入江は、国民学校期の教科書を、とくに国語・修身・音楽を使って分析する。その分析する視点は、日の丸・君が代（天皇・皇室・皇道）、神話、命、母（ジェンダー）、青少年団、そして、アジア（植民地）であった。植民地・アジアばかりを扱っていないが、満州や朝鮮で使用された教科書、たとえば、『満洲補充読本』『マンシウ』『満洲』『大陸事情』『朝鮮普通学校国語読本』などと比較しながら植民地問題を重視している点が特徴である。

入江は、教科書のなかの日の丸の絵・図は、だいたい「日の丸が揚がるのは『大東亜共栄圏』の地である」とする。そして「外国の国旗に対する一般的なマナーは見られない」という。神話については、「日本語を母語としない植民地の児童に、このような難解かつ非現実的な読み方を教えるという発想には、皇国史観を信奉する文部官僚の文化的優越者としての精神的サディズム、少なくとも自己陶酔の他にどのような意味があったのだろうか」と述べる。

「田道間守」(『初等科国語二』)では、「田道間守は、昔、朝鮮から日本へ渡って来た人の子孫でした。しかし、だれにも負けない忠義の心を持っていました」の記述を捉え、「ここでも『祖先から天皇に忠義だった』という『国体の本義』史観によるきめつけのパターンが展開され、『韓国併合』からはるか昔にまで遡って、朝鮮の人々もまた天皇に忠義をつくしてきた、というところまで踏み込んでいくのである」とする。また、「太平洋は、皇国の鎮めによってのみ、とこしえに『太平』の海なのである」(『初等科国語八』本文の最後「太平洋」)で終わる文章を引用し、「六年間という長い初等教育の歳月を費やして帰着するところは、結局は『神』であり、『皇祖皇宗』であり『八紘一宇』なのである。国民学校教育とは『国体明徴』という名の空虚な迷宮であった。にもせよ、これが超国家主義イデオロギーのもとに結集した日本人の創造の精華であるという事実だけは、事実として、記憶しておきたい」とした。

入江は同書の「あとがき」で、当時の教科書主任監修官をつとめた井上赳の回顧録『国定教科書編集二十五年』にある「その実、根本的に児童中心の自由教育をまもりぬくべき仕組みにできていた」に反論し、『ヨイコドモ』『ヨミカタ』『カズノホン』『ウタノホン』など低学年の教科書について、「この書名の創出こそ、植民地の児童を一律に『日本語』だけで教育するという国家の方針による変更であり、さらには日本語を大東亜共栄圏の共通語とするための基礎学習の視点からの水準低下の象徴ではなかったか」と述べている。教科書の合理的記述の工夫、すなわち、「自由主義教育」の原理を取り入れていたとしても、それが植民地主義に最大限利用された点を見損なってはいけない、と述べている点は注意したい。

## Ⅳ　おわりに

佐藤編の④の文献は、『教師用書』の利用の意義を教えている点で有意義であろう。これで教科書の思想（意図）は、より明確に分析される。

『教師用　よみかた四』（第五期）にある「支那の子ども」の「教材の趣旨」は、次のように述べる。「支那の子どもが皇軍の将士に親しみ、その仕事を助け、『日の丸』の歌を唱和することなどを知れば、わが国の児童の感激は大きいものがあるであろう。支那の子どもはわれらの友だちであり、将来ともに手を取って大東亜建設に邁進する精神に培ふことが大切である」（三二四頁）

「彼らはかくまでわが兵士になつき、日本語さへ話すのである。そればかりか、忽ち車の梶棒にとりつき、車の後押しをし、思ひ思ひにわが兵士を助けようとする。わが兵士はことばにこそ出さないが、心の中で喜んでゐることは、にこにこしたその様子でよくわかる。この心と心との融合は、最後の『日の丸』の歌の合唱に於いて高潮に達する」（三二五頁）

あるいは、「君が代少年」（『初等科国語三』）はどうか。「教材の趣旨」は、「重傷を負ひ瀕死の境にありながら、よく国民的信念に生き、両親を思ひ師を思ひ級友を思ひ、国語の実践に生き、臨終に『君が代』を奉唱しつつ十二歳の生涯を雄々しくもまた美しく生き抜いた少年の美談である」（五四七頁）と述べ、「苦痛を訴へるほとんど無意識的な語も台湾語でなかったことを意味し、以下徳坤の国語に対する平生の心構が簡明に叙してあるが、これも適当に補説して簡明を深くするがよかろう」（五四八頁）と、教師に指図している。

これらの記述もまた、小森がいう、「言語支配→感性の支配→行動の支配」を裏付けている。

国定教科書と植民地教科書との比較を、ここに示したイデオロギー的分析や言語教育論的分析を踏まえて、さらに、教科書の政治、社会、文化を捉えるトータルな研究にすすめていけるよう期待したいと思う。

# 第五章　植民地と新教育

## Ｉ

コーディネーター役佐藤広美と報告者の山本一生（満州）、岡部芳広（台湾）、韓炫精（朝鮮）は、数度の集まりをもち、シンポジウムのねらいをどうするのかを話し合ってきた。結論は、三者共通の課題を設けて、参加者に議論の素材を提供してみる、ということにした。すなわち、一九二〇年代における、それぞれの地域の「教育会」の機関誌を中心にして、新教育に関わる論文や記事をていねいに紹介し、その違いや共通性などを描き出してみる、ということである。雑誌に書かれた新教育の思想や実践が、いかに「同化」「植民地主義」と関わっているのか、という議論の呼び水になることを期待してである。朝鮮は『文教の朝鮮』が、満州は『南満教育』が、台湾は『台湾教育会』が、対象になるだろう。

たとえば、『南満教育』には、松月秀雄が「ダルトン・プラン」（一九二四年四月）、畑中幸之助が「能力別学級編成について」（一九二五年二月）、秋山真造が「修養教育と職業教育」（一九二五年九月）を論じている。こうした論文は数多い。これらはいったいどのような評価を今日得るであろうか。さらに、一九二五年に、大正期新教育運動のオピニオンリーダーである沢柳政太郎が中国に赴き、「日本人の位置」（一一月）を書いている。おそらくその中身は、彼の「東洋主義」「文化的汎アジア主義」ではなかったか。山本はこれらをいかに「料理」してみせてくれるのか、興味深い。山本の報告を含め、岡部、韓のそれぞれが期待されるだろう。

## Ⅱ

「新教育と植民地——一九二〇年代を中心に」というテーマは、いったい、どのような問題を問うことになるのか。第一に思うことは、このテーマは、近代日本教育史の展開において、日本国内と植民地との関連を鋭く問う問題関心をもつということである。

大正期新教育に関する代表的研究に、中野光の『大正自由教育の研究』（一九六八年）がある。この本は、新教育を帝国主義との関連で解いた研究であり、その第一章は「「新教育」の胎動と帝国主義への志向」となっていた。また、堀尾輝久は、新教育を天皇制との関連で、あるいは、日本ファッシズムとの関連で、分析した（『天皇制国家と教育』一九八七年）。臣民→公民→皇民の人間像を提示し、皇民は、公民（大正期）を媒介にして大衆的基盤を獲得した臣民であった、という図式は有名であった。

これら「帝国主義と新教育」、「天皇制（日本ファッシズム）と新教育」というテーマに対し、「植民地と新教育」は、いったい、どのような新たな意味をもつのだろうか。それが明らかにされなければならない。

明らかに、中野や堀尾の研究は、植民地における新教育の実際に触れることは少ない。日本国内の政治力学の文脈で語られていると、とりあえず言うことができよう。

植民地と新教育は、どのような、新しさを示すことができるのだろうか。すぐに思いつくのは、抑圧された側、支配された側、差別された側からの、視点がより強く打ち出されてくるということであるが、どうだろうか。このテーマに含まれるだろう内容豊かな観点を明らかにしていきたいと思う。

先の中野、堀尾の研究に対抗する「遺産史的」研究もある。戦後教育改革を遺産継承の視点で捉える研究などもその例だろう。こうした研究に対しても、植民地と新教育というテーマは、何を新たに語ることになるのか。突きつめてみたい。

## Ⅲ

第二に、時期区分に関してである。一九二〇年代は、明らかに、新教育運動の本格的展開期である。しかし、日本国内では、一九二〇年代後半には、この運動は衰退する。そうであれば、まずは、一九一〇年代における、とくに第一次世界大戦を挟んだ支配層の危機感をもっと重視して、それとの関連で新教育を分析する必要性がある。西洋近代に対する国際性の獲得と一方におけるアジア主義とのせめぎ合いの構図のなかでの新教育理解ともいえるだろうか。朝鮮でいえば、やはり、一九一〇年の韓国併合や一九一九年の独立運動等を入れた、総括である。一九二〇年代は、その前史を当然に意識しなければならない。

また、次の一九三〇年代も問題になる。一九二〇年代の新教育は、一九三〇年代にはいって、どのように変容していったのか。それを「変容」として捉えていいのかどうか、をも含めて検討する必要があるだろう。一九二〇年代の新教育は、一九三〇年代の総括をもってはじめてその本質が理解される、といえないだろうか。

思うに、これも直感だが、植民地の教育こそ、「新教育でなければならなかった」といえるのではないだろうか。似而非児童中心主義こそ、支配の最先端であり、実験場であった植民地に適応できたし、それが有効であったのではないだろうか。そのような仮説も検討に値するように思う。植民地教育における内地延長主義と現地適応主義との関連や、日本国内への逆流（実験的成果の国内への環流）現象の検討も、植民地と新教育というテーマを置くことで、かえって、解きやすくなる、ということはないだろうか。

## Ⅳ

第三に、最後に問いたいことは、植民地批判に関わってである。たとえば、吉野作造は、一九一九年の朝鮮独立運動や、あるいは、一九二〇年代前半の関東大震災に関わっての論文で、日本の植民地主義批判や日本の帝国主義に対する朝鮮民族解放闘争への共感を示した。この吉野の「批判」や「共感」は、私にとって驚きだし、新鮮であった。問題にしたいことは、こうした吉野の思想と比べて、では、新教育の思想家や実践者は、どうであったのか。その違いを問いたいと思う。この問いは、国家と教育、政治と教育の関連を問う、深い理論問題に通じるだろう。

## Ⅴ

上記ⅡからⅣまでのことは、あくまで、佐藤個人の問題関心であった。「新教育と植民地」のテーマは、もっと多様な論点があってしかるべきだと思うし、当日の討論では、そうあることを期待したい。三人の報告者は、きっと、多様な論点をつくる、ていねいな話をしてくれるにちがいない。

# 第六章　植民地教育と「近代化」

植民地支配がおよぼした「近代化」について、どのように考えればよいのだろうか。ずっと、考えてきた事柄であった。

ここに、ひとつの教材を紹介したい。朝鮮総督府が刊行した『普通学校修身書』巻五（第二次朝鮮教育令期使用、一九二二年以降、小学校五年生使用）の、第二課「我が国（その二）」である。

第二次朝鮮教育令は、一九一九年の三・一独立運動という朝鮮民衆が示した植民地支配への抵抗に対する対応であり、総督府がこれまでの「武断政治」をあきらめ、「文化政治」への転換を行った、そうした新たな教育方針であった。この方針の下、作られた教科書の教材であった。

この五年生用修身書の「我が国」で、総督府は、なぜ、朝鮮は日本に「併合」されなければならなかったのか、その理由を説明している。日本の朝鮮植民地支配＝韓国併合の正当性を朝鮮の子どもに語って聞かせている。

朝鮮人に教える道徳（モラル）の核心、それは韓国併合の正当化であったのだ。それはどのようにして語られたのか。

「当時朝鮮は党派の争いがあつて一致せず、政治が振はないで、民力は大いに疲弊しました。そればかりでなく外交にもたびたび失敗して困難しました」「かかる朝鮮の外交上の失敗は、やがて東洋の平和をみだすにいたりましたから、日本はついに正義のために、支那や露国と戦ひました」。これは日清戦争と日露戦争の理由の説明である。

しかし、「多年の弊政は全く除くことがむずかしく、民心はなお安らかでありませんでした。それで朝鮮人中にも国利民福のために、日本との合併を望む者が盛んに出て来ました」。こうして朝鮮併合が実現した。

朝鮮民族は、独立して自らの国家を治めることができず、朝鮮人のなかからも日本との合併を望む者があらわれた。そのような選択こそが朝鮮人の幸福を得ることにつながる、という道徳が説かれている。

この記述は『児童用書』のものであり、普通、教科書とはこの児童用のことを指す。教科書には、これとは別に『教師用書』があり、こちらは児童用書のねらいを説明し、教師が子どもたちに口頭で説明する説話要領が書かれている。教師用書の「我が国」は、韓国併合の説明が詳しく論じられた後に、児童用書には書かれていなかった併合後に朝鮮では近代化が大いに進んだ、ということが書かれていた。これは驚きであり、注視すべき記述であった。

「昔は大抵道路は極めて不便で、旅行には非常に難儀をしましたが、今では方々に広い平かな道路が通じたばかりでなく、陸は汽車、海には汽船が往来して、交通がまことに便利になりましたので、旅行するにも、昔の人の難儀したようなことは夢にもしらないのです」。

「……又政府は農事の改良を図つたり、養蚕を勧めたり、商工業の進歩を図つたり、その他あらゆる方面に力を用ひて、人民の利益幸福の増進につとめてゐます。その上、人民に貯蓄を奨励して、生活を安楽にさせるやうに努めてゐます。之を昔にくらべれば、人民はどれほど幸福であるか分かりません」。

「昔は学校と云つてもほんの名ばかりのものでその数も少なく、教え方も極めて行き届かなかつたのが、今は立派な学校が多く設けられ、その数も年々に増し、その教へる事柄も、教え方も昔の比ではありません」。

併合後の朝鮮では、政治的経済的平等がすすみ、近代的な学校が整備され、医療・衛生・福祉が発展し、農業と工業など産業のインフラが整備され、総じて朝鮮民衆の生活は向上していった、という記述であった。あからさまな植民地支配の正当化の説明であった。

一九一九年の三・一独立運動後には、どうしてもこうした近代化の記述が必要であったのかとも思う。また、道徳の核心に「近代化」を置く思想の発現とも考えられた。いずれにしても、この教材の背景など、いろいろ分析しなければならない事柄があるように感じられた。

植民地における「近代化」については、これまでも批判的な見解が積み重ねられてきたことと思う。たとえば、次のような指摘を紹介しておきたい。

総督府は、一九一〇年三〇年間の産米増殖計画を立案し実施している。しかし、収穫量の増加は朝鮮の農民の増収には結びついていない。大量の米は日本に移出されており、朝鮮では米消費がむしろ激減し、満州からの粟その他の雑穀に依存する事態に陥っていった。

学校をどう見るか。一九三〇年の時点で、朝鮮は義務教育ではなく、就学率は一六％にとどまり、大多数の子どもたち（とくに女子）は就学機会は保障されず、ほとんどが労働に従事していた。教育内容は「国語」としての日本語教育と低度「実業教育」に偏り、私立学校など自らの教育文化を創造しようとする動きは厳しく弾圧・抑圧された。

これらは、いずれも、『日本の植民地支配　肯定・賛美論を検証する』（水野・藤永・駒込編、岩波ブックレット、二〇〇一年）から抜き出してみた。

最近の成果からも学んでおきたい。

近代都市京城について。一九二五年に九年あまりの歳月と七〇〇万円を費やして立てられた総督府庁舎。庁舎は総石材造りで規模壮大、当時「東洋第一」とされた。庁舎を中心に京城都市開発はすすむ。朝鮮人居住地域の北村と日本人居住地域の南村に別れ、商業施設・劇場・映画館などの娯楽施設も日本人向けと朝鮮人向けに二極化して発展した。インフラ整備や景観の近代化は圧倒的に南村が優先的に進み、北村では上下水道や電気・ガスなどの普及は遅々として進まなかった。

朝鮮人官吏の登用について。総督府官吏は発足時一万五〇〇〇人ほどであり、三・一運動当時には三万三〇〇〇人となり、一九四二年には一〇万人を超える巨大官庁となったが、朝鮮人官吏は一貫して四〇％で推移した。俸給でみると、植民地では日本本国よりも高等官で四割、判任官で六割ほど高く設定されていたが、それは朝鮮人には適用されなかった。女学校を出たばかりの日本人教員の初任給が、朝鮮人教頭よりも高いという不条理がまかり通った。

医療では、朝鮮総督府医院や各道に慈恵医院が設置され、僻地では巡回診療を行うなど、総督府は怠慢ではなかった。しかし、日本人と朝鮮人の罹患率や死亡率を比較してみると、一九二四年の仁川では伝染病死亡率は、日本人が三三％に対し朝鮮人は六七％、乳児死亡率は、三一年—三五年に京城で、日本人男児八・五％、女児七・四％に対し、朝鮮人男児二〇・六％、女児二〇・〇％であった。

この数字は、近代の「恩恵」が宗主国民と植民地民とでいかに不平等に付与されたかを物語っている（趙

景達『植民地朝鮮と日本』岩波新書、二〇一三年)。

朝鮮植民地支配は決して「近代化」を否定しない。むしろ支配するために「近代化」を必要ともする。だから、その近代化はゆがんだ近代化であり、押しつけがましい近代化であり、朝鮮民族の尊厳性を軽視する反発と憤りを生み出す近代化であったろうと思う。

最後に、この小学校五年生用修身書「我が国」を読んで、今後考えてみたい課題のいくつかを述べてみる。

一つに、修身の教科書分析の視点として、日本主義や天皇制イデオロギーの顕在化という問題の他に、「産業化」「近代化」を担う人材のモラル形成という問題をとり出す必要性があるのではないのか、ということである。

二つに、朝鮮総督府は、朝鮮を文化文明の遅れた地域、自らの国家を統治する能力を欠如する民族とみなすという「停滞史観」や「他律性史観」をもっていることが明らかになった。さらに、「近代化」は、自らの植民地支配を正当化する根拠でもあった。そういう意味で、停滞史観や他律性史観を批判克服する新たな歴史観を形成することとともに、さらに、植民地支配を合理化する「植民地近代化論」を批判する課題が加わったということである。

朝鮮民衆の抵抗や解放の動き、そしてもろもろの暮らしや教育の分析を通して、上記の差別的な史観や「近代化論」を真に超える思想が朝鮮民衆の中に存在したという事実をねばり強く探求する努力のいっそうの重要性ということでもある。

# 第七章　気になる言葉　化育

## I　大東亜建設審議会と「化育方策」

化育とは、国語辞典には天地自然が万物を生じそだてること、とある。では、植民地教育史のなかでこの用語は、いつ、どこで、どのような意味合いで登場してくるのであろうか。

化育という用語が使われるのは、大東亜建設審議会（一九四二年二月—一九四五年一〇月）の第二部会「大東亜建設ニ処スル文教政策」答申（一九四二年五月）である。同答申は、国内向けの「皇国民ノ教育錬成方策」と占領地向けの「大東亜諸民族ノ化育方策」に分かれており、「化育」は占領地に関して使用された用語であった。国内向けの皇国民「錬成」方策に対して、大東亜諸民族向けの「化育」方策という区別が意識されていることがうかがわれる。

ここで言う化育とは、そもそも、どのような意味合いであったのだろうか。「大東亜諸民族ノ化育方策」の基本方針は、次のように言う。

八紘為宇ノ大義ニ則リ大東亜諸民族ヲシテ各々分ニ応ジ其ノ所ヲ得シメルヲ以テ本旨トシ民族統治指導ノ根本方策ニ照応シ左記ノ諸件ヲ主眼トシテ諸民族ノ化育方策ヲ確立ス

一、皇国ヲ核心トスル大東亜建設ノ世界史的意義ヲ闡明徹底シ諸民族ヲシテ之ガ完遂ハ其ノ共同ノ責任ナルコトヲ自覚セシム

二、従来ノ欧米優越観念及米英的世界観ヲ排除シ皇道ノ宣揚ヲ期スルモ各民族固有ノ文化及伝統ハ之ヲ重ンズ

三、画一性急ナル施策ヲ戒メ主トシテ大和民族ノ率先垂範ニ依リ日常生活ヲ通ジ不断ニ之ヲ化育スル如クカム

基本方策は、五項目の方策からなり、「教育ニ関スル方策」では、「大東亜建設ニ積極的ニ参加スル精神ヲ徹底セシムルコト」とあり、「言語ニ関スル方策」では、「現地ニ於ケル固有語ハ可成之ヲ尊重スルト共ニ大東亜ノ共通語トシテノ日本語ノ普及ヲ図ルベク具体的方策ヲ策定シ尚欧米語ハ可及的ニ之ヲ廃止シ得ル如ク措置ス」とされていた。大東亜建設の精神形成と特に日本語の共通語化の推進と欧米語の断固たる排除の方針が際立つ。さらに、「文化ニ関スル方策」では、「日本文化ヲ顕揚シ広ク其ノ優秀性ヲ認識セシムルト共ニ現地ニ於ケル新聞、ラジオ、映画等文化施設ノ普及、医療等厚生施設ノ充実、図書館、博物館、植物園等ノ整備ヲ図リ且内地ヨリ優秀ナル学者、研究者、技術者ヲ派遣シテ現地有識者ト共ニ文化ノ向上ヲ促進シ渾然タル大東亜文化ノ創造ニ培フ」となっていた。

現地の固有の文化の尊重を掲げているが、米英的世界観の排斥とともに日本文化の優秀性を論じ、それを指導理念に高く掲げている。そのために、広く、新聞、ラジオ、映画など文化施設の普及拡大を説いていた。学校教育を超えた、現地住民の日常生活に即する教育の推進、すなわち、それが「化育」と言い表されていたと考えていいだろう。

大東亜建設審議会の議事録を詳細に検討した石井均は、大東亜共栄圏の建設は、アジアの各民族平等の連帯の上に成り立つものでは決してなく、日本を盟主とし、アジアに対する日本の特権的支配を求めるものであった、と述べている（『大東亜建設審議会と南方軍政下の教育』西日本法規出版、一九九五年）。大東亜建設のためには、国内において普及してきた「錬成」方策だけでは不十分で、さらに、広く大東亜の諸地域に根ざす「化育」方策が軍部を中心とする為政者に観念されていたことになる。

## Ⅱ　海後宗臣の「化育所」構想

大東亜建設審議会の「化育方策」を教育学的に理論づけたのが、当時、東京帝国大学の助教授海後宗臣であった。

海後は、『文藝春秋』一九四二年三月号の論文「新秩序への教育方策」で、大東亜建設審議会の化育方策に対応するかのようにして「化育所」の構想を述べていた。

「皇軍が治安を立て、新秩序建設の地域として定めたあらゆる都市、町、村落に、啓蒙指導育成のための中心施設が置かれ、これが新しい教化育成の場所即ち化育所の形を備えなければならない」。

これに続けて海後は、政治啓蒙のための化育所、産業指導育成のための化育所、さらに、日本語教育、保健衛生、娯楽などのための化育所の構想を語る。

「政治啓蒙のための化育所には、別にその年齢、経歴等に拘わらずあらゆる住民が集って来る。それ等に適切な啓蒙の材料が調えられ、或る場合は話すことにより、或る場合には絵画を通し、更に映画を通して政治啓蒙がなされるであろう」。

「産業指導の化育所では共栄圏に於ける諸生産を通じて住民が新秩序建設のことに参加するのである」。

「それに次いで民族語及び日本語の学習、更に基礎となる文字の習得をなさねばならぬ。更にこれ等の言語及び文字を用いて生活建設の内容を豊富ならしむることに力を注ぎ、進んではこの知識を産業に結びつけて生活技術化して錬磨する」。

海後が最後に力説するのは、こうした化育所は、これまでの学校を超えたものにならなければならないとする点であった。「近代学校」批判である。大東亜の建設のためには、従来の学校教育の形式を超えた実生活に根ざした教育が行われなければならないというのだ。

「この化育所は単なる学校ではないのであって、学校の果たしていたあらゆる役割をそのうちに包摂していて、然かも実践生活への結びつきを持ち、政治及び経済の中心的機関ともなっているものなのである」。

海後の化育所構想には、明らかに欧米の近代教育学への批判が含まれていた。近代学校の形式を超えた、アジア住民の生活に根ざした教育の再建という意図であった。しかし、そのアジア住民の生活とはいったいどのようなものであったのか。それは日本を盟主とするアジア植民地支配のための軍事的武力的支配ではなかったのか。

海後は、同じ一九四二年三月に刊行された『大東亜戦争と教育』（文部省教学局発行の教学叢書の一冊）で、「事実、今次皇軍の進撃しつつある諸地域の東亜人は永年にわたる米英の桎梏下にあって、民族自らの生活を喪失せんとする危殆に瀕していたのである。今日我々の力によってこれらの民族に自らの生活を持たしめないならば、彼等は今後更に永い苦悩を背負わねばならなかったことであろう。かかる危機に於いて米英の支配を一掃し、東亜人自らの新しい生活建設に入らしめんとするために、大進撃の御戦が展開されているのである」と述べている。

続けて言う。「武力戦は大東亜全地域に新しい秩序を建設するための華々しい先鋒をなすものであって、それに引き続いて諸種の建設面がまさに展開せられつつある。即ち政治・経済・文化の諸領域に於いて新しい秩序の基本をなすものが着々として築かれて来つつあるのである」「我々は武力戦と共に政治・経済・文化等に於いて米英によって構築され来たった一切の物を克服して、これをより高い段階に飛躍せしめねばならない」。

「大東亜戦争に於いて教育が特に重要な意義を持って来るのはかかる事情によってである」。化育所構想は、こうした認識のうちに打ち出されたものであった。

大東亜の建設のためには、これまでの欧米の近代教育学が唱えた学校中心の教育を超えて、アジア地域住民の実生活に即する教育概念の新たな形成が要求されていた。これまでにない新しい用語がほしい。化育という言葉は、こうした時代状況のなかで生み出されたのではないだろうか。

海後宗臣は、まさに、そうした時局（大東亜建設）に機敏に応じる教育学的営為を行ったといえる。

## (三) 佐藤信淵の「化育」思想との関連は？——『鎔造化育論』『経済要録』など

この化育という言葉、これはどこから取り入れられたものだったのだろうか。先の大東亜建設審議会の諮問にすでに「東亜諸民族化育の方策」が言われており、「化育」はすでに既定の方策（用語）であった。大東亜建設審議会の議事録を詳細に検討した石井均は、この用語がどのようにして持ち込まれてきたのかどうかを検討はしていない。また、海後宗臣もこの化育の出所を論じていない。私はまだ探し出せていない。

ここから以下は、私の全くの推論でしかないが、この化育は、江戸後期、幕末の農政学者の一人佐藤信淵（一七六九年—一八五〇年）の農政・農業再建思想に現れる「化育論」と関係があるのかも知れない、ということである。調べはじめたばかりの覚え書きでしかないが、以下に簡単に記す。

信淵の多くの著作、すなわち『鎔造化育論』『経済要録』『天柱記』『混同秘策』等は、文政期（一八一八年—二九年）に書かれたとされる。『天柱記』には、たとえばこうある。「若夫レ初学ノ輩、此書ト鎔造化育論トヲ熟読スルトキハ、天地ノ運動、万物ノ化育ヲ始メ、物産ヲ興シ、国家ヲ富シ、其他人世ノ経済、日用ノ要務、皆朗然トシテ其理自ラ明白ナラン」。『天柱記』は信淵の代表的な経済書であり、化育論は彼の基礎理論であったろう。

信淵の「地域に於ける子育て政策」については、山住正己が『新しい子育ての知恵をさぐる』（岩波書店、一九八四年）で触れている。山住は、幕末、国土は荒れ果て、その中でみられる堕胎や間引き等の子育ての危機に直面した信淵の子育て政策に注目している。そこに地域の福祉・教育の計画の思想をみようとしている。しかし、一方で、信淵の国家主義思想＝侵略思想にも言及し、懸念を表明してもいる。

「それは、富国強兵を最大の目的とした計画の一環であり、産業の振興や軍事の整備などと並ぶものであった。そのため、この構想のなかには、第二次大戦下の高度国防国家体制や侵略政策を先どりしているといってもいいようなものがみられ(る)」。

「こういう構想は、子育てや病気の治療などをとおして、人々を国がかこいこみ、国家統制をすすめ、国家有事のさいに総動員できる体制ではないかともみられる」。

封建の危機克服は、信淵の場合、国家の強大化構想に進んでいくようである。

「岩波思想体系」の一つ、『安藤昌益　佐藤信淵』(一九七七年)では、解説をとった島崎隆夫が明快にこう述べている。

「海外経略=侵略の計画を叙述したものが『混同秘策』であって、いわば問題の書である。戦時、超国家主義者が好んで読んだ書物の一つである」。

信淵の統制国家機構論や対外活動の構想について、こう述べる。

「小学校篇をおき、教化を司り、広済館・療病館・慈育館・遊児館・教育所を設置し、社会事業・福祉事業を行わせることを述べている。まことに機能的な国家統治機構である。徹底した愚民観を前提とする『アメとムチ』による支配である。警察国家的性格を多分に持っている国家の機構である。」「そして海外貿易、海外経略、海外侵略をも企図する国家である。ここに示されている国家像は、幕末における封建危機の深化、封建体制の崩壊を前にして、その克服として非合理的要素を土台にすえながら、信淵の頭脳にて創始された一つのユートピア像であると考えられよう」。

重要なことは、信淵が幕末の経済・農村の危機とともに子育て・教育の危機を見すえていたことであった。そして、その信淵が、生活と教育の危機克服を強大な国家建設に結びつけ、海外侵略の方策に活路を見いだそうとしたことである。戦時体制下、大東亜建設審議会の関係者が佐藤信淵の危機克服の化育論（侵略論）に飛びつくのも無理はない、との推論もあり得るのではないだろうか。

# 第八章　植民地教科書研究のおもしろさ

私たちの植民地教育史研究会は、一九九七年三月に「発会式」を行っている。『植民地教育史研究年報 一 植民地教育史像の再構成』（皓星社）の刊行は、一九九八年六月だった。それから毎年のように『年報』の刊行を続け、本号（二〇一八年）で二〇号となる。二〇年を一区切りとして、装丁を新たにした。手にとった感じはいかがだろうか。

幸いに、この二〇年間、植民地教育史研究の意義に理解を示していただいた方々は少なくなく、本研究会の会員が減るということはなかった。とくに、若い研究者と外国からの留学生によって、研究会の評判を聞きつけたのだろう、参加の申し出はつねに継続されてきた。会員数は減少することなく安定して確保されてきたように思われる。これは、私たちの研究的な自信につながった。

二〇号の刊行を気分一新の材料にして、今後も植民地教育史研究の意義を発信していけるよう、よりいっそうの努力を重ねたい。

私は、発会式からの会員であるが、最近一〇年間で取り組んだ本研究会の大切な研究活動の一つは、植民地教科書の検討（植民地教科書の全体像の把握）であったろうと思う。三〇名を前後する会員による共同研究で、三回ほどの文科省の科研費研究の助成を得てのものであった。以下に記す。

○宮脇弘幸科研報告書『国定教科書と植民地・占領地教科書の総合的比較研究――国定教科書との異動の観点を中心に』（二〇〇六年度―二〇〇八年度）
○西尾達雄第一次科研報告書『日本植民地・占領地教科書と「新教育」に関する総合的研究――学校教育と社会教育』（二〇一〇年度―二〇一二年度）
○西尾達雄第二次科研報告書『日本植民地・占領地教科書にみる植民地経営の「近代化」と産業化に関する総合的研究』（二〇一三年度―二〇一五年度）

日本の植民地教育にも膨大な歴史が残されている。日本本国で、文部省が国定教科書を編んだように、植民地においても現地総督府が独自に教科書を編纂し、現地の住民にその教科書の使用を義務付けた。日本の植民地当局者がいかなる教育内容を現地の民衆に与えようとしたのか、これはとても重要な課題だと思われる。

旧植民地に対する教育の歴史を日本の教育の歴史に内在させて（有機的に関連づけて）分析することは、本研究会の初発からの志しであった。それを教科書の歴史に即して解いていこうという試みであった。旧植民地とは、台湾、朝鮮、関東州・南満州鉄道付属地、中国占領地、南洋群島、東南アジア（シンガポール、マレー、インドネシア、ビルマ、タイ、フィリピン、香港など）を指す。上記の科研費報告書は、それぞれの地域別、教科別（修身、日本語、歴史・地理、算数、理科、唱歌・音楽、図画、体育、家事科、実業科目、など）による論文が成果として掲載されている。科研の報告書にとどめておくのはもったいない話なので、これを整理して出版物（仮題『日本の植民地教育を問う――植民地教科書には何が描かれていたのか』）にし、市場にのせ、幅広い読者に発信できないものか、いま、鋭意、検討中である。

このように、植民地教科書の研究は、膨大な材料が存在するため、多くの会員からの関心を集め、一堂に会して見識を持ち寄り、見解と異論をぶつけて分析をしてみる魅力を秘めているものだということが分かってきた。ここでは、一つだけ、私が感じる植民地教科書研究の面白さについて書かせていただく。それは、朝鮮総督府発行の『初等国史　第五学年』（一九四〇年）のことである。

朝鮮総督府の歴史教科書の変遷（一九一〇年―）についての詳細は省く。それまでの朝鮮の歴史教科書は、文部省編纂の国定教科書『初等科国史』を基本に、いくつかの「朝鮮の事歴」を挟んだ『国史』であったが、この一九四〇年に作成された『初等国史　第五学年』（『初等国史　第六学年』一九四一年とともに）は、文科省編纂の国史教科書の基本的な考え方（内容）にとらわれない全く独自な編纂と記述を行っていた。これは特筆に値するものだった。なぜ、そのような編纂を行ったのか、その理由や、朝鮮総督府の考え方がいかなるものであったのか、などの事情についてはまだよく分かっていない。

日中全面戦争（一九三七年）の勃発は、朝鮮植民地教育支配にとってとても大きな影響をもたらした。第三次朝鮮教育令（一九三八年三月）は、その画期を記している。塩原時三郎学務局長の造語といわれる「皇国臣民」という用語が登場し、教育の目的とされる。一九三七年一〇月に「皇国臣民の誓詞」が作られ、朝鮮人はすべてその暗唱を強いられる。皇国臣民体操の普及が叫ばれ、学校行事や神社参拝・宮城遥拝が強化さるといった具合であった。小学校規程第二〇条の国史教育の目的には、次の文言がある。

「国史ハ肇国ノ由来ト国運進展ノ大要トヲ授ケテ国体ノ尊厳ナル所以ヲ知ラシメ皇国臣民タルノ精神

ヲ涵養スルヲ以テ要旨トス」

「尋常小学校ニ於テハ肇国ノ体制、皇統ノ無窮、歴代天皇ノ聖徳、国民の忠誠、賢哲ノ事蹟、文化ノ進展、外国トノ関係等ヲ授ケテ国初ヨリ現時ニ至ルマデ国民精神ノ国史ヲ一貫セル事実ヲ理会セシムベシ」

これを、それ以前の規程と比べて、その違いに注目してみよう。

第二次朝鮮教育令（一九二二年二月）の普通学校規程第一三条は以下のように記されている。

「日本歴史ハ国体ノ大要ヲ知ラシメ兼ネテ国民タルノ志操ヲ養ウヲ以テ要旨トス」

「日本歴史ハ我国の国初ヨリ現時ニ至ル迄ノ重要ナル事歴ヲ授ケ朝鮮ノ変遷ニ関スル事蹟ノ大要ヲモ知ラシムヘシ」

第三次朝鮮教育令と比べ、それ以前のものが、いかにあっさりとしていたのかがわかる。第三次朝鮮教育令は、肇国の由来と国運発展の大要を朝鮮の子どもたちに授け、国体の尊厳を知らしめることを強く要請している。そのために、肇国の体制、皇統の無窮、歴代天皇の聖徳、国民の忠誠、賢哲の事蹟、文化の進展、そして、外国との関係に配慮する教育内容を教えることを課しているのであった。

『初等国史』改訂版（第五学年と第六学年）は、このような規程に忠実に従った教科書であったのだろう。磯田一雄は『「皇国の姿」を追って』（皓星社、一九九九年）で、「内地」「外地」を通じて従来の国史の教科書の概念を全く超えた新しい教科書であったと述べている。第五学年は「国体明徴」を中心に、第六学年は

「国運進展」を中心に置き、完全に皇国主義のイデオロギーの宣伝・教化の武器に教科書を変えたものであったとする。通史としての歴史を五年と六年で二分するという戦前の小学校歴史教育の常識を放棄し、神代から現代までを両学年でくり返して教える「循環法」を採用するという破天荒な内容となったと述べる。結果として、国内の国定歴史教科書『初等科国史』とも際だった違いを生むことになった。

たとえば、近代日本（天皇制国家の出現）の記述のところを紹介しよう。少し、長い紹介になるが、なぜ、このような記述を行ったのか、国内の国定歴史教科書ではほとんど不可能と思われるような書き方でもあるため、あえて記しておく。

「明治天皇は、まづ何よりも国の勢を盛にすることが大切であるとおぼしめして、王政復古をおほせ出されると、すぐに外国と親しいまじわりをする御方針をおきめになり、はつきりと、国民に御さとしあらせられました。国力を盛にするのには、ヨーロッパやアメリカの国国の政治のきまりや産業などのすぐれたところをとり入れて、よくきまりをととのへ、まつりごとのゆきとどくやうにするのが一ばんよいとおぼしめしたからであります。ちやうど聖徳太子や天智天皇が、支那のすぐれたところをおとり入れになつたおぼしめしと同じでありますﾞ（『初等国史　第五学年』一六六―一六七頁）

外国（ヨーロッパ）と親しい交わりを行い、すぐれたところを取り入れた、という記述には驚く。他にも、留学生を西洋に送り出して、「ヨーロッパやアメリカの国々に出かけて西洋の学問をまなんで来たり、すぐれた技術を習つて来たりするものが多くなりました」（一六九頁）との文章もある。太平洋戦争が勃発する直前の教科書である。欧米近代思想の排撃は、植民地朝鮮でも強まっていたはずだが、歴史記述ではかならずしも狂信的な表現は行わずにいる、ということである。

しかも、ヨーロッパだけではない。「支那のすぐれたところ」を取り入れてきたという歴史的伝統も述べている。国内の国定教科書『初等科国史』では、すでに、聖徳太子が支那のすぐれたところを取りいれたという記述は消されており、中国の学者を招いたと注意深い書き換えを行っていただけに、この表現の違いには注視したい。

さらに、明治帝国憲法についての説明が詳しく書かれていることが重要だ。これは、国定『初等科国史』との明らかな違いである。たとえば、以下の文章が憲法の説明として書かれているが、これをどう読んだらよいものであろうか。

「地方には、市・町・村の制度が設けられて、府や県のさしづをうけて、その地方の人びとがたがひに相談して治めてゆくきまりになつたのも、この頃からであります。西洋のすぐれてゐるところを、わが国がらにあふやうにおとり入れになつたのであります」(一七四頁)

「まつりごとについては法律をおきめになることも、陸海軍をおすべになることも、外国と戦争をしたり条約をむすんだりなさることも、みな、このきまりによつて行はれることが定められてあります。また、私ども臣民を、ひとしく朝廷の役人におとりたてになることが示され、日常のくらしについても、財産をもつことをはじめ、いろいろの権利をおみとめになつたばかりでなく、裁判所のきまりを立てて保護を加え、深く御いつくしみをたれさせられることになつてゐます」(一七六頁)

「帝国議会ができて西洋の政治のきまりの中で一ばん進んだ制度が、わが国にとり入れられたばかりでなく、大ぜいのものの意見をきこしめされるおぼしめしは、はつきりとゆきとどくことになつて新政はすつかりととのひました」（二八〇―二八一頁）

法でもって国家を統治するという、法治主義に対する説明を試みようとしていることが分かる。西洋の進んだ制度の受容、大勢の人びとの意見を聞く、等しく扱う、さらには「権利」「保護」という言葉さえ使っている。これをどう考えたらよいのか。じっくりと考えてみるに値すると感じた。

いま、直ちに気づくことは、この記述の主語は、すべて明治天皇であったということだ。明治天皇こそが、西洋のすぐれた制度を取り入れることができたというわけである。西洋思想を柔軟に受容し、民衆の意見を等しく聞き分け、権利と保護の思想をわが国伝統の国体精神に適うように定めた人物こそ、天皇であったという点にすべてが収斂していく、という構造であったと思われる。天皇こそ支那（外国）のよきところを取り入れてきた伝統を堅持してきたということではないだろうか。最大のねらいはここにありそうだ。「肇国ノ由来ト国運発展ノ大要」と「国体ノ尊厳の由来」を説く絶好の対象こそ、近代日本の象徴である明治帝国憲法であったということだ。西洋近代の精神を閉ざすことなく、そこに開かれた精神を所持する明治天皇と天皇によって統治された日本によって指導される朝鮮（人）はまことに幸福である、という思想がここに厳然と存在しているという読みが可能かも知れないと思うのだが、いかがだろうか。

日中戦争から太平洋戦争の勃発にいたる時期（一九三七年―一九四一年）、植民地朝鮮の教育にとって何が最も重要視されるべき課題であったのか。国内の事情をはるかに超えた植民地における切迫した支配当局者の心情というものを推し量ってみる必要性を感じる。

同じ時期の国定『初等科国史　下』（第六学年、一九四一年）の方は、どうか。その記述は比べてみると、実にあっさりしていることが分かる。

「明治二二年に至り、皇室典範と大日本帝国憲法とをお定めになり、紀元節の日に、宮中正殿において、憲法発布の式をお挙げになつた」（一一七頁）

「天皇は時勢の進運にかんがみ給ひ、皇国の隆昌と臣民の慶福とをお望みになる大御心から、皇祖皇宗の御遺訓に基づいて、御みづからこの大法を御制定になり、国民こぞつて御仁徳をあふぎ奉り、和氣の上下にみちみちてゐるうちに、御発布あわせられた。かやうなことは、外国には全くその例をみないことで、ここにも比類のないわが国体の尊さがある」（一一八頁）

明治憲法がどのような法律であるのか、その内容に立ち入る姿勢はほとんどない。憲法に対し国民こぞって仰ぎ奉った、という国家の威信が強調される点だけが目につく。最後の国定歴史教科書『初等科国史　下』（一九四三年）になると、その点の強調が一段と進むばかりとなる。

「この日、めでたい紀元節は、まづ、皇祖皇宗に、したしく典憲制定の御旨をおつげになつたのち、皇后とともに、宮中正殿にお出ましになり、皇族・大臣・外国の使節を始め、文武百官・府県会議長をお召しになつて、おごそかに式をお挙げになりました。盛儀が終ると、青山練兵場の観兵式に臨御あらせられました。民草は、御道筋を埋めて、大御代の御栄えをことほぎ、身にあまる光栄に打ちふるへて、ただ感涙にむせぶばかりでした。奉祝の声は、山を越え野を渡つて、津々浦々に満ち満ちたのであります」（一一三―一一四頁）

同じ時期、国内の国定歴史教科書『初等科国史』では、「西洋のすぐれたところを取り入れて」等という表現はほとんど見受けられない。西洋近代を超える日本（西洋近代思想の排撃）という主題が歴史記述に流れているのだろう。国内の政治事情はそれで十分だったのかも知れない。しかし、植民地朝鮮の事情は、それとかなり違った政治事情があったのだろうと思われる。西洋近代を超えるばかりでなく、さらに、アジアを興す盟主日本という姿を明示するという切迫した植民地事情が推測される。国内の国定歴史教科書をはるかに超えた物語（肇国の体制、皇統の無窮、歴代天皇の聖徳、国民の忠誠、賢哲の事蹟、文化の進展、そして、外国との関係）が記述される必要があったのだと思われる。

ところが、朝鮮総督府編纂最後の『初等国史　第五学年』（一九四四年）では、この西洋のすぐれたところを取り入れて、という記述はひどく弱まっていく。こうした表現は許されなくなるのだろう。それは、なぜなのだろうか。興味は尽きない。

朝鮮総督府の『初等国史　第五学年』（一九四〇年）の分析の面白さについて書いてみた。植民地教科書には何が描かれていたのか。植民地当局者がいったいどんなことを被植民地民衆に教え込もうとしたのか。その支配者の意図と責任をどう理解すればよいのか。この点の究明は今後も続けられていくものであろう。

# 補　どうしてですか、小沢先生——小沢有作先生追悼

小沢有作先生は、今月八月一二日に、突然に、逝かれてしまった。一一日の土曜日午後、恒例の「耳学問の会」がたまり場「ねぎぼうず」であり、少しお酒が入った後、急に気分が悪くなったそうで、そのまま亡くなられてしまった。

小沢先生とは、八月一日であったと思う、最後の電話をしている。この年報に載せる先生の原稿の催促であった。先生は、「原稿が遅れて申し訳ない。もうすぐ、おちびちゃん（お孫さんのこと）が遊びに来るので、それまでになんとしても」と、言われた。ぼくは、「これから北海道に遊びに行って、その後、一〇日から長野県上田市の教科研大会に行きます。お盆休みあたりに、完成を祝って一杯やりましょう」と話した。先生は「そうしましょう。一杯飲んで、また元気をつけたいね」と応じられた。その日を待っていたのに。

先生は、この年報の編集委員であった。特集「歴史教科書問題と植民地教育」の企画は、先生の構想であると言っていい。先生に引っ張られながらやってきた。先生ご自身、扶桑社版『新しい歴史教科書』（「新しい歴史教科書をつくる会」編）批判の総論部分を担当され、巻頭におく論文執筆を予定していた。

先生は、「つくる会」編の歴史教科書を批判することは、日本植民地教育史研究会にとってきわめて重大であると考えていた。今年三月二四日に開かれた総会には、ご自分で厚い資料を作ってきて、「つくる会」教科書がいかに侵略戦争と植民地支配を肯定する危険なものであるのかを訴え、研究会は早い時期に声明

文を出すべきであると主張した。この教科書を手にとって読んでいる人は、まだ少ないはずで、内容に即してきちんと批判しなければならない、と先生は述べられた。総会に参加された多くの方が賛同されたものと思う。この年報掲載の運営委員会声明は、先生の作成された資料と発言が生かされている。

なぜ、先生の原稿が遅れたのか。先生は、いくつもの原稿を抱えておられた。その一つに、『解放教育』に連載する、「つくる会」編歴史教科書批判があった。四〇〇字で四〇枚、これを三回連載するものだ。書き進める内に構想はどんどん広がったようだ。この論文は、とくに、朝鮮からの「渡来人」に関する記述に多くを割いており、古代・中世にさかのぼって「つくる会」編教科書を批判している点が印象的だ。先生は、「つくる会の教科書を自分一人で批判するには教養がないねえ」と自嘲ぎみに電話口で言われたが、批判が近現代にどうしても集中する時に、先生の問題の根を掘り下げていく意欲的姿勢は、「やっぱりすごいな」と感じた。

それでも年報の方の原稿のでき上がりが心配だったので、「どうしましょうか」と相談した結果、『解放教育』の論文を圧縮して、整理する視点を入れて載せましょう、ということになった。ぼくはほっとした。

そして、最後になった八月一日の電話で、様子をうかがった時、先生は、遠慮がちに新たに構想を練りはじめた論文の内容を説明しだした。「あらためて一九九五年以降の自由主義史観研究会代表の藤岡信勝氏やつくる会代表西尾幹二氏の研究活動を追っている。この経緯のなかに、今問題とされている基本的主張はすでに述べられている。われわれはその時点で批判を緩めていたのではないか」と言われた。ぼくは、「なるほど、そうですね。大事な問題ですね」と言うだけだった。なんという意欲か。「原稿が遅れて申し訳ないね。原島さん（皓星社）に悪いね」と先生は言われた。

小沢先生は、たまり場「ねぎぼうず」で談論中に倒れられた。その日、午前中、原稿を執筆されていたという。おそらく、「つくる会」編教科書批判の原稿であろう。先生は、自らが望み、すすめられたその仕事のさ中に、そして、自らが大切にする人々が集まるその場で、逝ってしまわれた。そういう先生の最後の姿を心に刻みたい。

でも、本当は、悲しいだけだ。もっと植民地教育のことでお話を伺いたかったのに。朝鮮植民地教科書体系の復刻作業を引っ張ってもらいたかったのに。来年の春、研究集会のテーマをご相談したかったのに。……そして、「ねぎぼうず」で、将棋盤を囲んで、ビールでも飲みながら、ゆっくり時を過ごしたかったのに……。

# 第三部　植民地教育史研究に学ぶ——書評より

# 佐藤由美著『植民地教育政策の研究〔朝鮮・一九〇五―一九一一〕』

本書は、植民地朝鮮に対する日本の初期の教育政策を、学務官僚の活動を軸に明らかにしようとした誠実な作品である。対象の期間は、日本人の教育顧問官が韓国政府入りする一九〇五年二月から、一九一〇年八月の「韓国併合」を経て、「朝鮮教育令」が制定される一九一一年八月までである。

本書に対する書評には、すでに、稲葉継雄（『教育学研究』第六七巻第三号）、佐野通夫（『朝鮮史研究会会報』第一四二号）、山田寛人（『アジア社会文化研究』第二号）、古川宣子（『日本教育史研究』第二〇号）、廣川淑子（『植民地教育史研究年報』第四号）があり、本書の意義や問題点はかなり出されている。そこで、ここでは、詳しい内容紹介は省き、他の書評との重なりをできるだけ避けながら、感想を記してみたい。

章立ては、以下の通りである。

第一章　植民地教育の導入と韓国学政参与官の誕生――幣原坦
第二章「保護政治」下における植民地教育体系の整備――三土忠造・俵孫一
第三章「次官政治」の開始と教育救国運動の取締り――俵孫一・隈本繁吉・小田省吾
第四章「朝鮮教育令」の制定と植民地教育体系の確立――寺内正毅・関屋貞三郎・隈本繁吉

本書の特徴は、植民地朝鮮において教育政策を立案し実施するために重要な役割を担った日本人学務官僚の教育観を検討した点にある。なぜ、学務官僚に注目したのか。著者佐藤由美は、「人物を通して政策の展開を見ること」は、「今生きている私たちとの接点」を見いだせるからだという。

著者には植民地教育史研究のあり方に対する深いこだわりがある。「私たちが個人のレベルで反省すべきことは何なのか、過去の植民地支配の問題を、どうすれば今日の私たち自身の問題として捉えることができるのか」（四頁）というこだわり。「教育学研究である以上、私たちの今後の生き方に何らかの示唆を与えるような研究でありたい」（三二三頁）という思い。すなわち、自分自身の「生き方」を探るために、植民地教育政策史を学務官僚の教育観と交差させることで検討を試みたということであった。そのために、本書の叙述は、学務官僚を「無個性な官僚として描くのではなく、彼らが異文化をどのように受け止め、どのように政策に反映させたのかという思索の跡を辿ること、朝鮮が自らの手で近代化する可能性を奪ってしまうことにどれだけ自覚的であったのか、彼らの盲点は何であったのかを探求する」（五頁）という課題に焦点化された。植民地学務官僚の「盲点」を見出すことで、今後の「生き方」に何らかの示唆を得ようとする試みであった。それは、たとえば、「朝鮮への思いを機会あるごとに吐露していたのが幣原坦や関屋貞三郎であった」とし、彼らに共通するのは、「日本人も朝鮮語を学ぶべきであると考え、朝鮮の人々に親しみを感じていたことであって、だからこそ、彼らの「善意や良心のなかにある盲点を見極めていく」（三二九頁）重要性を指摘する記述となって表れている。

植民地学務官僚の教育観を検討することに共感を覚える。その意義として、次の三点を考えてみた。

第一に、本誌（『日本教育政策学会年報』のこと）読者には馴染みのある宗像誠也の指摘に関わっている。宗像は、一九五四年に、『教育行政学序説』を著す。彼は、そこで、教育政策や教育行政における実質的な問題を取り扱うのではなく、教育行政者や教育に関係する人々の教育行政についての考え方そのものについて検討したとし、その理由を、当時の日本の教育政策全体のあり方を問題にし、その軌道を修正するためであったと述べている。教育政策の総体のあり方を問うために、「教育行政に関する思惟の様式」の研究は重要な意義を有しているのだとした。

宗像は、戦前の教育行政研究の主流は、「官僚のための教育行政学」であり、その特徴は、①教育法規の解釈をもっぱらとし（事実から出発するのではなく法規から出発する）、②現行法規の正当化が顕著であり（不当なのはつねに事実であって法規ではない）、③行政一般の思惟を教育に適応する、とした。こうした指摘を、植民地の教育行政の思惟にあてはめて、もう一度検討してみることは、大変興味ある課題となろう。植民地の場合、国内と違って、その「正当化」は特別の困難があったとの予想が成り立つ。そこに生じた「矛盾」を際だたせる研究は今後の重要な成果と評価されるであろう。

第二に、戦前の教育学研究に対する新たな地平の開拓という側面である。日本の教育学の主流を占めたのは講壇教育学であり、それは欧米教育学の「送迎展示」に明け暮れし、植民地教育を視野に入れる力量を欠いたとされる。しかし、太平洋戦争突入後、従来の教育学における「観念性」や「思弁性」を批判し、「実際性」を強調し、「学校教育学」の枠を超えてアジア地域全体の生活や文化の「形成力」を教育学に組み込もうとする「大東亜教育論」が登場した。東亜新秩序形成（＝侵略）のための「大東亜教育論」は、現実に即応し、政治に密着する教育学を展開した。戦前日本の教育学は、その総体を見れば、講壇教育学者と植民地学務官僚の連携によって成り立っており、その協力のもと天皇制イデオロギーを支えた。日本の教育学の実質を明らかにするためには、植民地学務官僚の教育観の検討は欠かせない課題である。

そして第三に、「個の軌跡としての歴史」(佐藤学)を描く意義についてである。佐藤学のこの指摘は、『近代教育史』(全三巻)を批判する文脈で語られたものであった。戦争に対する反省を主たる動機にする『近代教育史』は、結局、戦争の原因を「資本主義の発展」という「客観的な法則」の因果関係で説明したとし、それでは歴史の主体を歴史の外部に追い出してしまうと述べた(「教育史像への脱構築」『教育史像の再構築』世織書房、一九九七年)。植民地教育史研究の課題にあてはめれば、「なぜ、植民地支配を肯定し、それに協力したのか」、「その時、日本人に何ができたのか、その時、何をなすべきだったのか」という問いの立て方こそが肝腎だということになる。歴史の謎に分け入り、見えなかった関係を読み解いて、歴史を構成する新しい主体を描きだすこと。ただしこれはもはや『近代教育史』の批判に収まらない、今日の実証主義史学批判の実質をもそなえている。本書は、明らかに「個の軌跡」を追う意欲を見せていた。

では、本書は、学務官僚の「盲点」をえぐり出すことに、はたしてどこまで成功したのであろうか。たとえば、本書は、教育者・歴史学者としての側面を有する幣原坦に特別の注目をあたえ、幣原が児童を愛し韓国の文化を尊重したにも関わらず、何故、日本語の普及が韓国語の収奪に繋がることに無頓着でいられたのか、という問いを立て、その理由を以下のように述べている。

「日本政府に自己の能力を認めてもらうことにやり甲斐を感じ始めたときに、「母国語による韓国の近代化」を推進する幣原の姿は薄れていき、植民地教育行政家としての側面が強くなっていった。仮に幣原が教育者や歴史学者としての「良心」を持ち続けたとしても、……（結果的には）後の朝鮮植民地支配に繋がる日本の対韓教育政策の枠組のなかに位置付けられていたのである」（五二頁）。

これはあまりにあっさりとした記述になっている。日本植民地教育政策に従事したことと教育者・歴史学者としての良心との間の問題。良心との「葛藤」がほとんど語られていない。これは一体どうしたことだろう。ここにはおそらく二つの問題があるように思われる。

一つは、「教育観」を分析する手法の問題。

佐藤由美は、先行研究批判を明確にしていない。幣原坦の研究に、小沢有作「幣原坦論序説」（『海峡』創刊号、一九七四年）がある。小沢は、幣原を、日本人顧問のなかで朝鮮史を本格的に研究した数少ない珍しい存在としたが、その研究の観点は、朝鮮が自主独立の力を内在させず、日本が保護・指導すべき対象であるという統治者の観点で貫かれていたと批判した。『殖民地教育』（一九一二年）、『満洲観』（一九一六年）、『朝鮮教育論』（一九一九年）、『南方文化の建設』（一九三八年）、『大東亜の育成』（一九四一年）と続くかれの著作活動は、日本の植民地の拡大に忠実に応じた、政治に密着した理論であったと結論づけている。

佐藤由美は、この小沢の指摘に何らかの異論をぶつけるべきではなかったのか。小沢の何が問題であり、どこを明らかにすべきなのか、そのために幣原の教育観をどのように検討すべきなのか、こうした問題をまずきちっと明確にしなければならなかった。この点は、他の学務官僚の検討の場合にも通じることである。

二つ目は、そもそも「盲点」という問題を設定することの妥当性についてである。はたして、「盲点」といえるような精神的営みやそれにふさわしい事実があったのかどうか、深い疑問が残ったからである。

個々の学務官僚にさまざまな対応があったことは認めるが、すべてに共通して彼らには「葛藤」があまりに少ない。すすんで教育政策に従事し、植民地教育支配を遂行する忠実な姿が浮かんできてしまう。

佐藤由美は、かつて小沢有作が指摘した日本人における「植民地意識の二重構造」をどう考えるか。朝鮮や中国の古典文化に親しみ、尊敬の念を残しながら、他方に現実生活における近代化の遅れを理由にして植民地支配支持の意識を養成するという、意識の二重構造の存在である。日本人は、それぞれに違った精神を分裂させたまま、平気で同居させている能力をもっているのではないか。その同居にさしたる矛盾も感じず、苦しさをもたないという二重の意識。だから植民地教育支配の政策遂行は、けっして苦渋の選択という要素をほとんどもつことがなかった。戦後もその二重構造が変わらず、したがって植民地支配の反省も極度に弱い。幣原坦は、その典型的な存在のような気がしてならない。

意識の二重構造それ自体はすでに自明のことであり、問題はその先、つまり、その二重する意識にどれだけの「葛藤」「対立」が生じていたかが、問題とされるべきではなかったか。「盲点」という問題は、あまりに日本人的感覚に依拠する設定ではないのか。

善意や良心の存在を前提にする「盲点」の究明に関心をとどめるのではなく、もっとアジアの人々の感覚につながる「責任」という問題を考えていくことが必要ではないか。「植民地教育支配の責任を問う」という問題の提示、その方法の探求を試みてほしいのである。

日本人の今後の「生き方」に示唆を与えようとする試みからいって、学務官僚の「責任」を明示する叙述の仕方を追求していただきたいと思っている。

（龍渓書舎、二〇〇〇年）

## 百瀬侑子著『知っておきたい戦争の歴史――日本占領下インドネシアの教育』

しばらくは、心地よい気持ちになれた。そんな読後感であった。著者の百瀬侑子さんに感謝したい。扱っているテーマは重く、また、明快な結論が示されたのではないのだが、正直そんな感情をもつことができた。なぜだろう。

百瀬さんは、インドネシアで日本語教師をされている方である。そこで、思いもよらない体験をする。たとえば、一九八四年、勤務先の国立スラバヤ教育大学日本語学科の学生さんから、次のようなひとことを言われる。

「じつは、日本語学科に入りたいと言ったら、祖母から大反対されたことがあります」

日本占領時代における日本軍の厳しさ・残忍さを想像させる体験となる。こうした体験がいくつか重なる。これが、インドネシアにおける日本占領時代の教育、とくに日本語教育について深く知りたいと思ったきっかけとなる。

百瀬さんは、徹底して「支配された側からの教育の歴史を記録したいと考え」る。だから、当時使用された教科書を収集し、それを分析し、また、当時に生きた人々の生の声を聞き、文献からではわからない様々な事実を知るように努力する。

紙芝居にも注目する。日本が独自に生み出した紙芝居は、日本国内を越えて、アジアの植民地支配・戦争宣伝に利用された文化でもあった。アジアの被植民地大衆の教化メディアとして利用されたのである。ところが、敗戦直後、関係資料はほとんど処分される。当時制作された紙芝居をぜひとも見たい。百瀬さんは、旧植民地宗主国であるオランダに飛ぶ。百瀬さんは次のように書いている。

「処分の手を免れて、オランダ国立戦争史料研究所のインドネシア・コレクションとして保管されている手描きのインドネシア製紙芝居（が）ある。唯一残されたこのインドネシア紙芝居を見るために、私は二〇〇一年六月にアムステルダムを訪れた」

そこで実際に手にとった一四八枚の紙芝居。どんなにか、こころが躍り、また、うれしかったことであろうか。

百瀬さんは、ご自身を歴史学の門外漢だとする。その方が、当時を生きたインドネシアの人々との出会いを重ねて、単なる興味から、事実探求の学問的興味へと変化を遂げていく。歴史のひとこまを知ることは極めて刺激的な作業となり、人々の家を訪ね、話を聞く楽しさに魅了されていく。読者の私は、百瀬さんのそんな思いを容易に想像できる。そう感じさせる文章があちこちに散らばっている。これが心地よい気分にさせられた理由なのだと思う。

「厳しい体験を淡々と述べ、時には、ユーモアたっぷりに思い出を語り、日本とインドネシアの関係を前向きに捉える人々と出会うことができた」

百瀬さんは、聞き取り調査を行ったインドネシアの方たちを、そのように語る。なぜ、暖かく迎えてくれたのだろうか。

この理由《わけ》を、ぜひとも本格的に解明していただきたい。これが一番に感じた疑問点であり、百瀬さんへの今後の注文である。

過去の歴史を巨視的に複眼的に捉えたいという。百瀬さんは、いくつかの「必要」を述べる。人類の過ちの歴史に目を向ける必要がある。その時代の庶民の視点で捉えた歴史に目を向ける必要がある。強者の歴史ではなく、弱者の歴史に目を向ける必要がある。これらの「必要」に応えながら、そして、歴史を巨視的に複眼的に捉えながら、なんとしても次のことを解明してほしい。すなわち、なぜ、いま、インドネシアの人々は、ユーモアを交え、日本人を暖かく迎えてくれるのだろうか、ということを。インドネシアを占領し、植民地政策を押しつけ、かの地の人々の文化と尊厳を踏みにじった私たち日本人は、そうであるからこそ、インドネシアの人々がなぜ前向きに振る舞えるか、その理由を考えなくてはならない義務を負っていると感じているからである。

そして、もうひとつ、百瀬さんにお聞きしたい点を追加すれば、二〇〇三年三月二〇日以降、つまりイラク戦争勃発以降もなお、米英のイラク攻撃を支持する国にすむ私たち日本人を暖かく迎えてくれているのだろうか、ということである。

本書は、以下のような章立てになっている。

序章　インドネシアにおける日本占領時代とは
第一章　日本占領下ジャワにおける言語政策・教育政策
第二章　日本占領下ジャワにおける日本語教育
第三章　教科書をとおして見た日本語教育

第四章　記憶の中の日本占領時代――スラバヤにおける聞き取り調査
第五章　女子中学生にとっての日本占領下時代――ソロ女子中学生における教育の実態
第六章　宣伝宣撫工作メディアとして使われた紙芝居
第七章　大学生は「日本占領時代」をどう見ているか――インドネシアの歴史教育と大学生の歴史認識
写真や歴史的資料のコピーの掲載もあって興味深い。

以下、印象に残った記述を中心に、注文を含めて紹介させていただく。

序章は、本論を読みやすくするために書かれた、インドネシアの日本占領時代のわかりやすい概説である。ここでは、日本占領時代について、いまだ過去形になっていない人々が大勢いることが指摘される。かつての「従軍慰安婦」「労務者」「兵補」として日本軍に動員された人々である。国立公文書館発行の『日本占領下――体験者42名の思い出』（一九八八年）が紹介される。同書は、「インドネシア民族が歩んできた道程のなかで、ある時期の記述資料が極めて少ないという状況があり、特に研究活動において口述資料の重要性がますます高まっている」という。文献資料の空白を埋める仕事を、いま、インドネシアは意識的に取り組んでいることがわかる。

第一章から第三章は、言語政策・日本語教育の分析である。インドネシアは、民族的に言語的に多様性に富んだ国である。五二八種類の地方語があるという。最大の言語はジャワ語で、約四割の人々が使用している。公用語は、インドネシア語である。このインドネシア語の公用語化に、日本の占領政策は一役買ったことが指摘される。

日本軍は、オランダ語の使用禁止、インドネシア語の公用語化、日本語の普及、を基本方針にした。日本軍の真のねらいは大東亜共栄圏の共通語＝日本語の普及であったが、当面、インドネシア語の共通語化が暫定政策として選択された。このインドネシア語は、やがて、独立を求める絆＝共通語となっていく。このように歴史は前進していくのか！　考えさせられる事例であった。

大東亜共栄圏建設のための日本語教育の実態についても、興味深い指摘がいくつもあった。たとえば、一九四三年の「新ジャワ学徒の誓」の朗唱の義務づけ。植民地朝鮮の「皇国臣民の誓詞」（一九三八年）との比較が可能だろう。

我等は新ジャワの学徒なり
我等は大日本指導の下大東亜建設の為に学び
大東亜建設の為に心身を鍛練し
大東亜建設の為に有為の人材たらんことを誓う

日本語教育には二つ目的があったという。一つは日本精神・日本文化の理解であり、もう一つは、日本人とインドネシア人とのコミュニケーションの手段獲得であった。精神化と実用化。日本軍は、この二つの目的を時と場所によって使い分け、どちらか一方を優先するなど複雑な対応をとって、矛盾を深めていった。

ジャワにおける日本語教科書の作成方針は、一九四三年を境にして変化する。一九四三年以前は、現地の風物を織りまぜてインドネシア人に親しみやすい題材を取り上げていたのに対し、以後は、日本化傾向・皇民化教育色が極めて濃厚になった。また、教授法は、直説法（現地語に訳さない）が基本方針であったが、実態は翻訳式の授業が主流であった。短期養成による教師では直説法は不可能であったのである。

日本軍は、教育制度を一元化（国民学校六年、初等中学校三年、高等中学校三年の六・三・三制）したと百瀬さんは述べている。これはたいへん興味ある点である。初等中学校は、はじめのうち男女共学でもあったという。占領地における六・三制の出現。いったいどのような経緯と考えから、このような制度の統合が行われたのか。この影響は国内に及ぶことはなかったのだろうか。この点は、ぜひ、今後、さらに解明をお願いしたい。

もうひとつは、大東亜共栄圏の共通語としての日本語構想を論じた教育学者の分析である。文部省図書局長の松尾長造と日本文化協会主事の松宮一也、それに国語学者の安藤正次の名前があがっていたが、本格的な分析を期待したい。「本来、中立であるべき学者や教育学者までもが、時流に乗って」とあるが、この認識の是非を含めて、いつか百瀬さんを交えて議論できたらと思っている。

第四章と五章は、聞き取り調査の記録である。ここで注目したいのは、百瀬さんも「意外なこと」と書いているが、インドネシアの方たちが学校へ行くのはいやではなかったこと、「毎日の学校生活は楽しかった」と語っていることである。「日本語教育を強制だと感じていたという感想はゼロであり、日本語学習は楽しかったようである」。いったいこれをどのように解釈すればよいのであろうか。これについては、記憶のあいまいさが指摘されているが、百瀬さんは明快な回答は保留している。さらに調査の必要を感じた。

この日本語学習に対して、学校における団体訓練・団体行動（朝礼式、ラジオ体操、勤労奉仕、隣組、青年団、警防団、婦人会など）については、記憶も鮮明であり、おおむね否定的な発言をしている。

「憲兵はひどかった」「日本兵は恐かったです。日本兵に会った時は、お辞儀をしなければなりませんでした。そうしないと、殴られました」

国民学校児童にとって日本兵は恐怖の対象であった。

元女子中学校の生徒さんへの聞き取りから、次のような考えを述べている。

「女子中学校は、皇民化教育に力を入れた国民学校と皇民化教育・軍事的教育両方に力を入れた男子中学校の隙間、あるいは緩衝地帯に位置していた」

このような指摘を聞くと、すぐに、元男子中学校の生徒さんの記憶を調べていただきたくなる。聞き取った内容をどのように解釈するのか。聞き取りの方法ともあわせ、今後さらに議論をつめる必要を感じた。

細かなことだが、生徒の間で普及されたとされる歌の中に「蛍の光」や「雨のブルース」が入っていた。「蛍の光」は、国内では敵性音楽として追放の対象にすべきかどうかで議論されていた。「ブルースもの」も敵性音楽として追放の対象ではなかったか。インドネシアでも「歌曲の選定に意を持ちうること」との規定もあり、国内とのズレがあったのかどうか、少し気になる。

第六章は、紙芝居について、第七章は、インドネシアの現在の歴史教科書の分析と大学生の歴史認識について論じている。映画やマスコミに比べ、語られることが少なかった紙芝居を分析したことは注目される。紙芝居は宣伝宣撫工作を中心に利用され、自転車数台で一部隊を編成して、各地域を巡回した。直接インドネシア語による形式が多く採用されたと百瀬さんは述べているが、日本語教育そのものの材料として利用されることはなかったのか、疑問が浮かんだ。

第七章は、インドネシアの大学生は占領時代の日本といま現在の日本をどのように捉えているかを分析しようとしている。百瀬さんは、インドネシアの学生が日本に好感をもつ理由を、①インドネシアの歴史教科書が日本占領を独立に向かう流れに位置づけており、感情論で処理されてしまうことを避ける工夫をしている、②発展途上のインドネシアにとって、日本は国家発展のモデルとして肯定的に捉えられている、をあげている。

日本を国家発展のモデルとして考える。これはインドネシアの人々にとっても、また、私たち日本人にとっても、日本占領時代のインドネシアの日本語教育をいかに捉えるかという基本認識に深刻な影響を及ぼすに違いない。百瀬さんの今後の究明をお待ちしたい。

（つくばね舎、二〇〇三年）

# 白取道博著『満蒙開拓青少年義勇軍史研究』

## Ⅰ　本書の「特徴」

満蒙開拓青少年義勇軍は、中国東北部（「満州国」）を入植地として日本政府が実施した移民の一形態である。数え年一六歳から一九歳の青少年を対象にして、一九三八年から一九四五年にかけて各道府県で公募された。彼らは、内原訓練所（茨城県内原、所長加藤完治）に、軍隊に擬した指揮命令系統の貫徹する隊組織に編成され、二―三ヶ月の訓練ののち、「満州国」に散在する「満蒙開拓青年義勇隊訓練所」で三年間の訓練を行い、三〇〇名の「中隊」を中軸にして入植していった。送出数は約八万六千人である（五頁）。本書は、この青少年義勇軍の募集送出過程を描き出しており、精力的な史料収集と丹念な分析に基づく「基礎的事実の確定」作業の成果である。

本書の重要な特徴は、拓務省を中心とする募集・送出関係機関の「政策意思の系統的把握」を行ったことである。その理由は何か。第一に、これまで、青少年義勇軍を含め満州移民研究では、引き揚げにいたる戦死・自死・餓死・凍死・病死（二七万人の内、約八万人）の事実というその悲劇性とともに、一方で、たとえば義勇軍による耕地の奪取や暴行など中国人への侵略加害性が指摘されてきた。すなわち、日本国家によって加害者に仕立てられた被害者という問題の性格である。しかも、国家や社会によって保護されなければならない青少年がその責を負ってしまった事実の重さである。この、一筋縄ではなかなか解けない「加害―被害」関係を解くためにも、本書は、事態の正確な認識を得る目的とともに、その前提として、まずは「政策意思の把握」がなにより重要であるとし、その展開を克明に明らかにしたのである。

第二に、青少年義勇軍の場合、募集送出過程における教師の介在が論じられ、その『記録』の多くに教師に対する怨嗟がしばしば示されてきた。教師の介在（怨嗟）は重要な論点であるが、本書は、青少年義勇軍政策の展開との関連を欠いたままでは、やはりことの本質は理解できないであろうとする。政策の中の教師の位置付けである。著者白取は、これまでの研究は、青少年義勇軍と公教育との密接な関係への言及が不十分であるとしている。青少年の応募動機の理由に、小作貧農の農村離業者次三男である事実を示す研究があるが、その点にのみ応募の原因を求めるわけにはいかないという。成人移民とは異なる観点、つまり、公教育（教師の介在）との密接な関連の究明を指摘する。青少年における積極的な応募動機の喚起の解明である。政策意思の浸透過程は不可欠な課題であった。

もう一点、述べたい本書の特徴は、数多くの充実した「表」の存在である。これは、青少年義勇軍の実態とその政策展開過程の理解を大いに助けてくれる。満州移住協会の『開拓』や『満州開拓史』などにより作成された表から、私たちは、たとえば、①内原訓練所入所数は長野、山形、広島、熊本、新潟が多いことが、②満州に散在する訓練所は北安省、東安省、牡丹江省などに集中し、これが対ソ国境接壌地帯（対ソ戦略）であることが、③応募動機で教師の勧めが圧倒的に多く、逆に少なくない母親が抵抗し反対したことが、つぶさに理解できる。苦心の作といえる。

## Ⅱ　本書の「概要」

第一章「満蒙開拓青少年義勇軍」の創設
第二章「満蒙開拓青少年義勇軍」の造形
第三章「満蒙開拓青少年義勇軍」の変容
第四章「満蒙開拓青少年義勇軍」の解体
補論　「満州建設勤労奉仕隊」に関する基礎的考察

第一章の「義勇軍の創設」は、満州農業移民政策には、当初より青少年移民構想が胚胎していたことを明らかにしている。一九三六年八月の広田弘毅内閣「二〇カ年一〇〇万戸送出計画」がそれであり、拓務省は、これに応じ、三七年一月、農業労働者について不足労働補給として「主トシテ未成年者ヲ予想ス」とした。三七年七月、関東軍は、「青年農民訓練所（仮称）創設要綱」を策定している。これは、先行研究の上笙一郎著『満蒙開拓青少年義勇軍』（一九七三年）が義勇軍の創設は加藤完治らの『満蒙開拓青少年義勇軍編成ニ関スル建白書』（一九三七年一一月）を直接の契機とする、という見解に対する有力な反論である。

日中戦争の全面化（三七年七月）は、軍事費の増大を伴い、拓務省予算の成立を危うくさせ、満州移民の積極的送出を押しとどめる要因となった。青少年移民計画は改編を余儀なくされ、先の『建白書』が出されることになる。「青年移民」ではなく、「満蒙開拓青少年義勇軍」を呼称とする新たな「義勇軍」の創設である。青少年義勇軍は、満州支配の安定的継続に青少年が挺身する「渇望」を表現するものとされた。青少年を対象とすることで、短期間に送出可能となり、しかも、大量に、単身で、移住も長く展望でき、建国精神と満州移住の重要使命を徹底させることが容易となり、また、軍事上治安上の重要な役割を担いうると期待された。義勇軍は、国民精神を作興する一大国民運動と位置づけられた。白取は、義勇軍を、改編された成人移民の安価な代位・補完策であったとする。

第二章の「義勇軍の造形」は、一九三九年一二月の閣議決定「満州開拓政策基本要綱」を中心に、関東軍と拓務省の意図が如何に反映され実現されたのかを詳細に検討している。日本国内では「満蒙開拓青少年義勇軍」という呼称を用いたのに対し、満州では「満州開拓青年義勇隊」と用いることとなったこと、これは関東軍の当初からの意向であったことが明らかにされる。白取は、義勇隊には中国人・朝鮮人の入所も考えられていたとする。また、「移民」ではなく「開拓」の呼称使用については、関東軍が「移民要員を確保する吸引力としての有効性」を考慮したからだと推測している。

「満州開拓青年義勇隊訓練所」の配置に関する記述は、本書の圧巻の一つである。大訓練所、特別訓練所、乙種訓練所、甲種訓練所（在籍人員、倉庫施設の種類）など、設置省別内訳表を駆使して、白取は、一九四一年を前後する時期の訓練所の状況の特徴を捉えている。北安・東安・牡丹江三省に訓練所の過半数が設置されたこと（重点地区）。こうした陣地構築状況によって象徴される重点地区は、対ソ連戦略上の枢要地であったこと。「それはみごとに皇軍をして後顧の憂無く、専ら敵前に当るを得しめんか為」の布陣であったこと。「匪賊」に対する治安維持のためであり、兵站線の短縮・補強という企図をも窺い得、訓練所は各種軍需物資の集積所としての機能をもち、軍事目的に即応ないし転用し得る可能性があったことなど、が指摘される。

第三章の「義勇軍の変容」は、公教育との関連を扱っていて興味深い。本書の中心部分と言っていいだろう。初年度と比べ、一九三九年は募集者は激減する。拓務省は、これに対応し、複数の県別からなる「混成中隊」から同一地域の出身者からなる「郷土中隊」(郷土部隊編成)へと切り替える措置をとる。募集不振の打開策であり、この郷土部隊編成方針が、いっそう、学校教育の関与を呼び込むことになる。それは、高等小学校の新規卒業生(すなわち在学児童)へとそのターゲットを、今まで以上に、絞り込むことにもなる。

拓務省は、卒業期における職業指導の一環に青少年義勇軍への応募勧奨活動を位置づけるよう措置した。これは同時期の厚生・文部両省訓令「国家ノ要望ニ適合セシムル」職業指導理念とも矛盾しなかった。国策に順応した義勇軍送出のねらいの強化である。

拓務省は、公教育諸学校を基盤に、教育会を介在させて、合宿形式の訓練の実施を伴う郡単位の小隊編成の導入を決定し、三九年、各府県に通達した(郷土部隊編成)。数名の教員と訓練生一〇名程度の班からなる、四泊五日以上の「拓植訓練」である。「父兄を懐柔」し、児童を訓練に「囲い込み」、「応募の意思」を作りあげ、それを翻させない強制力を発揮させる目的であった。拓務省は、また、勧奨の役割を担う教師を対象にする、内原訓練所における「拓植講習」(一週間程度)の実施も推進した。

しかし、この措置による矛盾は顕著であった。これまで、内原訓練所からの退所理由に多かった「病気や家庭事情」に代わって、「無断退所」が最も多くなる。無断退所をせざるを得ない強制力があったからであろう。満州での義勇隊における「処分による退所者」も多くなった。白取は、「不良訓練生」の存在を指摘する。訓練組織の統制の埒外の事態とされる不良訓練生、すなわち、頻発する素行不良、犯罪という事態——騒擾、殺人、傷害、暴行、横領、窃盗、飲食遊興、小隊・中隊における内訌、抗争、さらに、中国人との相克（蔑視する、殴打暴行など）である。理想と現実との落差に対する憤懣、渡満時の希望と熱意の喪失、悲観が起因と推測している。甘言と強制力による送出の結果であった。

教員の勧奨を応募の動機にあげる児童は増えたが、「父兄」、特に母親の応募勧奨の比率が低いことに、拓務省が注意を払っている点も見逃せない。拓務省は、家族の不安や不信を低減する方策を模索していた。

第四章の「義勇軍の解体」は、義勇軍が当初より、農業移民の実態を伴っていなかったことを明らかにしている。農業移民の形骸化という事実である。

一九四一年は義勇軍四万六五三六人に達していたが、この年は、満州移民政策の転回点であった。対ソ戦の準備であり、関東軍特種演習の開始であり、移民送出の制限であった。義勇軍は、有事動員計画の転換に伴い、有事目的にそう各種軍役への労力、軍事施設・鉄道・駅の警備、飛行場軍用道路・戦車壕の構築、軍馬の輸送などの供出にあてられた。「非常に重宝がられた」存在となった。国境接壌省へ四割、北安、龍江省など山脈に囲まれた平野部の外縁移民地に五割、主要鉄道線上の要衝・重鉱工業地帯に一割が配置されていった。義勇軍は、入植と同時に、来攻が必至のソ連軍と対峙させられたのである。

なお、補論に「満州建設勤労奉仕隊」（一九三九年—一九四五年）を置き、義勇軍の成功をうけて構想された同「奉仕隊」に関する基礎的考察を行っている。

## Ⅲ　本書の「結語」にかかわって

本書は、青少年義勇軍の政策意思を系統的に把握することを念頭におきつつ、公教育との密接な関連の究明を重視した。義勇軍の政策は、膨大な資料の存在からも分かるように、政策者の強固な意思（執念）の結果であった。国家意思の強大さを感じる。しかし、その政策は抵抗なく浸透したのではなく、母親の反対や素行不良や犯罪・内部抗争など、さまざまな矛盾に直面しつつ展開した。白取の記述は、生きた現実を描き出しており、ここから汲み取るべき歴史的意義は大きいはずである。

しかし、政策の意思を追究して、青少年義勇軍の〈加害—被害〉の複雑な性格を如何に解き、先行研究を超えてどのような結論を出すのか、期待して「結語」を読んだのだが、その点は踏み込んだ記述がなかった。なぜなのだろう。

白取の結語は、論文の「まとめ」ではなく、今後のいくつかの課題と仮説の提示に終わっている。白取は、課題は青少年義勇軍に彼らはなぜ応募せざるを得なかったのか、この解明に尽きる、と言っている。青少年の「支持」の理由、彼らの「同意の調達」の究明である。ではなぜ、白取の政策分析では、この「同意の調達」にまで踏み込めなかったのか、まず、その原因を自ら述べる必要があるだろう。

白取は、戦争遂行への同意の調達に、「自己の有用性を証立てる」心性の存在を推測している。教師の関与の理由に、国家的な意義を体現するものへの「陶酔」を予測する。おそらく、それに間違いはないであろう。問題は、自己の有用性の中身、国家的な意義の内実であり、白取のそれに対する見解の提示である。また、なぜ、そうしたものへ疑問をもてなかったのか、少しでも疑問をもつ人々はいなかったのか、当時の人々の価値観の究明である。

それを解くためにも、たとえば、大きな影響力をもった加藤完治の思想の分析は必要であったように思う。加藤の思想がいかに政策をささえ利用されたのか、政策と思想の交差する分野の設定である。あるいは、櫻本富雄の『満蒙開拓青少年義勇軍』（一九八七年）が取りあげる文化人の言説の分析である。「証立て」と「陶酔」は、こうした思想と言説分析を介して可能となってくるように思われるが、どうだろうか。

（北海道大学出版会、二〇〇八年）

# 國分麻里著『植民地期朝鮮の歴史教育――「朝鮮事歴」の教授をめぐって』

## Ⅰ　本書の意義と要約

本書は、植民地期、朝鮮人児童が通う普通学校で使用された「国史」という歴史教科書の中にある「朝鮮の歴史」の部分を考察する。朝鮮総督府は、国史教科書を編むにあたって、日本歴史とは別の、朝鮮の歴史をどのように記述しようとしたのか。その意図はそもそも何であったのか。いつからはじまり、いかなる内容が描かれ、それはどのような変化をとげたのか。また、この教科書を使用した教師は、朝鮮の歴史のこの部分をどのように受けとめ、教えようとしたのか。著者國分は、これらの点をていねいに分析し実証している。これまでにない新しい研究であろう。

以下に、本書を要約しながら、その意義を述べていきたい。

### （一）「朝鮮事歴」の変遷――朝鮮歴史の読み替え＝変質の試み

第一に。「朝鮮の歴史」のこの部分を、「朝鮮事歴」という。王朝史中心の朝鮮歴史のことであるが、朝鮮歴史を一国史としてみるのではなく、より矮小化した一地域の歴史にすぎないという見方を表現したいがために、使用された用語であった。朝鮮事歴は、一九一〇年の韓国併合が「やむを得ない結果」であることを、「朝鮮の歴史の本体に入って教える」（教科書編集課長小田省吾）ために導入された。韓国併合の正当性を朝鮮人児童に理解させるために、朝鮮の歴史自体を読み替える＝変質させることを目的としていた。国史の教授は、直接に、「日本歴史」や朝鮮との「関係史」による皇国臣民意識の植えつけを行おうとしたが、それだけでは足りないと考え、さらに、朝鮮人児童の歴史意識の根本的「変革」をもとめて、朝鮮事歴を置き、日本への従属意識をより徹底させようとしたのである。國分は、被支配民族に対して、その民族の歴史を用い支配民族の思うがままの思想に近づけるという、この朝鮮事歴政策は、世界の植民地政策史のなかに他に例を見つけることはできない、と述べている。これはきわめて稀有な事例であった。

この稀有な事例には、大いなる矛盾があった。支配民族に都合のよい歴史の読み替えは、当然に、無理が生じる。國分は、この無理と矛盾の経緯を、明らかにしていく。これが本書の第一の意義である。本書は、一九二〇年から一九四一年までの、朝鮮総督府編纂の普通学校歴史教科書に叙述される「朝鮮事歴」の誕生から削除までを綴る。削除という結果は、この矛盾と無理の集中的表現を意味する。

分析された普通学校歴史教科書は、以下の五つである。

一九一九年の三・一独立運動後、総督府は、朝鮮事歴教授をはじめる。一九二〇年から二二年まで、総督府は、朝鮮事歴のために尋常小学校『国史』とはべつに『補充教材』を編纂する。まずは、この『補充教材』の分析（その一）からはじまる。

次に、総督府がみずからはじめて編纂した、一九二一年・二二年の『普通学校国史』（その二）。これは、朝鮮事歴を大日本帝国史の有機的な一部に組み込む試みであった。

続いて、一九三二年・三三年『普通学校国史』（その三）の検討、これは、朝鮮事歴の分量増加の試みであった。その後、一九三七年『初等国史』（その四）と、一九四一年『初等国史』（その五）と続き、朝鮮事歴の削減と削除までが分析される、という内容構成であった。

## （二）日本帝国の郷土史としての「朝鮮事歴」

第二に。朝鮮事歴は、「郷土史としての朝鮮事歴」という考え方で導入された。日本歴史の郷土史として朝鮮事歴を扱い、日本への従属を強調しようとしたのが朝鮮事歴であった。朝鮮事歴で、日本との従属関係を強調する「郷土化」を試みた。いつの時代においても日本歴史と関係があるわけではない朝鮮歴史に、意図的に日本歴史との従属関係をしめす叙述を挿入し、朝鮮半島を大日本帝国と関係ある一郷土として組み込もうとしたものこそ、朝鮮事歴であった。國分は、この朝鮮総督府の政策を、日本内地の郷土教育論や郷土史教授理論の影響を通して分析しようとした。朝鮮事歴と教育思潮との関係をできるだけ読み解こうとした。この点が、第二の意義であろう。とくに、一九三〇年前半は朝鮮事歴の量的拡大が試みられる時期であり、「内地」の郷土教育運動からの影響は大きく、國分は、朝鮮総督府の関係者や現場の教師がその影響をいかに受けたのか、を詳しく分析している。本書で最も充実した部分であった。

日本国内の教育理論がいかに植民地教育政策に貢献したのか、あるいは、植民地教育政策はどのように教育理論を利用して、その意図を図ろうとしたのか。植民地教育行政の思惟様式とはどんなものであったのか。あるいは、近代日本の教育理論ははたしてどんなふうに植民地主義に向きあっていたのか。本書は、これらの点への問題提起を含むものであり、読む者をして考えを深めるきっかけを与えてくれる。本書の魅力である。

国内の郷土史教授には、二つの側面があると考えられていた。「各地方の特色ある歴史」を教えるということと、「中央史を具体化した歴史」を教える側面である。朝鮮総督府は、この内、とくに後者の側面を重視し、それを応用し、中央の日本国家の思想を具体化する地方朝鮮史を描こうとして、朝鮮事歴の「郷土化」を試みたわけであった。

また、郷土史教授は、児童の身近な郷土を教えることであり、歴史教授の初歩的教材となりうる直観教授であると考えられた。総督府は、児童に歴史の勉強に関心をもたせるうえで、これは有効な方法であると判断した。さらに、郷土を教えることで日本国家への愛国心を育てるという郷土教育のねらいにも注目した。國分は、総督府学務官僚や在朝日本人教師の言説を通して、郷土教育の考え方に基づく朝鮮事歴政策を実証した。

しかし、実際につくられた歴史教科書は、思惑通りにはいかなかった。重大な問題をかかえざるを得なかった。朝鮮事歴は、①日本との従属関係、②中国との従属関係、③朝鮮の文化史、④朝鮮の政治的変遷、の四つの要素から記述されていたが、実際の叙述は、①や②よりも、③の朝鮮の文化史や④の朝鮮の政治的変遷の叙述が多くなったという。一九三〇年代前半の郷土教育運動の影響は、朝鮮事歴の記述の分量を多くさせ、日本歴史との従属関係を示す叙述をかえって減らす結果にさえなった。こうした問題が、批判を生み出し、結果的に、一九三〇年代後半の朝鮮事歴の「削減」となり、四一年には「削除」されるまでになっていくのである。

総督府の支配に都合のよいように、朝鮮人の歴史意識の根底的な転換を図るために、朝鮮王朝の文化史や政治的変遷を取り入れたのだが、しかし、そのことがかえって、日本帝国の郷土史（＝従属史）を描くことを困難にした、と國分は指摘する。日本歴史の郷土史としての朝鮮事歴は、もともと自己矛盾をかかえた「観念的なもの」であり、破綻はまぬがれがたかった、と結論づけている。

それはその通りであると思うし、重要な指摘である。しかし、そういう歴史を教えられた多くの朝鮮人児童がいることは事実であり、彼ら児童のその精神に宿した影響をいま私たちはどのように想像してみることが大切なのか。また、その「観念的なもの」を信じて疑わず、それを教えた少なくない在朝日本人教師の責任は、いったい、いかなるものとして捉えたらよいのか。國分の、もうひと言が、ほしかった。

## （三）現場教師の批判——朝鮮事歴は日本歴史の単一性を傷つける

第三の意義は、教育政策の機能とその影響を教育現場の実際に降りたって、分析しようとした点である。法令—政策—教科書—教師の考え—学習指導案といった流れでいえば、後半の、教科書—教師の考え—学習指導案の分析を行ったことである。この場合、「教師の考え」は、朝鮮教育会や初等教育研究会という官製的性格が濃厚な教師集団のことであった。

國分の分析で、とくに、あらためて驚きをもって知った事実は、教育現場にいる朝鮮教育会に所属する在朝日本人教師たちの方が、総督府よりもはるかに、「日本国家の中央史としての地方朝鮮史」（郷土化＝朝鮮の日本従属史）の徹底化をもとめ、主張していたということである。彼らは、総督府編纂の教科書の矛盾を衝き、朝鮮事歴は日本歴史と異なる朝鮮歴史の系統性や優秀性などの独自性をかえって浮かび上がらせていると指摘した。朝鮮事歴を日本歴史に挿入すると、日本歴史の単一性を傷つけてしまうとし、総督府をきびしく批判した。たとえば、一九三七年、朝鮮事歴の題目が外され、削減された改訂時、ある教師はそれを支持し、以下のように述べた。

「然し郷土史研究が我が国各地方に存するものであり、唯朝鮮の国史教育のみが、特別なる題目を設ける必要はない。時勢は還り、かくする事が返つて一視同仁の大御心にも添ひ奉らぬ時勢となつて来たのである。（中略）普通学校の児童が内地関係の国史よりも朝鮮関係の国史を喜ぶと言ふ様な事が微塵も存しないのである。大人の感じる以上に児童は既に日本人となり国史教育を受けてゐるのである。而して朝鮮史に関する取扱は従前の如き独立せる課によりては十分なる取扱をなし得ない。国史に於ける郷土史朝鮮は、国史ありての郷土史であつて、朝鮮自体の郷土史の一節ではあり得ないのである」（一九三―一九四頁）

一九四一年の『教科書編輯彙報』は、これまでの朝鮮関係の教材には、国史の発展そのものに関係のない朝鮮の史実が含まれており、「国史教育を二重化するが如き失敗」を犯してきたと述べている。この認識は、上記現場教師たちの朝鮮事歴記述への批判に基づくものであったろう。國分はそのように述べているると思う。一九四一年の『初等国史』からの朝鮮事歴の「削除」は、こうした教師の声を受けてのものであった。

在朝日本人教師における植民地主義思想とその責任はいかなるものか、思いを深くする事実との出会いであった。國分は、この問題をどう考えているのだろうか。お聞きしてみたい。

## Ⅱ　いくつかの要望と疑問

次に、私自身が不勉強なところもあり、今後教えをいただきたいとの願いを込めて、いくつかの要望と疑問をのべさせていただく。

### （一）社会的背景について

一つ目は、社会的背景と朝鮮事歴の変遷との関係を、もう少し書き込んでほしかったということである。とくに、①一九一九年の三・一独立運動と朝鮮事歴の誕生との関係、②一九三〇年前後の農村漁村振興運動・自力更生運動（山梨・宇垣総督下）と朝鮮事歴の分量増加との関係、③一九三八年以降の内鮮一体化の皇国臣民化政策（南総督下）と朝鮮事歴の削除の関係について、である。個々の総督府関係者の言説を取り入れることは大切なことであるが、もっと厚く社会的背景を論じて歴史分析をしてほしかった。とくに②と③は、強く要望したい（拙稿「植民地朝鮮における教育行政官僚の思想——渡邊豊日子と塩原時三郎を中心に」『「大東亜

戦争」期における日本植民地・占領地教育の総合的研究』平成一〇・一一・一二年度科学研究費補助金（基盤研究（B）（一））研究成果報告書、研究代表槻木瑞生、二〇〇一年、参照）。

國分も指摘（一一〇頁）するように、一九三〇年代の朝鮮における農村漁村振興運動や自力更生運動は、明らかに郷土教育を組み入れようとした総督府主導の運動であった。郷土を愛し、郷土の産業に従順に従事する労働力を養成するために、郷土教育＝朝鮮事歴の教授はぜひとも必要と認識されたのではなかったか。農村更正・産業振興策との関連をもっと追求してほしかった。國分の記述は、その点でむしろあいまいさがあり、「その一方で、一九三〇年前後の総督府の教育政策への関心は、思想問題や卒業生指導などにもあったため、郷土教育だけに政策が集中することはなかった」（九四頁）という指摘などは、かえって記述の一貫性を損ねていたように思う。

一九三八年以降の南総督時代、とくに塩原時三郎学務局長のもとでの教育政策の大転換は、明らかに朝鮮事歴の削除に大いに関係していると思うのだが、どうだろうか。「皇国臣民」の造語を生み出し、志願兵制度（一九三八年）に適う朝鮮人を養成しなければならないという総督府に突きつけられた時局の要請は、これまでの教育政策の考え方を一変させるものではなかったか。朝鮮人を皇国軍人として形成するという、「日本人化」の究極の姿＝徴兵制度の設置を近い将来に見すえての教育政策の展開がはじまったのが一九三八年である。朝鮮事歴の「削除」もこうした社会的背景を考察して、はじめて真に解きうるように思えてならない。

## (二) 日本国内における郷土教育運動との関連

國分の「内地」の郷土教育論の整理がやや気になった。海老原治善の古い研究によれば(『現代日本教育実践史』一九七五年)、一九二九年からはじまった世界恐慌によって日本は不況のどん底におち、農村の生活不安は一段と深刻になったと述べ、それが郷土教育運動が起こる原因であったとする。まず、こうした視点を國分はもちえていたのかどうか。

次に、海老原は、郷土教育運動は三つの潮流があったとする。第一は、観念的でかつ主観的情緒的、心情的な郷土教育論とその実践である。北沢種一や入沢宗寿がその担い手である。社会的矛盾が顕在化しない都市新学校や師範学校附属小学校での実践とされ、「郷土」は体験や直観といった教授=学習上の方法原理に解消されたという。あわせて、観念的に、郷土を愛することで愛国心を形成させようとしたという。國分は、この潮流に注目し、これらが朝鮮に受容されたのではないのかと推測している。問題は、あと二つの潮流に対して、國分は十分な注意を向けていないことである。

第二の潮流は、科学的郷土教育論である。雑誌『郷土教育』(一九三〇年―)を発行した郷土教育連盟がその例である。客観的実在としての郷土、悩みに満ちる現実の郷土を認識対象にすえようとしたとする。第三の潮流は、マルクス主義の立場に立つ、郷土教育実践への批判である。羽仁五郎、浅野研真、本庄陸男などが論陣を張った。彼らは、愛国心を強調する郷土教育論を批判し、真実の姿は「郷土を喪失した者」が「第一にプロレタリアート」であり、「第二に植民地民族」であったと指摘した。郷土は喪失したのではなく、奪われたのである、と述べた。

これら郷土教育運動全体は、やがて変質し、地域研究から郷土愛へ移り、愛国心教育の代名詞となっていったと、海老原は結論づけていた。

重要なことは、「内地」の郷土教育運動には、植民地批判があったという事実である。朝鮮における郷土教育の受容は、こうした第二、第三の潮流を慎重に回避したということではなかったか。そのような予想が成り立つように思われるが、國分は、どのように考えるだろうか。

それにしても、朝鮮の現実は、第二、第三の郷土教育論をもとめる客観的基盤を有していたと思われるのだが、実際の思想状況はそれを全く許さなかったということなのだろうか。史資料が見つからぬ以上、それは確かめようがないのか、どうか。

## (三) 一九四〇年・四一年の『初等国史　第五・六学年』と一九四四年の『初等国史　第五・六学年』について

國分は、一九三七年の『普通学校国史』は、それまでの朝鮮事歴の独立単元を廃止したと述べているが、内容まで削除したわけではなく、日本歴史単元の中に内包されたとしている。一九四〇年・四一年『初等国史』は、先に述べた朝鮮事歴の四要素がバラバラになって記述されているとし、その意味から朝鮮事歴は「削除」されたと結論づけている。しかし、日本との従属した関係史は残されているとした。したがって、日本との従属関係史が残されているのであれば、「削除」という指摘はやや疑問である。朝鮮事歴の一要素である従属関係史の内容自体が、さらにていねいに、検討される必要があるのではないか。

とくに問題にしたいことは、一九四〇年『初等国史』は第五学年用であり、一九四一年『初等科国史』は第六学年用であった、という事実である。國分は、この事実にもっと注意深くあってもよかったのではないのか。この時、総督府は、これまでのやり方をあらため、国内の歴史教育の常識を捨て、神代から現代までを五年生と六年生の両学年で繰り返して二度教える「循環法」（磯田一雄『「皇国の姿」を追って』皓星社、一九九九年）を採用した。第五学年は「国体明徴」を、第六学年は「国運発展」を、それぞれ目的に編纂された（磯田一雄）。第六学年『初等国史』は、東アジアとの関係史をことの他重視している。私は、それは同じ時期の国内の国定教科書の記述を超える、大東亜共栄圏構想に応じた植民地支配者独自の国史編纂の試みであったと考えている（拙稿「朝鮮総督府の国史教科書と国定国史教科書」『日本植民・占領地の教科書に関する総合的比較研究』平成一八年度—平成二〇年度科学研究費補助金（基盤研究（B）（一般））研究成果報告書、宮脇弘幸研究代表者、二〇〇九年）。一九四〇年の第五学年の『初等国史』と一九四一年の第六学年『初等国史』、さらに一九四四年の再改訂版『初等国史　第五・六学年』における、日本と朝鮮の関係史の記述の比較分析はもっと重視してよいように思われる。朝鮮事歴の目次単元は消えたとはいえ、一九四〇年以降の『初等国史』四冊における従属関係史の内容比較分析は残された課題であると思えたのだが、どうだろうか。

（新幹社、二〇一〇年）

## 駒込武・川村肇・奈須恵子編『戦時下学問の統制と動員　日本諸学振興委員会の研究』

本書は、一九三六年に発足し、戦時下、活動を展開した日本諸学振興委員会（文部省思想局所轄）の全容解明に迫った集団労作である。ねらいは、戦時下、日本の教育学者たちが政府・文部省の統制・動員政策にどのような対応を取ったのかの解明であり、さらに問題のすそ野を広げ、教育学者ばかりではなく戦時下の学問の統制と動員の全体を明らかにする、というものであった。執筆者九名はいずれも東京大学大学院教育学研究科の日本教育史演習（寺崎昌男ゼミ）の参加者であり、本書刊行までに約二五年の歳月を費やした。

日本諸学振興委員会の発足は、天皇機関説事件に発する一連の「国体明徴」の措置にあり、教学刷新評議会の答申によっていた。国体明徴のために大学などに籍を置く学者を総動員する機関（官製プロジェクト）こそ日本諸学振興委員会であった。したがって、そのおびただしい研究・出版物も、戦後においては、一時的な「迷妄」の産物でしかなく、「顧みるに値しない負の遺産」と見なされがちであった。

本書は、考え方を転換させ、この「負の遺産」をあえて研究の俎上にのせた。すなわち、その事業は、文部省や軍部などの外部勢力からの他律的強制だけによらず、当時の諸学界の指導層の積極的なイニシアティブが働いたものとする。動員された学者は諸学問に広がり、その数は多かった。学者の報告には聴衆がおり、この再教育の場には多数の教員・学生が組織された。日本諸学振興委員会が行ったものは、近代日本学術史から見て極めて重要な事業だったのである。その意味するところは解明されなければならない。

特に注目したい点は、戦時下の知識人をどう捉えるのか、という重要問題に対する本書の分析視角である。本書は、従来、戦時下における知識人の研究は、有力な政治家・官僚・軍人を中心とするブレーントラスト組織に関する政治史的研究か個別の知識人の思想史的研究に偏りがちであったとし、とくに戦時下の人文・社会科学研究の全体像を射程に置くことはできていなかったと批判する。これでは、当時の思想統制・学問統制の複雑な過程と様相は明らかにできないという。本書は、なにより、当時の研究者全体を鳥瞰したうえでの「相対的な位置関係」とその中での「個々の発言の意味」の解明を強調する。「微妙だが重要な違い」が存在したという。そうすることで、これまでの研究ではなし得なかった、戦争と学問（知識人）との関わりないし責任の問題を内在的に明らかにすることができる、とした。日本諸学振興委員会は、全体像解明にふさわしい対象であった。

これは重要な指摘である。はたしてこの全体像の解明の試みは、戦争と学問の関わりと責任を問う作業にどこまで貢献できたのか。この点は、後に述べたい。

もう一つ注目したい本書の特徴は、戦時下の複雑な学問統制の過程を、「禁圧的統制（措置）」と「誘導的統制（措置）」の二つの概念を使って分析したことである。そして、禁圧的統制と誘導的統制を組み合わせながら国体明徴（のちに、国家有用性に）という観点から日本の学問全体を再「構成」しようとした国家意思を「構成的統制」という用語で表現し、総括していることである。読者は、本書全体で、おそらく初めて本格的に明らかにされるその統制の事実にさまざま学ばされるだろう。次々に解明される事実に圧倒されるだろう。私は、禁圧的措置を証立てる文部省の内部文書に、あらためて、その弾圧する側の憎悪の怖さをまざまざと感じた。誘導的措置に、その巧妙さと考えられる限りの手段をつくす国家規模の執拗さを見、驚きを禁じ得なかった。しかし、その学問統制は、はなはだしい内部対立（和辻哲郎と紀平正美との激論など）を含む矛盾の過程であった。そして、最後は、国家が研究所を自ら経営するこのような官製プロジェクトが「如何に無益有害であるかを痛感した」（田中耕太郎、一九四七年）と述懐させて、戦後に終わったことを本書は明らかにした。

大部の労作を、ていねいに紹介する紙数はない。第Ⅰ部は教学刷新体制の構築、第Ⅱ部は教学刷新体制下の教育学、そして第Ⅲ部は教学刷新体制下の諸学問、という構成であった。教育学・教育史を専攻する執筆者たちは、戦時下の教育学説の再編を直接扱う第Ⅱ部より研究をはじめる。一九三〇年代の教育学形成の場（東大、京大、東京・広島文理科大、教育科学運動など）の再編と日本諸学振興委員会教育学会の展開が分析される（執筆者は木村元、駒込武、山本敏子）。そこから派生した課題を扱う第Ⅰ部に研究は進む。日本諸学振興委員会という舞台装置が成立する社会的思想史的背景（教学刷新体制）と舞台装置そのものの仕組みが検討される。思想統制から学問統制へ、学生部→思想局→教学局の展開や国民精神文化研究所との関係、中等諸学校教員の日本諸学振興委員会学会への動員（再教育）状況、大学教員への調査・監視など禁圧的措置の実態、そして人文科学の研究助成状況、などが詳細に分析される（執筆者は川村肇、高橋陽一、岩田康之、駒込武、寺崎昌男、奈須恵子）。そして、第Ⅲ部に、試論として、教育学以外の諸学会の動員状況が検討される。論説誌『日本諸学』における学問論の他に、哲学会、国語国文学会、歴史学会、経済学会、芸術学会、法学会、自然科学会、地理学会である（執筆者は、寺崎昌男、駒込武、川村肇、奈須恵子、木村元、高橋陽一、友野清文、岩田康之）。巻末附表と本文に載る日本諸学振興委員会の関連事項に関する多くの図表一覧は、よく行きとどいている。

本書を通読して、私自身が認識を深めた点を記しておきたい。第一は、日本諸学振興委員会は、発足当初、日本精神論を全面に出して既成の諸学問を批判し否定していく姿勢が顕著であったが、時局の進展に応じて、総力戦下の国家の期待に応える学問を育成する、いわば積極的な構成への姿勢に転じたことである。日本教育学や日本経済学などの「日本学」は、国体明徴のための露払い役を演じることはできたが、植民地・占領地経営を含めた一九四一年以降の大東亜戦争を勝ち抜く国家的有用性に応える理論的役割を演じることはできなかった。大東亜建設に応じる理論があらためて必要であった。しかし、日本諸学振興委員会内部で総力戦に応じる国家的有用性とはそもそもいったい何か、を疑うことはなかった。

それにしても、一九三六年の第一回教育学会で、「自由主義的立場」で報告を行った研究者に、国民精神文化研究所（精研）所員で「日本精神」派の人びとが激烈な調子の論難をあびせたという事実はやはり驚く。彼らは精研の教員再講習に研究員として参加していた中等諸学校の現場の教師であり、「手飼いの猛犬」と称された。心が重たくなる事実である。

第二に、東大の教育学研究室にいた吉田熊次と海後宗臣（ともに精研所属）は極めて重要な役割を担っており、その教育学の、批判的に検討すべき問題性がかなり指摘された、ということである。吉田は戦前において、海後は戦後において教育学界に大きな影響をもった人物であるだけに重視したい。吉田は、精研の研究部長であり、同じ精研の事業部長紀平正美と対立しており、教学刷新体制は対立する二人に役割を分担させた。吉田は、紀平とは違い、偏狭な皇国主義には反対しており、アカデミズムへの影響を考え西洋の学問的方法を擁護し「理論には理論を」の立場をとった。教学刷新路線に影響を与えた吉田の内部文書は、「近代の学校知が孕む病理」を描き出している。「国体の原理への論理的飛躍があるが、近代学校システムが抱える問題性をこれほど鋭く指摘した同時代の教育分析は他に例を見ない」とまで本書は評価する。もちろん本書は、国体の原理に立つ吉田をきびしく批判するのだが、教学刷新路線における「近代学校批判の内在」という指摘は本書に学びたい。ただ私は、日本のナショナリズムは、日本の近代の歪みを本質的に批判する可能性を宿しており、吉田の近代学校批判は、本書の指摘とは異なり、なお観念的抽象性が色濃いとの感想をもつ。

海後宗臣の錬成論に対する批判もきびしい。「この系譜の教育本質論は、現実批判の契機を持たない限り、全体主義・統制主義・帝国主義を正当化する道具になりかねない」。この海後教育学批判も注目してよいが、本書に登場する倉沢剛の大東亜教育論が権力の侵略論理をそのまま教育論に移しかえたものとは違って、海後のそれは大東亜諸住民の生活編成（化育論）を説いており、よりていねいな批判的検討の必要を感じた。

第三に、統制（弾圧）と反発（良心）の生々しい事例を知り得たことである。東大総長の長与又郎は教学刷新評議会に出席したおり大学問題を精神主義的に論じる伊東延吉思想局長に会い、拒絶の意思を日記に記す。「学会を文部省主催にて挙行するが如きは学問の性状を解せぬ俗論なり」。本書は、文部省が日本諸学振興学会ではなく日本諸学振興委員会へと修正したのも、帝国大学関係者のこのような反発に接したからだ、と推測する。

教学局の「要注意」大学教員調査文書は、詳細広範囲にわたっていた。ある経済学者備考欄には「時局ニ順応シテ説明ヲ変ヘザルヲ得ナイト嘆シ」ていたことが「問題」であると書かれていた。本人たちが知らないままに、使用する教科書、講義中の発言、試験問題とその成績の付け方まで、広く調べられた。調査に記載された人物の中には、検挙され、職を追われた者が少なくない。本書はいう。「いつハードな弾圧に転化するかわからないソフトな監視が、まさに日本諸学振興委員会の学会開催・運営の名のもとに行われた」。

学んだ点はまだ多いが、最後に、大きな論点で、気になることを二つ書いておきたい。第一に。本書は、「序」の部分で、個々の研究者の戦争協力への責任を問う作業は、研究を方向づける社会的基盤（全体像）の問題にまで射程を及ぼすことではじめて内在的な批判ができると述べていた。では、社会的基盤の解明を試みた本書は、どのような内在的批判を行ったのか。残念ながら、期待して読んだ「結」には、それを試みた文章は見あたらなかった。全体像の解明がただちに内在的批判に結びつくとは限らない。あるいは、内在的批判は可能となったが、自分たちは行わない。なぜ、海後宗臣教育学への批判を戦争責任問題へと考えをすすめてみようとしなかったのか。結局、戦争責任を問う作業は、それ固有の方法と問題関心（やる気）を必要とするのではないのか。この問題の解明はすべて読者に任されてしまっている。

私の本『総力戦体制と教育科学』（一九九七年）への本書の批判にかかわるが、「複数の次元の相互関係を射程に収めた新たな手法」による本書の分析が、いったい、どのような点で、拙著の教育科学運動分析を超える新たな貢献を行ったのか。その明示がなかったことも、上記のことと関連していよう。

第二に。これほどまでの大作に仕上げて、戦時下の教育学の全体像（関連諸学問を含んで）を検討したにも関わらず、本書は、戦後教育学については何も語ろうとしない。それはなぜか。戦後教育学を問う視点は、本書から用意されなかったということか。なぜ、そのようにして戦後教育学は成立してきたのか。そこに、いったい、どのような意義と問題が隠されていたのか。現代の危機の中で、それを問い直す視点が導き出されてもよかったのではないだろうか。いま、戦後教育学が批判にさらされている。戦後教育学の成立事情の解明は、戦後教育学批判への有力な応答になると思われる。戦時下に成立する研究助成という研究誘導の仕組みばかりでなく、もっと、多くの論点で、戦後教育学の本質を突く問題を提起してほしかった。

（東京大学出版会、二〇〇八年）

# 安川寿之輔著『福沢諭吉のアジア認識』

「脱亜論」（一八八五年）におけるアジア侵略思想・蔑視思想は、前々から気になっていたのだが、本書を読んで、こうまで福沢諭吉がアジア侮蔑意識を持っていたのかと、驚かされてしまった。「チャンチャン……皆殺しにするは造作もなきこと」「老大腐朽の支那国」「朝鮮……人民は牛馬豚犬に異ならず」「朝鮮は腐儒の巣窟」「朝鮮の国民愚昧」「台湾の反民……烏合の草賊……無知蒙昧の蛮族」などなど。日清戦争期の福沢の発言である。

本書は、福沢諭吉の歪んだアジア認識の解明を通して、戦後に形成されてきた「近代日本最大の啓蒙思想家」「近代日本の民主主義の先駆者」という福沢像を徹底して否定することを目的にしている。丸山眞男に代表される戦後の膨大な福沢諭吉研究は、戦争責任意識を欠落させており、基本的に誤りであるとする。アジア認識を福沢の思想の中枢深くに入れ込み、丸山眞男にはできなかった「福沢の全体像」をもう一度書き直す仕事に取り組まなければならない。本書の主張はここにある。重要な問題提起であろう。

初期啓蒙期の福沢は民権論と国権論を見事なバランスで保持していた、という従来の研究に異議を唱え、本書は、福沢はもともと国権論的ナショナリズムで一貫しており、その国際関係認識も「力は正義」との立場にゆるぎはなかったと述べる。福沢は、日本の植民地侵略の過激な主張者であり、文明の名において韓国・中国・台湾に対してあらん限りの侮蔑の言葉を投げつけた。

本書は、こうした福沢の言説を『福沢諭吉全集』から丹念に拾い集めていく。そして、本文の後に、七五頁もの異例の資料編「福沢諭吉のアジア認識の軌跡」を置き、これらの発言を時系列に網羅し、明確な根拠を提示している。学問的な批判に耐え得るためとの意図にもとづく。

国際認識（力は正義）、権謀術数、アジアへの侮蔑・偏見、文明史観による侵略の合理化、戦争・対外侵攻、強権的植民地支配、天皇の戦争指導、軍備拡張・強兵富国などの項目にしたがって、福沢のアジア認識の軌跡が示されている。

私は、本書の主張は十分に傾聴に値すると思っている。それを踏まえたうえで、以下に、注文を述べてみたい。

本書は、福沢のアジア認識だけを追跡しているのではない。同時代に存在するアジア認識との比較を取り入れながら、福沢のアジア認識の「負の特徴」を描き出そうと努めている。

こうした努力は重要であるだけに、いっそう、福沢のアジア認識を、当時の政治社会情勢のなかで厳密に位置づける本格的な分析が望まれるのではないか。

安川は、例えば、日清戦争の少し前、中江兆民や小野梓らの言説と比較しつつ「当時の福沢が日本の中でも最も激烈で強硬な軍事介入論の立場にあった」（一一〇頁）と述べるが、この結論は納得するにはやや躊躇した。もっと多くの比較がほしい。この時期の福沢の対外論は、当時の他の政治家・思想家・ジャーナリストと比べ、特に際だってユニークなものはない（坂野潤治）、との評価もある。

気になるのは、内村鑑三が日清戦争を「義戦」と捉えて肯定し、同じく教育勅語を批判したキリスト者植村正久が日清戦争を支持している事実である。日清戦争時、多くの知識人はそれを熱狂的に支持肯定していたのである。この事実と福沢のアジア蔑視思想との比較が本格的に行われる必要があるだろう。おそらくこれは、アジア認識（蔑視思想）がいかに固有の困難性を持った問題であったのかを予測させる。そして、最も知りたいのは、はたして、福沢のアジア侵略認識を徹底的に批判し、それを超え出る思想を待ち得た思想家が、このとき、日本に存在し得たのかどうか、ということである。

最後にもう一言。私は、福沢の教育論と女性論を多少読んでいる。問題点と同時に、ぐいぐいと引きつけられる「面白さ」を福沢に感じてきた。この福沢の魅力は何か、この点が非常に気になる。アジア認識の問題とつなげて考えたい点である。

（高文研、二〇〇〇年）

# 久保田貢著『知っていますか？　日本の戦争』

久保田貢さんがいい本を書いた。語りかけるような、読みやすい文章である。そこに著者のこのテーマ「日本の戦争」に対する執念も感じられる。

この本は、日本の戦争に対する体系だった記述を試みようとするものではない。一九の個別のテーマがそれぞれに置かれている。「ヒロシマ・ナガサキは過去のこと？」「日本兵はなぜ残虐なことができたのですか？」「『慰安婦』はウソなのですか？」「戦後、沖縄はどうなりましたか？」などである。

どこからでも読める構成になっている。読者は関心のあるテーマから読み始めることができる。しかし、いつしか著者の語りに誘われるようにして、すべてを読み切ってしまう、そんな書物になっている。日本の戦争の全体像に少し近づけたかな、という気持ちにさせられる。ごろっと横になって読むもよし、電車の中で立ったまま読んでみるもよしである。

写真やコラムから読んでみるのもいいだろう。著者は、自分の足で、日本全国の戦争遺跡や戦争資料館などのある土地におもむき、自分が撮った写真をたくさん載せている。写し出されるその土地土地の風景。真っ白な雪景色の中の遺跡も数点ある。各地に悲劇があり、人びとがこの悲しみを決して忘れまい、とする意思がこんなにも存在しているのか。あらためてその重みを感じる。

日本の民間教育研究運動が蓄積してきたフィールドワーク学習の成果に、著者自身が誠実に学んできたことが表れているともいえる。

文学作品も上手に使われている。山口勇子の『原爆の火の長い旅』（一九九一年）や古世古和子の『ランドセルをしょったじぞうさん』（一九八〇年）、それに茨木のり子の詩集『鎮魂歌』（一九六五年）所収の長詩「りゅうりぇんれんの物語」などである。北海道雨竜郡沼田町の炭鉱に強制連行された中国人劉連仁の一三年間の逃避行を描いた茨木のり子の叙事詩、その冒頭を紹介して日本の戦後補償問題を考えさせる。生と死を凝視する日本文学の誠実さを、もっともっと戦争学習に使いたいものだとこの本から教わった。

話題の映画や音楽が織り込まれていることも魅力の一つである。映画では『永遠の０』（山﨑貴監督、百田尚樹原作、二〇一三年、岡田准一主演）を取り上げ、この映画が何を描かなかったかを問い、特攻作戦がいかに愚劣なものであったのかを論じている。それに対置するかのように『月光の夏』（神山征二郎監督、一九九三年、出演に若村麻由美ら）に触れ、特攻隊への解釈の違いを読者に伝える。

戦争の加害を述べるところでは、中国映画の『紅いコーリャン』（張藝謀《チャン・イーモウ》監督、一九八八年のベルリン国際映画祭で金熊賞）や『鬼が来た』（姜文《チアン・ウェン》監督、二〇〇〇年にカンヌ国際映画祭の審査員特別グランプリ受賞）、それに、『ジョン・ラーベ～南京のシンドラー』（二〇〇九年、フローリアン・ガレンベルガー監督、バイエルン映画賞最優秀作品賞など）を紹介している。日本映画の良心、世界の（戦争）映画文化の高い水準を考えさせられる。著者は、日本映画界の自主規制の問題に言及している。

音楽では、沖縄戦を学ぶ導入として、沖縄出身の三人組バンドＭＯＮＧＯＬ８００のアルバム『ＭＥＳＳＡＧＥ』（二〇〇一年）をもってくる。そこに収録された「矛盾の上に咲く花」を取り上げ、自殺するまで追いつめた沖縄戦を問いかける。

久保田さんは、最近のヘイト本やヘイトスピーチに触れている。死ね、殺せ、出て行け、など憎悪に満ちた暴言をなぜ、若い人びとは平然と発するのだろうか。これを戦争認識や歴史認識の不十分性と関連させて考えているのはそのとおりだと思うが、私は、この憎悪の表現に真に対抗できるものは、文学や詩や映画や音楽や絵画（長野の無言館など）といった文化に底深く支えられた人間性に対する描出でもあるのではないのか、とふと考えたりしている。

最後に、お願いであるが、続編をお書きになるときには、ぜひ、戦争の実態を知らない学生たちがその後どうなっていったのか、教えていただけるとうれしい。

（新日本出版社、二〇一五年）

# おわりに

植民地教育を行うということは、植民地主義を支え正当化する原理と思想が必要であったと思う。それぞれの地域（台湾や朝鮮など）において植民地教育政策を展開していくために、あるいは、植民地の子どもたちに使わせる教科書を作成するためには、それ固有の教育学理論と思想が絶対に必要不可欠であった。植民地教育の初期の頃は、その担い手はもっぱら植民地教育行政官僚であったが、やがて、教育学者や教育実践家（教育ジャーナリズム）もそれに加わってきた。戦前日本の教育学は植民地教育を支える重要な役割を担ってきたのである。だから、戦後の教育学は、植民地支配（植民地主義）の責任が問われなければならなかったのだと思う。

本書は、私がときどきに書いてきた植民地教育に関する論考を集めたものであるが、まとめ直してみると、植民地と教育学との関係を結局、自分は意識してきたのだなあ、と気づかされた。そんなわけで、「植民地支配と教育学」という書名をつけさせてもらった。

論文の初出一覧は、以下の通りである。初出時の題名を変えたものがある。また、文章の敬体を常体にあらためたものがある。文意の通りにくいところや誤りは修正など行ったが、原則、文章はそのままとした。同じ論旨（同じ人物の主張など）がいくつか別々の論文に散見されて気になるところがあるが、論じる文脈の違いもあり、どうしても書いておきたいという思いが強かった。この点はお許しいただきたい。

『総力戦体制と教育科学』（一九九七年）の出版からほぼ二十年となる。本書は私にとって二冊目の単著である。幸いに私の両親は健在であり、この本を手渡すことができることに感謝している。日本植民地教育史研究会を出版面から支えてもらっている皓星社から本書を刊行することができたことをうれしく思っている。

二〇一八年九月　　佐藤広美

# 初出一覧

誰が植民地教育を批判したのか──矢内原忠雄の「同化主義」批判（「『同化』と『文明化』」明石書店『差別と戦争──人間形成史の陥穽』一九九九年十一月、改題）
植民地教育支配と「モラルの相克」（『植民地教育史研究年報』十八号、二〇一六年三月）
大東亜共栄圏と『興亜教育』（『興亜教育　全八巻』別冊、二〇〇〇年五月、緑陰書房）
大東亜共栄圏と日本教育学（『植民地教育史研究年報』二号、一九九九年十一月）
大東亜教育論とは何か　──アジア太平洋戦争下の教育学を考える（『年報　日本現代史』七号、二〇〇一年五月）
教育の植民地支配責任を問う──小沢有作を手がかりに（『植民地教育史研究年報』二十号、二〇一八年三月）
日本植民地教育史研究の蓄積と課題（『植民地教育史研究年報』一号、一九九八年十月）
植民地支配責任は語られなかった──『新しい歴史教科書』批判（『植民地教育史研究年報』四号、二〇〇二年一月）
植民地教育支配と天皇制（『植民地教育史研究年報』五号、二〇〇三年四月）
国定国語教科書と植民地（『植民地教育史研究年報』九号、二〇〇七年四月）
植民地と新教育（『植民地教育史研究年報』十四号、二〇一二年三月）
植民地と「近代化」（『植民地教育史研究年報』十六号、二〇一四年三月）
気になる言葉　化育（『植民地教育史研究年報』十七号、二〇一五年三月）
植民地教科書研究のおもしろさ（『植民地教育史研究年報』二十号、二〇一八年三月、改題）
どうしてですか、小沢先生──小沢有作先生追悼（『植民地教育史研究年報』四号、二〇〇一年四月）
佐藤由美著『植民地教育政策の研究（朝鮮・一九〇五─一九一一）』（『日本教育政策学会年報』九巻、二〇〇二年）
百瀬侑子著『知っておきたい戦争の歴史──日本占領下インドネシアの教育』（『植民地教育史研究年報』七号、二〇〇五年三月）
白取道博著『満蒙開拓青少年義勇軍史研究』（『日本の教育史学』五十二号、二〇〇九年）
國分麻里著『植民地期朝鮮の歴史教育　「朝鮮事歴」の教授をめぐって』（『植民地教育史研究年報』十四号、二〇一二年三月）
駒込武・川村肇・奈須恵子編『戦時下学問の統制と動員　日本諸学振興委員会の研究』（『教育学研究』七十九巻一号、二〇一二年三月）
安川寿之輔著『福沢諭吉のアジア認識』（『人間と教育』三十一号、二〇〇一年九月）
久保田貢著『知っていますか？　日本の戦争』（『教育』一二号、二〇一五年一一月）

# 人名索引

## 佐藤広美

1954年　北海道夕張に生まれる
1988年　東京都立大学大学院博士課程単位取得
現在　東京家政学院大学教授、博士（教育学）、日本植民地教育史研究会代表、教育科学研究会副委員長

著書　『総力戦体制と教育科学』（大月書店、1997年）
『興亜教育』全8巻（監修、緑陰書房、2000年）
『21世紀の教育をひらく　日本近現代教育史に学ぶ』（編著、緑陰書房、2003年）
『戦後日本の教育と教育学』（編著、かもがわ出版、2014年）
『教育勅語を読んだことのないあなたへ』（共著、新日本出版社、2017年）ほか



## 植民地支配と教育学

発行　2018年10月1日

著　者　**佐藤広美**
発行者　**晴山生菜**
発行所　株式会社 皓星社
〒101-0051　千代田区神田神保町3-10 宝栄ビル6階
電話：03-6272-9330　FAX：03-6272-9921
URL http://www.libro-koseisha.co.jp/
E-mail：info@libro-koseisha.co.jp
郵便振替　00130-6-24639

印刷・製本　精文堂印刷株式会社

ISBN978-4-7744-0664-0 C3037